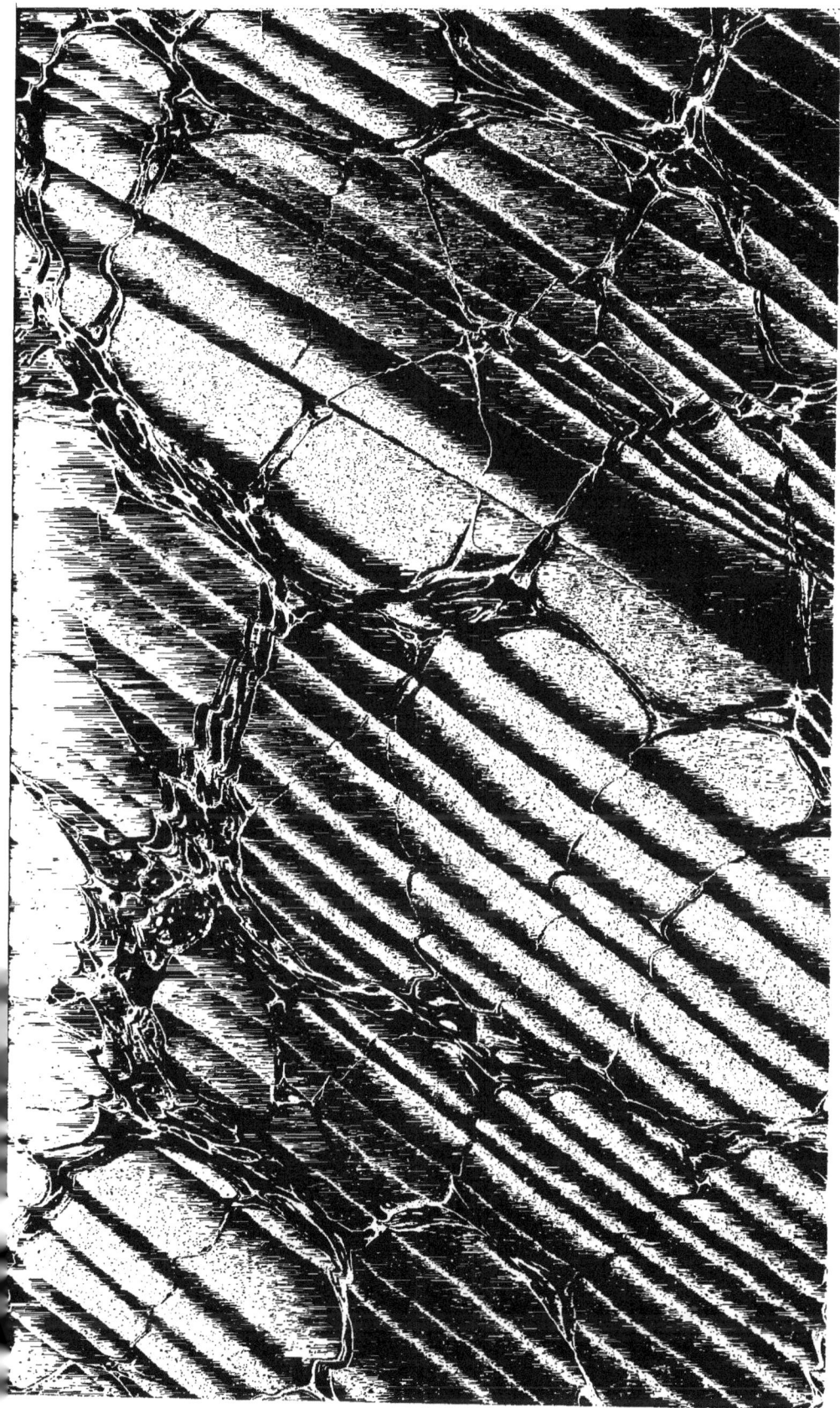

PANTHÉON DE LA JEUNESSE.

VIES DES ENFANTS CÉLÈBRES

DE TOUS LES TEMPS ET DE TOUS LES PAYS.

PARIS. — IMPRIMERIE DE Vᵉ DONDEY-DUPRÉ,

rue Saint-Louis. 46, au Marais.

PANTHÉON DE LA JEUNESSE.

VIES

DES

ENFANTS CÉLÈBRES

DE TOUS LES TEMPS ET DE TOUS LES PAYS,

PAR

J. CABOCHE DEMERVILLE,

Illustrées

Par Gavarny, Louis Garneray, J. Caboche, Cabasson, Janet Lange,
Ch. Chandellier.

PARIS,

AU BUREAU DU PANTHÉON DE LA JEUNESSE,

RUE SAINTE-ANNE, 57.

MDCCCXLIII.

FRONTISPICE

Henri IV enfant.

PANTHÉON

DE LA JEUNESSE.

DEUXIÈME SÉRIE.

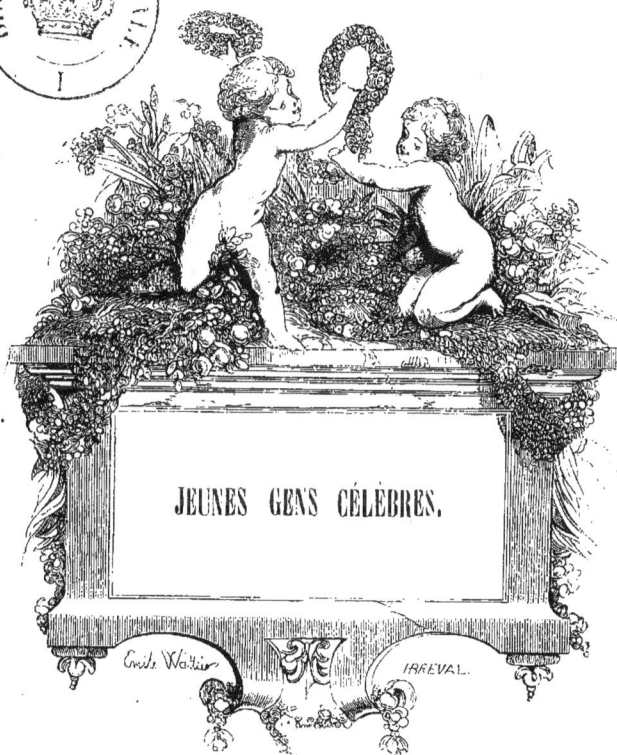

JEUNES GENS CÉLÈBRES.

Emile Wattier   BREVAL.

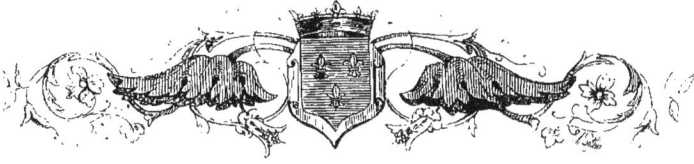

ENFANCE DES ROIS DE LA MAISON DE BOURBON,

DEPUIS HENRI IV JUSQU'A LOUIS XVII

HENRI IV.

Henri IV monta sur le trône de France en 1589. On connaît l'illustre vie de ce prince, qui fut obligé de conquérir son royaume : « Mes chemises sont toutes déchirées, écrivait-il à Sully lorsque la mort de Henri III l'appela au trône; mon pourpoint est usé au coude, et depuis deux jours je soupe et dîne chez les uns et chez les autres. » — On sait par quelle vaillance, parti d'aussi misérables commencements, il arriva à la paisible possession du plus beau royaume du monde.

On sait comme il était loyal, spirituel, brave, et bon surtout. On n'a pas oublié toutes les belles paroles de ce prince.

A Arques, où il reçut maint coup d'épée et en rendit autant, il disait en frappant : « Le roi te touche, Dieu te guérisse ! »

A Coutras, il dit à ses compagnons : « A quartier, ne » m'offusquez pas, je veux paraître ; » et au prince de Condé : « Vous êtes du sang de Bourbon ; vive Dieu ! je vous » ferai voir que je suis votre aîné. »

A Ivry, on voulait qu'il se ménageât une retraite : « Point » de retraite, fit-il, que le champ de bataille ! Mes compa- » gnons, si vous courez aujourd'hui ma fortune, je cours » aussi la vôtre : je veux vaincre ou mourir avec vous ! — » Gardez bien vos rangs, s'écria-t-il au moment de char- » ger l'ennemi ; si vous perdez vos enseignes, cornettes » ou guidons, ce panache blanc que vous voyez en mon » cimier vous en servira tant que j'aurai une goutte de » sang : suivez-le ; vous le trouverez toujours au chemin » de l'honneur et de la gloire. » — Et quand ses soldats fuyaient à cette mémorable journée, il les arrête et leur crie : « Tournez visage, sinon pour combattre, du moins » pour me voir mourir. »

Et comme il aimait son peuple ! Ayant appris que ses troupes avaient, dans leurs quartiers, pillé les paysans, il dit d'un ton sévère aux capitaines qui étaient encore à Pa- ris : « Partez en diligence, mettez-y ordre, vous m'en ré- » pondez. Vive Dieu ! s'en prendre à mon peuple, c'est s'en » prendre à moi-même ! »

Il faut aussi parler de sa clémence.

Quelle délicatesse dans ce qu'il dit au duc de Mayenne, lorsqu'après leur réconciliation il l'eût un peu fatigué à le

promener dans ses jardins ! « Touchez là, mon cousin,
» c'est la seule vengeance que vous aurez de moi. » Et à
Sully, avec lequel il était brouillé et qui voulait se jeter à
ses pieds : « Relevez-vous, Rosny; mais relevez-vous donc !
» on va croire que je vous pardonne. »

Mais il n'entre pas dans notre plan de parler des actions
de son âge viril.

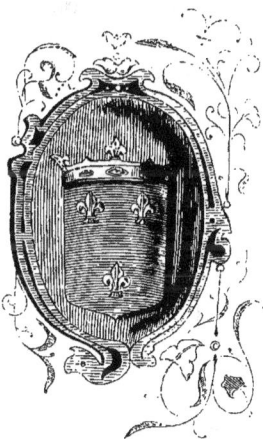

Henri IV naquit à Pau en Béarn,
le 13 décembre 1553. Il eut pour
père Antoine de Bourbon, prince
léger, crédule, indécis, et d'une
désespérante nullité ; mais Dieu,
qui en voulait faire un grand homme
et un bon roi, lui donna pour mère
Jeanne d'Albret, « reine n'ayant de
» femme que le sexe, l'âme entière
» aux choses viriles, l'esprit puis-
» sant aux affaires, le cœur invin-
» cible aux adversités. » C'est en
chantant une chanson béarnaise que la reine de Navarre
donna le jour au petit Henri. Nous avons recueilli à Pau
cette chanson historique ; la voici :

Notre-Dame du Bout du Pont,
Priez Dieu qu'il me vienne en aide
Et qu'il m'accorde un beau garçon,
Notre-Dame du Bout du Pont.

Tout ici-bas vous intercède
De la vallée au haut du mont ;
Priez Dieu qu'il me vienne en aide,
Notre-Dame du Bout du Pont.

L'enfant, comme pour montrer qu'il était le digne fils
de cette mère intrépide, entra dans ce monde contre
l'ordre commun de la nature, sans crier ni pleurer. Son
grand-père, Henri d'Albret, roi de Navarre, lui frotta
aussitôt les lèvres d'une gousse d'ail, et lui fit sucer une
goutte de vin de Jurançon, faisant voir par là qu'il voulait
donner à son petit-fils, non pas les habitudes molles et
efféminées des cours, mais bien les mœurs austères des
paysans du Béarn.

Henri et Jeanne d'Albret dirigèrent eux-mêmes l'éducation de cet enfant précieux. Ils défendirent qu'on l'habillât
richement, qu'on le flattât, qu'on le traitât de prince, parce
que toutes ces choses ne font que donner de la vanité au
lieu d'inspirer des idées généreuses. Le futur roi de France
et de Navarre fut donc nourri comme les paysans béarnais de pain bis, de bœuf, de fromage et d'ail. Souvent on
lui faisait faire de longues marches tête et pieds nus, et il
acquérait des forces en courant et grimpant comme les
autres enfants du pays sur les rochers qui entouraient le
château de Coarasse, où il fut élevé : « Il a joué avec nos
» enfants, disaient les bonnes gens du Béarn quand il fut
» roi, il grimpait avec eux aux montagnes comme un chat
» maigre. Ah ! le bon espiègle que c'était ! »

Henri fut amené à Paris à l'âge de cinq ans. Sa grâce,
sa force, son agilité, faisaient l'admiration de toute la cour.
Henri II, alors roi, le prenant un jour sur ses bras, lui dit :
« Voulez-vous être mon fils ? — Cela ne se peut pas, puis-
» que voilà mon père. — C'est vrai ; mais voulez-vous être

» mon gendre? — Très-volontiers. » — Le roi de France et Antoine de Bourbon convinrent qu'aussitôt que leurs enfants seraient en âge, le jeune Henri épouserait Marguerite de France, qui était plus âgée que lui d'environ six mois. — A huit ans on mit le jeune prince au collége de Navarre, « pour y être institué ès bonnes lettres (dit l'his- » torien Pierre Matthieu). Il y eut pour compagnon le duc » d'Anjou, qui fut son roi (Henri III), » et le duc de Guise, qui voulut l'être.

Mais il n'y resta qu'un an : sa mère craignit pour lui le voisinage de la cour corrompue de Henri II. Elle n'avait que trop raison de craindre ; il est vraisemblable que les exemples de débauche et de libertinage qu'il eut sous les yeux firent sur lui une impression dont ses mœurs se ressentirent toute sa vie.

Jeanne d'Albret ramena donc son fils en Béarn, où il reprit son ancienne vie ; mais comme sa mère ne voulait pas *qu'il fût un illustre ignorant*, elle lui donna d'excellents maîtres, entre autres la Gaucherie, homme grave et sévère, puis Florent Chrétien, l'un des littérateurs les plus distingués de son temps.

Le jeune Henri avait trop de vivacité dans l'esprit pour ne pas apprendre avec facilité ce qu'on lui enseignait : il traduisit tout jeune encore les Commentaires de César, et l'on prétend que le manuscrit de cette traduction a été gardé longtemps à la Bibliothèque du Roi. Il faisait ses délices de Plutarque, qu'Amyot venait de traduire. Napoléon eut depuis les mêmes sympathies littéraires.

Lorsqu'il était encore à la cour de France, un jour en jouant aux devises, le petit Henri eut à en choisir une, il écrivit deux mots grecs. Catherine de Médicis voulut savoir ce qu'ils signifiaient : c'était *vaincre ou mourir !* La reine fut mécontente, et trouva qu'on donnait à cet enfant des idées trop élevées, qu'on lui ferait un caractère indomptable.

A l'âge de douze ans, il tirait à l'arc avec le roi Charles IX, et les seigneurs de la cour, les courtisans, moins soucieux de remporter le prix que de plaire au monarque, avaient mis leur adresse à tirer assez maladroitement pour que le roi fût vainqueur. Le duc de Guise lui-même, quoique l'un des premiers tireurs du royaume, s'était laissé vaincre par Charles IX. Le jeune prince de Béarn, qui n'entendait rien à de pareilles finesses, et qui d'ailleurs s'estimait autant que le roi de France, tira de son mieux, et gagna le roi. Le droit du vainqueur était de recommencer la partie suivante : Henri se présente, mais Charles le repousse ; ce jeune prince insiste, nouveau refus du roi. « Sire, s'écrie l'enfant tout » rouge de colère, je tire sur vous ou au but, choisissez! » En disant ces mots, il dirige sa flèche vers la poitrine du monarque. On eut beaucoup de peine à l'empêcher de tirer et à l'éloigner du lieu de divertissement. On pouvait prédire dès lors que cet enfant, qui savait si bien défendre son droit de vainqueur à l'arc, ne ferait pas bon marché de ses droits plus sérieux à la couronne de France.

Henri IV était instruit, il citait volontiers dans la conversation des vers latins, surtout ceux d'Horace, et Scaliger disait de lui : « Il ne faudrait pas mal parler latin de- » vant le roi ; car il s'en apercevrait fort bien. »

Toutefois on ne voulait pas faire de lui un savant, mais un guerrier ; aussi ses études furent-elles interrompues de bonne heure. Dès l'âge de treize ou quatorze ans, on l'envoya dans les camps apprendre le métier de la guerre.

Il fit pressentir aussitôt son arrivée ce qu'il serait un jour.

A treize ans, Henri se trouva à la bataille de Loudun, à la tête des protestants, qui combattaient contre le duc d'Anjou. Il voulait qu'on attaquât l'ennemi au plus tôt; et si on eût suivi son conseil, nul doute que l'armée du duc n'eût été vaincue.

Il se distingua aussi à la bataille de Jarnac, en 1569; il n'avait alors que quinze ans. Son oncle, le prince de Condé, ayant été assassiné par Montesquiou à la suite de cette journée, le jeune Béarnais devint le chef du parti calviniste.

La bataille de Montcontour fut aussi perdue parce que l'amiral Coligny ne voulut pas le laisser agir. Après cette défaite, il rassembla les débris de son armée, fit presque le tour du royaume, descendit vers la capitale par la Bourgogne, fit trembler le roi Charles IX sur son trône, et obtint, en 1571, une paix qui faillit lui coûter la vie. C'est vers cette époque que Charles IX proposa au Béarnais de réaliser les projets que Henri II avait eus sur lui lorsqu'il était encore enfant; il lui offrit la main de Marguerite de Valois. Ce mariage eut lieu en 1572. Ce fut une des plus tristes époques de la vie de Henri IV. Son illustre mère, qui était venue à Paris pour les noces, mourut empoisonnée, et il eut la douleur de voir tous ses amis et coreligionnaires, accourus à Paris pour les fêtes de son mariage, périr dans les massacres horribles de la Saint-Barthélemy, dans lesquels il faillit lui-même être enveloppé : « Les » livrées de la noce furent vermeilles, dit Péréfixe; il y eut » en France près de cent mille Huguenots égorgés. »

Ici finit la jeunesse de Henri IV,

Le seul roi dont le pauvre ait gardé la mémoire.

On rappelle souvent ce mot touchant : « Si Dieu me prête

» vie, je veux qu'il n'y ait en France si pauvre paysan qui
» ne mette la poule au pot le dimanche. »

Ce bon prince mourut assassiné par François Ravaillac
le 14 mai 1610.

Ce que c'est que d'être bon ! Roi ou simple particulier,
on vit éternellement dans la mémoire, dans le cœur de
ceux qui vous ont connu, et de ceux-là même qui n'ont
qu'entendu parler de vous. Le temps et la fureur des partis ont détruit presque tous les monuments que les rois
avaient fait élever à leur gloire. Allez à Pau, vous verrez
encore le vieux château où naquit Henri IV ; vous verrez
encore l'écaille de tortue qui servit de berceau au jeune
Béarnais, et vous ne pourrez voir tout cela sans une douce
et sainte émotion.

LOUIS XIII.

Le samedi, quinzième jour du mois de mai 1610, dès huit heures du matin, tout Paris était en émoi; on vit d'abord les présidents se rendre procession-nellement au parlement avec les marteaux et mor-tiers; ils étaient suivis des conseillers en robe d'écarlate aux chaperons de même, fourrés d'her-mine : suivaient M. le chancelier, vêtu d'une lon-gue robe de velours noir; les cardinaux, évêques, les grands dignitaires de la couronne.

Bientôt après, on vit sortir du Louvre, au milieu d'un

riche cortége, un jeune enfant : il était vêtu de deuil d'é-
carlate violette ; le chapeau de taffetas de même couleur
en tête. Il était monté sur une petite haquenée blanche,
portant aussi une housse écarlate : il était suivi des princes,
ducs, seigneurs et principaux officiers de la couronne,
tous à pied. La reine, couverte d'un grand crêpe noir,
dans un carrosse, et derrière elle les princesses et dames
de la cour.

Ce royal cortége s'avançait lentement et tristement
vers l'église des Augustins, où siégeait le parlement.
sur son passage le peuple était silencieux, car il avait
perdu la veille, par un infâme assassinat, son bon roi
Henri IV.

Ce jeune prince, qui se rendait aux états pour être proclamé roi de France, était Louis XIII. Il venait d'atteindre
sa neuvième année, étant né à Fontainebleau le 27 septembre 1600.

L'enfance de ce prince, non plus que sa vie, n'eut rien
de bien remarquable. Les historiens ont observé que la
Providence l'avait fait venir à propos entre Henri IV et
Louis XIV. Il fut intrépide comme son père, et n'eut rien
de la grandeur de son fils. Il avait néanmoins l'esprit vif,
mais il haïssait tout travail sérieux. On raconte que la reine
sa mère lui fit un jour donner le fouet pour le corriger de
son aversion pour l'étude. Le jeune roi résista d'abord : son
précepteur, M. de Souvré, insista, faisant valoir les ordres
précis qu'il a reçus de la reine. Après une longue lutte,
l'enfant se résigne et dit : « Je vois bien qu'il faut en pas-
» ser par là ; mais allez-y doucement, monsieur, je vous en
» prie. »

Le lendemain de cette aventure, il alla chez la reine. Cette
princesse, se levant, fit une profonde révérence à son royal

enfant : « Ah! madame, lui dit-il, faites moins de révé-
» rences, et ne me faites pas donner le fouet. »

On cite aussi quelques traits de son enfance pour prouver que le sang de Henri IV coulait dans ses veines.

A force de courir au soleil et de s'ébattre dans les bois
de Fontainebleau, il était un jour tout couvert de sueur et
de poussière. Son valet de chambre voulut le faire rentrer
au château pour changer de linge : « Bon, répondit le jeune
» roi, s'il fallait changer de linge toutes les fois que je sue,
» je serais constamment en chemise. — Mais, sire, per-
» mettez-moi au moins d'essuyer la sueur qui coule de votre
» front. — Mon cher Dubuisson, repartit aussitôt l'enfant,
» quand je serai à la guerre, dis-moi un peu qui viendra
» m'essuyer. »

Louis XIII fut sacré à Reims, quelques mois après son
avénement au trône. Voici quelques détails sur le sacre de
cet enfant roi, qu'on ne lira pas sans intérêt.

Louis XIII était arrivé à Reims le 14 octobre 1610.
Le 15, il se rendit à l'abbaye de Saint-Remy pour faire ses
dévotions à la sainte ampoule; le 16, le roi reçut la confirmation des mains du cardinal de Joyeuse. Le lendemain
fut le jour du sacre : les premiers seigneurs de la cour allèrent, sur l'ordre du roi, chercher la sainte ampoule à l'abbaye de Saint-Remy, où elle est conservée ; et les évêques
de Laon et de Beauvais furent députés pour aller chercher
le roi. Ils se rendirent en procession au palais archiépisco-
pal. Étant arrivés à la chambre du roi, ils trouvèrent la porte
fermée. L'évêque de Laon frappa trois coups. A chaque
coup, le duc d'Aiguillon, grand chancelier de France, demanda : « Que voulez-vous ? » L'évêque répondit : « Louis
» treizième, fils du grand Henri. » A quoi répondit le duc :
« Il dort. » L'évêque frappa derechef; il dit de nouveau :

« Je demande Louis treizième, que Dieu nous a donné pour
» roi. » Lors la porte fut ouverte, et entrèrent les évêques
de Laon et de Beauvais. Le roi était couché sur un lit d'une
riche étoffe, vêtu d'une chemise de toile de Hollande, fen-
due devant et entre les deux épaules, et par dessus avait la
camisole de satin cramoisi ayant mêmes ouvertures, et une
robe longue de toile d'argent à manches perdues.

Les évêques soutinrent le roi, l'un à gauche, l'autre à
droite, et le menèrent processionnellement à la porte royale
de l'église. Alors le roi marcha jusqu'au grand autel, entra
dans le chœur, précédé de six hérauts qui faisaient retentir
six trompettes d'argent. Sa majesté fut reçue par le cardinal de Joyeuse, et dit l'oraison ordinaire. Les évêques de
Laon et de Beauvais le menèrent en sa chaire, qui fut en-
vironnée des courtisans et de la garde écossaise.

Alors arrivèrent les barons qui étaient allés chercher la
sainte ampoule; ils étaient précédés des principaux citoyens
de la ville, portant des flambeaux de cire blanche, et de
soixante habitants du Chêne-Pouilleux en Rhételois. Les
habitants de ce village avaient ce privilége pour avoir repris la sainte ampoule des mains des Anglais et des Bour-
guignons. On était tenu de les nourrir trois jours; et la
haquenée sur laquelle le prieur était monté leur appartenait. La sainte ampoule arrivée, le jeune roi prêta serment
sur l'Évangile. La messe commença : le premier gentilhomme de la chambre ôta au roi sa robe de toile d'argent,
ne lui laissant que sa camisole de satin cramoisi. Le duc
d'Aiguillon lui mit les bottines de velours violet relevées de
fleurs de lis. Le cardinal remit au roi une épée nue, dont
la garde était façonnée en forme de croix.

Après les oraisons, on donna la patène du calice de Saint-
Remy à M. le cardinal, sur laquelle on avait répandu des

saintes huiles ; un jeune religieux ôta la sainte ampoule de sa châsse ordinaire. « Ce saint vase, dit le chroniqueur, semble de cristal, de la grandeur d'un petit doigt ou environ, de circonférence fort étroite. » Alors le cardinal, avec une aiguille d'or, tira par trois fois un peu de la matière contenue dans ce vase. Cette matière est odorante, épaisse, semblable en couleur au baume commun. Le cardinal mêla ce baume avec l'huile sacrée. Le roi s'agenouilla, et fut oint : premièrement au sommet de la tête ; secondement, sa camisole ayant été dégrafée, à la poitrine ; ensuite entre les deux épaules ; puis sur l'épaule droite et sur l'épaule gauche ; enfin au pli du bras droit, au pli du bras gauche.

Le duc d'Aiguillon donna ensuite au roi la tunique, la dalmatique et le manteau royal ; puis le cardinal mit au dedans des mains du roi de l'huile sainte. Le roi joignit les mains pour prier ; puis le cardinal lui donna des gants de satin blanc bénits, et lui mit au quatrième doigt un anneau, signe de son alliance avec la France. Puis après on donna à sa majesté le sceptre, qu'elle tint de la main droite, et la main de justice, qu'elle tint de la main gauche.

Alors le chancelier appela les douze pairs du royaume ; le cardinal prit la grande couronne sur l'autel et la mit sur la tête du roi. Les douze pairs s'approchèrent pour le soutenir pendant les oraisons.

Bientôt après le roi fut mené sur son trône : ce trône, d'une rare magnificence, était élevé au bout du chœur. On y montait par deux degrés garnis de toile d'or. Louis XIII ployait sous le poids de ses ornements royaux. Il s'assit. Le cardinal cria par trois fois : Vive le roi ! et ce cri fut répété par toute l'assistance. Des médailles d'or et d'argent furent répandues dans l'église, des oiseaux furent mis en liberté ; puis la messe fut continuée, et le jeune prince communia sous les espèces du pain et du vin, pour montrer que sa dignité était royale et sacerdotale.

De retour à l'archevêché, le roi donna sa chemise et ses gants à son premier aumônier ; il allait brûler, selon la coutume, ses autres habits royaux ; mais la reine, voulant les conserver, les retira des flammes : tendresse maternelle qui fut de courte durée.

Il était dit que Louis XIII accomplirait durant son enfance les actes les plus importants de sa vie. Ce jeune roi fut marié à Bordeaux, lorsqu'il n'avait pas encore quinze ans, à l'infante d'Espagne.

Marie de Médicis fut toute sa vie le plus dangereux ennemi qu'ait eu son fils. Louis XIII ne se crut pas dégagé pour cela du respect et de l'amour que les enfants doivent toujours à leurs parents. On cite ce bel exemple de sa piété filiale :

Les intrigues de Marie de Médicis contre son fils allèrent jusqu'à lever une armée puissante contre lui. Louis XIII va combattre en personne cette armée rebelle, et la pousse jusque dans Angers.

Charles de Praslin, qui commandait l'armée royale, proposa au roi le siége de cette place. « Une ville où ma mère » a choisi un asile, répondit le roi, est un lieu sacré pour » moi : je suis venu pour soumettre des sujets rebelles, » et non pour risquer de tuer la reine. Il faut attendre la » soumission de sujets égarés. »

Ce prince mourut à Saint-Germain le 14 mai 1643.

C. ROBERT, DEL.

LOUIS XIV.

Ceux qui iront à Cotignac (petite ville en Provence), dit un vieux livre, verront dans l'église de No-tre-Dame-de-Grâce une pierre de marbre noir à côté de l'autel, et sur cette pierre ils liront l'inscrip-tion suivante :

« Louis XIV, roi de France et » de Navarre, donné à son peu-» ple par les vœux qu'Anne d'Au-» triche, reine de France, sa mère, » a faits dans cette église, a voulu que cette pierre fût ici » posée pour servir de monument à la postérité, et de sa » reconnaissance, et de messes que sa libéralité y a fon-» dées pour l'âme de sadite mère, le xviii avril M. DC. LXVII » (18 avril 1667). »

Voici comment on raconte les faits qui donnèrent lieu à cette fondation.

Il y avait déjà vingt-trois ans que le roi Louis XIII était

3

marié sans avoir la consolation d'être père, lorsque le frère Fiacre, augustin déchaussé, se mit en prière pour demander à Dieu un héritier à la couronne de France. La sainte Vierge, dit-on, apparut à ce religieux le 3 novembre 1637, et l'assura que ses prières étaient exaucées ; mais elle ordonna que la reine lui fît trois neuvaines, dont une à Notre-Dame de Grâce.

Le roi et la reine ayant appris du religieux tous les détails de cette vision, l'envoyèrent en Provence faire la neuvaine, afin d'obtenir du ciel l'enfant qu'on leur promettait.

Louis XIV naquit. La reine Anne d'Autriche, convaincue qu'elle devait cette faveur insigne à la Vierge, s'empressa de lui en témoigner sa reconnaissance ; elle fit porter à Notre-Dame de Grâce de Cotignac, par le même religieux, un tableau, qu'on y voit encore, et sur lequel le jeune prince est représenté aux pieds de la mère du Sauveur : elle fonda ensuite six messes pour être dites à perpétuité. Dans cette église enfin, elle vint elle-même avec ses deux fils en 1660, lorsque Louis XIV allait épouser l'infante Marie-Thérèse. Ce prince fit présent à la Vierge de son cordon bleu, que l'on conserve soigneusement, et lui envoya ensuite son contrat de mariage et le traité des Pyrénées magnifiquement relié. On peut le voir dans la bibliothèque de Notre-Dame de Grâce.

Quoi qu'il en soit, Louis XIV naquit au château de Saint-Germain, le 5 septembre 1638. Son enfance fut étrangement négligée. On ne songea à le faire baptiser que lorsqu'il eut atteint déjà l'âge de quatre ans et demi. Il fut baptisé par l'évêque de Meaux, premier aumônier du roi ; il eut pour parrain le cardinal Mazarin, et pour marraine la princesse de Condé. Il fut nommé Louis. Au sortir de la chapelle, on le mena dans la chambre du roi son père, qui lui demanda quel nom il avait reçu. Il répondit : « Louis XIV. » Cette réponse chagrina le roi, qui était malade : « Pas encore, pas encore, mon fils, dit le mo-» narque ; mais ce sera peut-être bientôt, si c'est la volonté » de Dieu ! »

Louis XIII mourut vingt-trois jours après cet entretien, le 14 mai 1643, et Louis XIV, qui n'était âgé que de cinq ans, monta sur le trône : c'est le plus jeune roi que la France ait jamais eu.

Anne d'Autriche fut nommée régente du royaume, et le cardinal Mazarin premier ministre. La reine se laissa dominer par le cardinal ; et le cardinal, dont l'intérêt était de tenir le roi dans la plus grande incapacité possible, « le » fit instruire dans l'ignorance. » L'éducation du jeune roi fut tellement abandonnée, que personne n'osait l'approcher. Devenu grand, il parlait du temps de son enfance avec amertume. Il racontait qu'on le trouva un soir tombé dans le bassin du jardin du Palais-Royal, où la cour habitait alors.

Le maréchal de Villeroi était gouverneur du jeune roi : il avait pour lui une complaisance sans bornes. Jamais il ne le contrariait, même dans ses fantaisies les plus déraisonnables. Quand le roi lui parlait, il répondait toujours oui, avant même d'avoir entendu. Cette coupable faiblesse faillit coûter la vie au jeune monarque. Il était à Fontainebleau. Après s'être déshabillé pour se coucher, il se met à faire force sauts et culbutes avant de se mettre dans le lit : le maréchal le laissait faire. Le royal enfant, encouragé par le silence de son gouverneur, ne se modéra pas, et fit si bien, qu'il tomba à la renverse, et alla donner de la tête contre l'estrade. M. de Villeroi accourt ; l'enfant reste immobile et comme mort ; mais il n'était heureusement qu'étourdi. M. de Villeroi eut plus de mal de sa peur que l'enfant de sa chute.

A peine lui apprit-on à lire et à écrire. Cette première éducation manquée se peut rarement refaire. Le temps qu'on perd dans l'enfance se répare difficilement. Aussi le roi Louis XIV fut-il ignorant toute sa vie. Les événements les plus simples de l'histoire lui furent toujours inconnus : il tombait souvent, même en public, dans les absurdités les plus grossières.

On raconte qu'il assistait à un motet où le musicien faisait répéter plusieurs fois le mot latin *nycticorax* (oiseau de nuit en français); il demanda au prélat qui était le plus voisin de lui ce que c'était que ce *nycticorax*. Le prélat, qui l'ignorait, ne voulut pas demeurer court; il répondit : « Sire, » c'était un des officiers de la cour de David. » Et le roi répéta plus tard cette explication qui prouvait son ignorance, et qui fit beaucoup rire de lui.

Mais la nature avait prodigué à ce prince les dons les plus précieux. Malgré le vice de son éducation, il aimait les lettres et récompensait magnifiquement ceux qui les cultivaient. On connaît peu d'hommes éminents de son temps sur qui sa générosité ne se soit répandue.

Dès sa plus tendre jeunesse, Louis XIV fit voir qu'il se connaissait en hommes. Ceux qui fixèrent ses premiers regards furent Condé et Turenne. Il aimait particulièrement ce dernier, auprès duquel il s'informait bien jeune encore de tous les détails du métier de la guerre.

Louis XIV avait hérité de la brillante valeur de son illustre aïeul. Il se signala à la prise de Stenay, alors qu'il n'avait guère plus de seize ans. Il aimait à répéter sur ses vieux jours qu'il avait l'honneur d'être le plus ancien soldat de son royaume.

Le cardinal Mazarin eut toute sa vie l'indigne précaution de maintenir son jeune roi éloigné de toutes les affaires sérieuses ; aussi sa jeunesse se passa-t-elle dans les plaisirs que le ministre adroit suscita autour de lui. Cependant il y eut plusieurs occasions où ceux qui savent juger de loin prédirent ce que Louis XIV serait un jour.

Tous les historiens ont rapporté qu'en 1655, alors que ce prince n'avait encore que dix-sept ans, les guerres civiles étant éteintes, le parlement voulut néanmoins s'assembler encore au sujet de quelques édits. Le roi était à Vincennes, où il prenait le plaisir de la chasse. Il part en habit négligé, suivi de toute sa cour ; entre au parlement en grosses bottes, le fouet à la main, et prononce ces propres mots : « On sait les malheurs qu'ont produits vos assemblées : j'ordonne qu'on cesse celles qui sont commencées sur mes édits. Monsieur le premier président, je vous défends de souffrir des assemblées, et à pas un de vous de le demander. »

« Sa taille, déjà majestueuse, la noblesse de ses traits, et l'air de maître dont il parla, ajoute M. de Voltaire, imposèrent plus que l'autorité de son rang, qu'on avait jusque-là peu respecté. »

Ces paroles altières seraient assurément condamnables au point de vue de nos idées modernes et dans l'état actuel de la société en France ; mais on enseignait alors aux rois de France que la France c'était eux. — Cette maxime impie rappelle un autre trait de la jeunesse de Louis XIV. — Les courtisans parlaient devant lui du pouvoir absolu des sultans, et disaient, ce qui n'était malheureusement que trop vrai, que la loi du pays les autorisait à disposer au gré de leurs caprices du bien et de la vie de leurs sujets. « Voilà, s'écria le jeune roi, ce qui s'appelle régner ! » Le maréchal d'Estrées, qui était un homme de grand sens et de grand courage, et qui avait été ambassadeur en Turquie, répondit avec un grand calme : « Sire, j'ai connu trois de » ces empereurs qui ont été étranglés. »

Louis XIV eut toute sa vie cette noble fierté, qui lui fit faire de grandes et de belles choses. Il était encore jeune au siége de Condé, le comte Bussi-Rabutin fut commandé pour aller au fourrage avec huit escadrons. La frayeur s'empare de ses troupes à la vue de vingt-cinq escadrons espagnols qui s'avançaient sur elles : elles furent poursuivies vigoureusement, et perdirent beaucoup de leurs étendards, dont on fit un grand trophée dans le camp des Espagnols. Le prince de Condé, qui commandait les troupes ennemies, se ressouvint, à la vue de ces étendards semés de fleurs de lis, qu'il était prince du sang de France. Il se les fit tous apporter, et les renvoya à Montpisat, mestre de camp du roi, à qui il écrivit de les présenter à sa majesté. Le roi ordonna aussitôt de renvoyer les étendards au prince de Condé, et de lui mander que c'était une chose si rare de voir les Espagnols battre les Français, qu'il ne fallait pas leur envier le plaisir d'en garder les faibles marques.

Dans le mois de juillet 1658, la France faillit encore une fois perdre son jeune roi : elle n'aurait pu apprécier toute l'étendue de sa perte. Louis XIV n'avait que vingt ans, et entièrement dominé par le cardinal Mazarin, il n'avait pas encore gouverné.

C'était vers le milieu de l'année 1658. La guerre de Flandre continuait toujours. Dunkerque, la plus importante place de la Flandre, était assiégée par terre et par mer. Le grand Condé, qui combattait alors contre sa patrie, et don Juan d'Autriche, avaient rassemblé toutes les forces de l'armée espagnole, et se présentèrent pour secourir cette

ville. L'Europe avait les yeux sur cet événement. Le cardinal Mazarin mène Louis XIV sur le théâtre de la guerre
sans lui permettre d'y monter. Turenne commandait l'armée française, et Condé n'avait pas le commandement de
l'armée Espagnole ; aussi la victoire fut-elle à Turenne. —
Au milieu de ce triomphe, le jeune roi tomba malade à Calais, et fut plusieurs jours à la mort. Tous les médecins de
la cour avaient jugé sa maladie incurable. Un empirique
d'Abbeville se présente et propose de guérir le roi ; il montre
qu'il va lui donner du vin émétique. Les médecins regardent ce remède comme un poison. L'empirique soutient
vigoureusement qu'il est le seul qui puisse sauver le malade. Le jeune roi veut qu'on consulte le cardinal Mazarin.
La cardinal ne voyant aucune autre chance de salut, adopte
celle-là. Aussitôt qu'on eut dit à Louis XIV que son ministre était d'avis qu'on prît ce parti extrême : « Qu'on me
» le donne aussitôt, » dit-il ; et il but l'émétique avec une
confiance qui en accéléra l'effet. Il se trouva mieux dès la
nuit même. Six jours après il était guéri. C'en était fait de
sa vie s'il eût tardé vingt-quatre heures.

L'empirique dont il est ici question était un bon homme
bien singulier. Il s'asseyait sans façon sur le lit du roi, et
disait : « Voilà un garçon bien malade ; mais si on me laisse
» faire, il n'en mourra pas. »

Mazarin mourut peu de temps après (9 mars 1661). Il
prévoyait déjà la fin prochaine de son pouvoir ; à ceux qui
lui promettaient encore une longue autorité en lui faisant
sentir l'incapacité du roi, il répondait : « Ah ! vous ne le
» connaissez pas ! il y a en lui l'étoffe de quatre rois ! »
Une autre fois, en sortant d'un conseil, il avait dit au maréchal de Villeroy : « Avez-vous pris garde, monsieur,
» comme le roi écoute en maître ? Il se mettra en che-

» min un peu tard, mais il ira plus loin qu'un autre. »

Le lendemain les ministres vinrent demander au roi à qui ils devaient s'adresser désormais. « A moi, » répondit le jeune monarque.

Ce mot fut une révolution; dès ce moment Louis XIV gouverna par lui-même. Il fut aussi grand que son aïeul Henri IV, il fut admiré comme lui; mais occupé trop de lui-même, il songea peu au bonheur du peuple : il n'en fut ni aimé ni regretté.

Louis XV enfant.

C. CHANDELLIER INV.

LOUIS XV.

Vers la fin du mois d'août 1715, le roi Louis XIV, sentant sa fin prochaine, fit venir près de lui son petit-fils, qui devait lui succéder. L'enfant royal n'avait encore que cinq ans et demi, étant né à Versailles le 15 février 1710.

Quand le jeune prince fut venu, le roi le fit mettre sur son lit, et le prenant dans ses bras, il lui dit :

« Vous allez être bientôt roi d'un grand royaume. Ce que je vous recommande le plus fortement, c'est de n'oublier jamais les obligations que vous avez à Dieu. Souvenez-vous que vous lui devez tout ce que vous êtes. Tâchez de

4

Cours des principaux fleuves de l'Europe. On avait fait impri-
mer ce livre comme étant de la composition du roi : on
en tira cinquante exemplaires, que les courtisans s'arra-
chèrent.

Au moyen âge, les grands se faisaient gloire de ne savoir ni lire ni écrire. Les choses étaient bien changées ;
Louis XIV avait honoré les lettres, et leur avait rendu le
rang qu'elles n'auraient jamais dû perdre. Alors les grands,
qui ne savaient presque pas écrire ni lire ce qu'ils écrivaient,
comme par exemple le maréchal de Villars, voulurent
être et étaient de l'Académie Française : c'était la mode que
les princes fussent auteurs au sortir du berceau. Louis-Au-
guste, duc du Maine, dont nous venons de parler, fit paraître en 1678 un livre intitulé : *OEuvres diverses d'un auteur de sept ans ; Recueil des ouvrages de M. le duc du Maine.*
Cet enfant était au reste plein d'esprit. Son père, Louis XIV,
venait de gagner une bataille ; en le revoyant, il lui demanda où en étaient ses études : « Sire, lui répondit l'en-
» fant, je ne serai jamais qu'un ignorant ; mes maîtres me
» donnent congé toutes les fois que vous remportez quel-
» que victoire. »

Pour le livre de Louis XV, il est à croire que M. de Lisle,
son professeur de géographie, l'avait aidé. Ce qu'il y a de
certain, c'est que le jeune prince, qui n'avait pas beaucoup
de goût pour la littérature, aimait les sciences, et qu'il avait,
jeune encore, assez de connaissances en géographie, en as-
tronomie et en histoire naturelle.

Louis XV fut sacré à Reims à l'âge de douze ans. On
rapporte qu'il refusa de prendre avant de communier un
bouillon qu'on lui offrit selon l'usage antique, et que lorsqu'on lui eut mis la couronne sur la tête, il la déposa sur
l'autel pour en faire hommage, disait-il, à celui qui la lui

avait donnée. Ces sentiments religieux ne furent malheureusement pas ceux de sa vie entière.

Louis XV fut déclaré
majeur à l'âge de quinze
ans. Le régent, en lui
remettant les rênes du
gouvernement, lui de-
manda quels ordres il
plaisait à sa majesté de
donner par rapport à ses
sujets exilés pour les affaires ecclésiastiques. Le
roi répondit : « Je n'ai
» exilé personne. »

Voici un trait qui
donne une idée des bons
sentiments de ce prince
dans sa jeunesse.

C'était un fait constant
que le comte de ...,
prince du sang, se faisait un jeu de tuer un homme
comme les enfants s'en font un d'écraser une mouche.
Jusqu'alors il lui suffisait de demander sa grâce pour l'obtenir quand il était poursuivi pour un de ces meurtres.
Louis XV, en lui accordant la première de ce genre, lui
dit : « La voilà, mon cousin ; mais je vous déclare que celui
» qui vous tuera aura sa grâce aussi. »

Plusieurs actions de ce genre, qui annonçaient un cœur
généreux, avaient gagné au jeune roi l'amour du peuple.
Cet amour se manifesta en deux circonstances.

A l'âge de dix-huit ans, Louis XV eut la petite vérole, et
ses jours furent en danger. Le peuple était au désespoir :

on priait pour lui dans toutes les églises ; ses courtisans bravaient pour le servir tous les dangers. Sa majesté dit au duc d'Aumont, qui entrait dans la chambre : « Que venez-» vous faire ici ? Vous êtes jeune, et le seul de votre famille ; » retournez-vous-en. » Mais le duc voulut faire son devoir de premier gentilhomme de la chambre. Le duc de la Trémouille, auquel on disait à peu près la même chose, répondit : « Je veux servir le roi ; c'est mon droit et mon » devoir : j'aime mieux mourir avec lui que de l'aban-» donner. »

Plus tard, après la campagne de Flandre, Louis XV fut atteint à Metz d'une fièvre putride, qui fit craindre encore une fois pour sa vie. Peu de rois ont reçu de leurs sujets plus de marques d'amour que Louis XV à cette époque. Ce fut alors que, sans concert et par un cri de douleur unanime, il fut proclamé Louis *le Bien-Aimé*.

A la nouvelle du rétablissement du roi, l'allégresse publique fut vive comme avait été la douleur. Le courrier qui apporta la nouvelle à Paris fut entouré, caressé, et presque étouffé par le peuple. On baisait son cheval, on le portait en triomphe. Les personnes même qui se connaissaient le moins s'accostaient pour se dire : « Le roi est guéri ! » Pendant plus de deux mois, la France ne fut occupée que de réjouissances publiques.

En apprenant ces transports de la nation, le roi s'écria : « Ah ! qu'il est doux d'être aimé ainsi ! et qu'ai-je fait pour » le mériter ? »

En effet, Louis XV n'avait rien fait pour mériter cet amour que de donner de belles espérances.

Ce prince avait un caractère faible, dangereux défaut chez un roi. Les exemples fâcheux qu'il eut sous les yeux dans la cour du régent l'ont gâté. Il avait à peine seize ans

quand il remercia son premier ministre M. le duc de Bourbon. La lettre de cachet était expédiée le matin où M. le
duc vint prendre à son ordinaire les ordres de sa majesté.
Le roi l'accabla de caresses, lui demanda s'il ne voudrait
pas chasser avec lui. A peine le premier ministre eut-il
quitté le château, qu'il reçut l'ordre de s'exiler à Chantilly.
Cette indigne dissimulation fut l'ouvrage du cardinal
Fleury, qui avait déjà pris sur son royal pupille un funeste
ascendant.

Encore un autre exemple. Le roi honorait de son intimité le duc de la Trémouille. Ce jeune seigneur fut de la
ligue appelée *la guerre des Mirmidons*. Cette ligue avait pour
objet de renverser le cardinal Fleury. La conjuration fut
découverte : la Trémouille avoua au roi qu'il était du complot; mais il lui demanda sa parole de ne pas le nommer
au cardinal. Sa majesté promit et ne tint pas. Le duc, dans
la première conversation qu'il eut avec le roi, lui déclara
qu'il continuerait de remplir son devoir de sujet fidèle envers lui, mais *qu'il ne pouvait être son ami.* Quelques avances
que lui fît par la suite Louis XV, le duc demeura inébranlable dans sa noble résolution. Le roi apprit que, monarque
ou sujet, on ne manque jamais impunément à une parole
donnée.

Le maréchal de Villeroi, qui adorait Louis XIV jusque
dans ses défauts, voulut que le jeune roi, à l'exemple de
son aïeul, parût en public dans un ballet : on apprit au
roi à danser; on monta un ballet splendide. Louis XV, qui
n'avait pas encore le goût des choses futiles, s'ennuya beaucoup de ce divertissement, et ne voulut plus se prêter
dans la suite à des folies de ce genre.

Éloigné des choses sérieuses, le jeune roi prit du goût
pour la chasse. A ce goût, qui devint bientôt une passion

et un besoin, sa majesté en joignit un autre assez singulier pour un roi : c'était celui du *tour*. Elle tournait de petits objets qu'un artisan n'aurait osé avouer; elle en faisait présent à ses courtisans, qui en étaient ravis, comme de juste.

La jeunesse de Louis XV donna des espérance que son âge mûr ne tint pas. Il mourut en 1774, à l'âge de soixante-quatre ans, abandonné de tous, méprisé du peuple et des membres mêmes de sa famille. Heureux s'il fût mort à Metz! il aurait été pleuré et regretté : il aurait conservé ce beau, ce doux nom de *Bien-Aimé*.

A peine eut-il fermé les yeux, que son corps fut confié à des laquais pour être porté sans témoins dans les royales catacombes de Saint-Denis.

Louis XVI naquit à Versailles le 23 août 1754; il reçut le titre de duc de Berry. Enfant, il ne paraissait pas destiné au malheur de monter un jour sur le trône de France ; deux autres princes devaient l'occuper avant lui. Il était fils de Louis, surnommé le grand dauphin, et il avait pour frère aîné Louis-François-Xavier, duc de Bourgogne, dont nous avons précédemment écrit la vie. Mais la mort frappa à coups redoublés sur sa famille : son père, sa mère, son, frère, descendirent au tombeau presque en même temps. A onze ans, le jeune duc de Berry était orphelin et héritier présomptif de la couronne.

Cet infortuné prince semble avoir été marqué du sceau

3

de la plus cruelle fatalité, on dirait qu'un génie malfaisant a plané sur toute son existence.

Lors de sa naissance, la cour était à Choisy. Le courrier qui fut expédié pour aller annoncer l'heureux accouchement de madame la dauphine tomba de cheval en route, et mourut de sa chute avant d'avoir pu remplir sa mission. Lors de son mariage avec cette charmante et infortunée Marie-Antoinette d'Autriche, quatre mille personnes, rassemblées pour les réjouissances, périrent dans un affreux tumulte. Mais son plus grand malheur fut de monter sur le trône dans les moments les plus difficiles, de recueillir le funeste héritage de Louis XV, qui voyait bien la tempête dans un sombre lointain, mais qui s'en consolait dans son cruel égoïsme, en disant qu'il mourrait avant l'explosion de l'orage.

Comme Louis XV son aïeul, comme les jeunes ducs du Maine et de Bourgogne, le dauphin fut auteur quand il était bien jeune encore. Il existe un livre qu'il composa et imprima lui-même à l'âge de douze ans. Ce livre a pour titre : *Maximes morales et politiques tirées de Télémaque.* L'édition fut faite dans son appartement, et il tira lui-même tous les exemplaires. La vérité oblige à dire qu'il ne faut pas ajouter grande confiance aux talents précoces de ce jeune prince, pas plus qu'à ceux de Louis XV. En réalité, l'éducation de Louis XVI, comme celle de Louis XIII, de Louis XIV et de Louis XV, fut très-négligée. C'est une triste remarque à faire, que tous ces princes, devenus rois dans leur enfance, n'eurent ni l'un ni l'autre l'instruction forte et l'éducation mâle qui convient à un roi destiné à gouverner une grande nation. Il semble que ceux qui étaient chargés de conserver la monarchie française ne se soient attachés qu'à l'avilir et à la ruiner.

Comme Louis XV, Louis XVI eut aussi un goût singulier pour un monarque : son aïeul se faisait tourneur, lui serrurier. Une des pièces du château de Versailles contenait une forge et tous les outils nécessaires à cette profession, et le roi y passait de longues heures. On prétend qu'il excellait dans cet art.

Louis XVI était incapable de remplir sa haute mission quand il devint roi par la mort de Louis XV. Il avait alors vingt ans ; il ceignit une couronne profanée, il monta sur un trône ébranlé. Les finances étaient en désordre, tous les corps de l'état étaient profondément corrompus. Pour relever cet empire chancelant, il aurait fallu une volonté forte, une main puissante, et Louis XVI était faible et indécis ; il voyait le bien sans oser et sans pouvoir le faire. Si ce prince fût venu dans des temps calmes, il aurait rendu son peuple heureux et en aurait été adoré. Jamais roi n'eut de meilleures intentions. Il avait des mœurs pures, une probité sévère. Une coupable jalousie l'avait tenu éloigné de la cour et des affaires pendant sa jeunesse. Ses manières étaient un peu agrestes ; sa figure, quoique belle, manquait d'expression ; il n'avait rien dans la démarche, dans le port, dans le langage, de la majesté et de l'élégance de ses ancêtres. Mais il avait une qualité plus précieuse : la bonté.

Il en donna mille preuves dans son enfance. Devenu roi, il fit tout ce qu'il put pour le bonheur du peuple ; mais ses efforts furent vains. Victime innocente et pure, il expia les crimes et les fautes de ses prédécesseurs. Son règne fut une longue agonie. La révolution éclata en 1789 ; elle l'abreuva de dégoûts et de tourments ; elle le chassa d'abord de son palais de Versailles, puis des Tuileries, et le jeta dans la prison du Temple.

Louis XVI quitta son palais des Tuileries le 10 août

1792 pour n'y plus revenir. Toujours bon, il avait reculé devant la nécessité de faire massacrer les insurgés qui venaient l'assiéger. Il se rendit au sein de la Convention nationale. Déjà les feuilles tombées des arbres jonchaient la terre et retardaient sa marche : *Les feuilles tombent bien tôt cette année*, dit-il avec tristesse. Il était accoutumé aux funestes présages.

Accusé, condamné par la Convention, il mourut sur l'échafaud le **21** janvier **1793**. Ce prince ne fut véritablement grand que dans les fers ; sa mort fut celle d'un héros et d'un martyr.

(Vue du Temple.)

Louis XVII.

JANET-LANGE LITH

LOUIS XVII.

a vie de cet enfant a deux époques bien différentes. On le voit d'abord dans ces magnifiques jardins de Versailles que son aïeul
Louis XIV avait si splendidement décorés.
Là il est l'objet des soins, de l'admiration,
de l'amour de tout ce qui l'entoure. Brillante
aurore qui devait être suivie d'une nuit si
sombre ; doux printemps de la vie qui devait avoir si tôt un rigoureux hiver. De
l'excès du bonheur, ce royal enfant tombe
dans l'excès de l'infortune. La seconde partie de cette innocente vie se passe dans les
prisons ; les plus durs, les plus ignobles traitements lui sont réservés... Mais dans l'une
comme dans l'autre fortune, nous le verrons toujours
le même, toujours avec cette angélique douceur et cette
affectueuse tendresse que la nature lui a départie.

Un auteur moderne a dit de ce jeune roi : « Enlevé trop
» tôt à la terre, il n'a laissé que des regrets. L'esprit vou-
» drait en vain le juger : tout ce qui se rattache à son his-
» toire est de la compétence du cœur. »

En effet, que peut avoir fait par lui-même qui mérite
l'attention de l'histoire un enfant qui ne fit que passer

sur la terre? Ses malheurs seuls le rendront à jamais digne d'intérêt.

Louis XVII naquit à Versailles, le 27 mars 1785. Il reçut les noms de Louis-Charles et eut le titre de duc de Normandie ; il était le second fils de Louis XVI et de Marie-Antoinette d'Autriche. La santé débile de son frère aîné inspirait de vives inquiétudes ; on regarda sa naissance comme un bienfait du ciel, et on la salua de cris d'allégresse. Bientôt le dauphin mourut, et le duc de Normandie devint l'héritier présomptif de la couronne de France, funeste héritage que son père ne lui laissa que trop tôt.

Le jeune duc de Normandie était né avec les plus heureuses dispositions ; la nature l'avait doué d'une figure céleste, d'une sensibilité exquise, d'un cœur excellent. L'éducation qu'il reçut d'une mère tendre, d'un père vertueux, fécondèrent ces germes précieux. Le jeune dauphin aimait surtout les fleurs ; c'était une douce passion qu'il tenait de sa mère. A peine ses faibles mains purent-elles manier de petits outils de jardinage, qu'on lui donna dans un coin du parc de Versailles un petit terrain qu'il cultivait, tout au moins qu'il croyait cultiver tout seul. Dans la saison des fleurs, chaque matin, on était sûr de le voir, quelque temps qu'il fît, courir vers son petit jardin, l'air joyeux et riant, ses longs cheveux blonds flottant au vent. Il cueillait les plus belles fleurs,

celles que la reine aimait le plus, puis il revenait en courant au palais, se glissait à pas de loup dans la chambre
à coucher de sa maman reine, déposait tout joyeux près
d'elle ses fraîches et odorantes fleurs, puis allait se tapir
dans un coin de l'appartement, attendant avec impatience
le premier regard de sa tendre mère. Quand ses beaux
yeux s'ouvraient, la reine, en voyant les fleurs fraîches,
disait aussitôt : « Le dauphin est là ; qu'il vienne bien vite
chercher les baisers de sa mère. »

Parfois l'heureux enfant, au lieu d'accourir bien vite à
cette voix chérie et dans ces beaux bras qui s'ouvraient
pour le recevoir, se cachait derrière un rideau, faisant la
sourde oreille, et bientôt il apparaissait quand on ne l'appelait plus.

Un jour vint, ce fut le 6 octobre 1789, où il se fit de
grands mouvements dans le palais de Versailles. Le peuple,
qui n'avait pas de pain et qui accusait la reine de sa
détresse, envahit ce beau palais et ramena à Paris de vive
force toute la famille royale. « Nous ramenons, disait-il,
le boulanger, la boulangère et le petit mitron,» désignant
ainsi le roi, la reine et le dauphin. Il confondait déjà dans
sa haine le chef de l'état, une reine jeune et un pauvre
petit enfant qui n'avait pas encore cinq ans.

Le lendemain de ce jour si funeste à la monarchie, le
jeune dauphin, qui n'avait pas bien compris ce qui s'était
passé, ou qui peut-être l'avait déjà oublié, voulut aller à son
petit jardin cueillir ses fleurs pour les porter à sa maman
reine. Ce fut pour lui une grande douleur d'apprendre
qu'il n'avait plus de jardin, plus de fleurs. Il n'osait
plus aller chercher son baiser du matin. Il aurait été inconsolable de cette perte, si on ne lui avait donné un autre
petit jardin, au bout de l'une des terrasses des Tuileries.

Durant les trois années qui suivirent, tandis que la tourmente révolutionnaire grondait autour de lui, le jeune dauphin continua à cultiver ses fleurs, à en faire des bouquets; mais il n'avait plus cette joie franche et bruyante, cette gaieté sans nuages d'autrefois. Autour de lui il ne voyait que des fronts sombres et soucieux, et plus d'une fois des yeux inondés de larmes. Autour de son petit jardin, des gardes veillaient l'arme au bras; et comme si déjà il eût senti la nécessité de se les attacher, il leur portait des fleurs qu'il leur offrait avec une grâce charmante. Aux uns il disait : « Je vous donne cette rose; » aux autres, « ce lis, ces œillets; mais surtout aimez bien papa roi.»

Un autre jour survint, plus terrible encore que le premier; celui-là fut le 10 août 1792. Ce jour-là on ne lui permit pas d'aller arroser ses fleurs chéries ni cueillir son bouquet pour la reine : la pauvre femme avait bien autre chose à penser! et quand il voulut au moins voir son petit jardin par les fenêtres, il le vit occupé par des soldats en armes. Il ne put retenir ses larmes en voyant ses pauvres fleurs brisées, foulées aux pieds. Bientôt des clameurs étranges retentirent autour de lui; le bruit du canon se fit entendre. Son père, pour sauver sa vie, allait abdiquer la royauté. Toute la famille royale se rendit au sein de la Convention nationale. En chemin, le dauphin, qui ne comprenait rien à cet étrange spectacle, s'amusait à pousser avec ses petits pieds les feuilles qui étaient déjà tombées. Il était loin de songer que sa famille et lui-même marchaient à la mort. Pour lui faire traverser la foule du peuple ameuté, un grenadier de la garde nationale le prit dans ses bras et le porta jusque dans la salle où siégeait la Convention. Arrivé, il le déposa sur le bureau du président, où il resta quelques instants sans que personne songeât à lui : tout le monde avait perdu la

tête. Le lendemain, il fut conduit au Temple avec toute sa famille. Ce fut son dernier palais ; il n'en devait pas sortir vivant.

Enfermé à la prison du Temple, le jeune dauphin commença à comprendre qu'un grand malheur était venu fondre sur lui. Il venait d'atteindre sa septième année ; il était arrivé à cet âge où il aurait commencé à jouir de la bonne liberté, à pouvoir courir dans les beaux jardins royaux et cultiver vraiment ses fleurs chéries, quand il n'eut plus pour s'ébattre qu'une étroite et sombre prison. S'il voyait auparavant les beaux yeux de la reine et ceux de madame Élisabeth obscurcis quelquefois par les larmes, à ces larmes succédaient les joies de l'espérance ; mais au Temple il n'y avait plus que des larmes et du désespoir. Des historiens n'ont pas dédaigné de rapporter les traits qui annonçaient dans ce jeune prince un bon cœur, une sensibilité délicate, souvent même spirituelle. On ne saurait disconvenir que ces détails, si puérils qu'ils soient, n'intéressent vivement.

Au Temple, Louis XVI, pour charmer sa captivité, se fit l'instituteur de ses enfants.

Ce fut en ce moment-là seulement que le jeune dauphin commença réellement son éducation. Les personnes qui ont eu occasion de le voir témoignent qu'il avait l'intelligence vive et pénétrante ; mais Louis XVI fut bientôt obligé d'interrompre ces leçons, qui plaisaient à son cœur paternel, pour songer à préparer sa défense. Captif depuis cinq mois à peine, il était accusé devant la Convention, et les intentions de cette assemblée ne lui laissaient que peu d'espoir. M. de Malesherbes se rendit plusieurs fois au Temple pour conférer avec le roi sur ses moyens de défense ; dans une de ses visites il vit le jeune dauphin ; voici comment il en parle : « La joie rayonnait sur le visage du roi quand je suis entré dans son appartement ; lorsque la porte en a été fermée, il a couru ouvrir celle de la petite tour qui lui sert de cabinet, et de laquelle est sorti le jeune Charles, qu'il m'a présenté ; loin de s'effaroucher des rides de mon front et de mes cheveux blancs, cet aimable enfant s'est jeté dans mes bras et m'a prodigué les plus naïves caresses : « C'est vous, m'a-t-il dit, qui êtes chargé de défendre mon papa contre les méchants qui l'accusent? Ah! monsieur! dites-leur bien que c'est le meilleur des papas. Comment un père si bon pourrait-il avoir été un mauvais roi? » Ce propos a fait venir les larmes aux yeux de Louis ; je n'ai pu retenir les miennes. « Tu pleures, a dit Charles en s'élançant sur les genoux du roi et en essuyant ses larmes : et vous aussi, monsieur! a-t-il ajouté en se tournant vers moi, vous pleurez! Mon Dieu! aurais-je quelque chose à craindre? Non, non! j'adresserai tant de prières à Dieu! On ne t'en lèvera pas à ton pauvre Charles! » Nos pleurs ont redoublé..... »

Les prières de l'enfant ne purent sauver le père, non plus que les touchantes paroles du vieux et vertueux

Malesherbes. Nous avons déjà dit comment Louis XVI périt.

Au moment où le dauphin apprit la condamnation du roi son père, il montra une véritable énergie : toute cette famille malheureuse était dans les larmes : l'enfant relève soudain sa blonde tête, qu'il tenait cachée dans ses petites mains, et s'élançant, il court à travers les corridors, cherchant partout une issue; un gardien l'arrête : « Où courez-vous ainsi? lui dit-il. — Laissez-moi, laissez-moi, répond l'enfant, cherchant à s'échapper, je vais parler au peuple ! » Ramené dans l'appartement de sa famille, cet enfant redevient calme et étouffe ses sanglots.

Les Français émigrés, à la nouvelle de la mort de Louis XVI, proclamèrent roi de France le jeune dauphin sous le nom de Louis XVII. Monsieur, depuis Louis XVIII, annonça à l'Europe qu'il reconnaissait son neveu roi de France, qu'il prenait la régence, et qu'il instituait le comte d'Artois lieutenant général du royaume. Le prince de Condé, au milieu de ses compagnons d'armes, à Wellinghen, proclama aussi le jeune roi et lui fit jurer fidélité par tous ses soldats. Les puissances étrangères, la Russie principalement, reconnurent Louis XVII. Mais à cette stérile reconnaissance se bornèrent les efforts qu'ils firent en faveur de ce jeune et malheureux prince.

Après la mort de son père, le jeune Louis XVII eut pour guides la reine et la vertueuse madame Élisabeth, et pour compagne sa jeune sœur, Madame royale, qui survécut seule pour être une preuve vivante des plus grands caprices de la fortune. Au milieu de cette douce société, le pauvre petit roi put encore goûter quelques moments de bonheur; mais d'imprudents amis conçurent le projet de rendre à la liberté cet enfant, qu'ils voulaient conduire au milieu des émigrés. Leur complot fut découvert, et dès ce moment le jeune prince fut étroitement gardé à vue, et bientôt séparé de ces trois femmes qui l'accablaient de soins et de prévenances. Il était dans la destinée de cet enfant de porter la peine des fautes de ceux qui l'entouraient.

Ravi aux caresses maternelles, à la douce société d'une sœur qui l'adorait, aux soins délicats et pieux de sa tante, le jeune Louis XVII connut seulement alors toute l'étendue de son infortune. Jusqu'alors regardé comme roi par les compagnons de sa captivité, qui le respectaient autant qu'ils l'aimaient, cet enfant avait eu d'abondantes et continuelles consolations. La commune de Paris lui donna pour gouverneur un savetier du nom de Simon.

Les âmes honnêtes, à quelque parti qu'elles appartiennent, maudiront éternellement ce stupide et cruel geôlier, comme elles exécreront à jamais le sauvage Hudson Lowe. L'un a martyrisé le génie et la gloire, l'autre l'innocence malheureuse embellie par une douceur et une sensibilité charmantes.

On ne connaîtra jamais bien la vie que mena dans la prison du Temple l'infortuné fils de Louis XVI.

> Quels monstres ont hâté son atteinte funeste ?
> Le monde apprit sa fin, la tombe sait le reste.

Ce qui en a transpiré fait frémir.

Simon prit d'abord au sérieux son rôle d'instituteur ; il fit apprendre à l'enfant la déclaration des droits de l'homme et la lui expliquait ; tous les matins un maître d'écriture, du nom de Blin, venait lui apprendre à écrire. Il paraît que toute l'instruction du jeune prince se bornait à ces deux enseignements. On jugea bientôt que c'en était trop encore, et le maître d'écriture fut supprimé.

Simon resta donc le seul gouverneur de ce prince. Ce républicain prit surtout à tâche d'inspirer à son élève la haine de la royauté; on conçoit facilement que le cordonnier, dans l'exaltation de ses idées, n'ait pas jugé à propos de lui inspirer d'autres sentiments que les siens, mais on ne peut que flétrir les horribles moyens qu'il employa.

Il forçait ce pauvre enfant à lire à haute voix les libelles scandaleux qu'on publiait à cette époque contre le roi et surtout contre la reine; quand l'enfant refusait, il l'affublait d'un petit bonnet rouge et d'une sale carmagnole et le mettait au cachot; en tout cas il faisait lui-même la lecture, quelquefois il le forçait à chanter des chansons infâmes contre la reine.

Simon avait une manière toute pratique d'enseigner à ce jeune roi l'égalité, le grand Dieu de ce temps-là. Louis XVII était son domestique; il aidait madame Simon dans tous les soins du ménage, allumait les fourneaux, cirait les souliers et servait à table.

Les résistances de l'enfant furent au commencement très-vives; il céda à la fin, et il était devenu même d'une grande docilité sur tout ce qui n'attaquait pas ses infortunés parents. Un jour que Simon avait été satisfait de lui, il voulut lui procurer un singulier amusement, il lui acheta une petite guillotine; la vue de cet instrument, qu'il ne connaissait pourtant pas, étonna le jeune prince; il remercia Simon, lui disant qu'il ne se sentait aucun goût à se servir du jouet; mais cela ne faisait pas le compte du savetier. « Ah! petit louveteau, lui dit-il, tu te doutes de la chose; écoute-moi bien, ceci est une machine en petit, toute semblable à la grande qui a coupé la tête de ton gredin de père. » Les larmes de l'enfant interrompirent Simon, et quoi qu'il fît, il ne put jamais le contraindre à toucher à ce cruel jouet ; il revint cependant à plusieurs reprises sur ce sujet : une fois entre autres qu'il avait du monde à dîner, il voulut que Louis XVII fît manœuvrer la petite machine en présence de ses convives ; mais la résistance de l'enfant fut si grande, que le savetier s'irrita au point de fondre sur lui, un chenet à la main ; il allait le frapper et peut-être l'assommer du coup, quand entra le docteur Naudin, qui s'interposa et sauva l'enfant de la fureur de son geôlier.

Le docteur Naudin soignait madame Simon ; il revint le lendemain voir la malade. Aussitôt que l'enfant l'aperçut, il courut à lui, et lui présentant une poire : « Tenez, monsieur, lui dit-il avec sa douce voix, je n'ai que ce fruit dont je puisse vous faire cadeau pour vous prouver ma reconnaissance ; acceptez-le, je vous en supplie. » Le docteur ne pouvait raconter cette touchante anecdote sans avoir les larmes aux yeux.

La conduite de Simon avait motivé des plaintes très-vives, il fut forcé de donner sa démission. Cette circonstance, qui semblait devoir être favorable au jeune prince, mit le comble à son infortune. Le comité de salut public le confia à la garde de deux commissaires qui répondaient de lui corps pour corps.

Jusqu'alors Louis XVII avait joui d'une espèce de liberté, en ce sens qu'il pouvait aller et venir dans la prison ; il avait eu pour logement celui-là même qui avait servi au roi son père. Ce logement était vaste, aéré ; les commissaires, pour mettre à couvert leur responsabilité, le firent enfermer dans une petite cellule fort étroite, à peine éclairée ; dès ce moment ce malheureux enfant se regarda comme mort. L'ennui, la solitude, les souffrances, le jetèrent dans un profond découragement. Il avait pour nourriture la ration des prisonniers, un peu de pain de seigle, de l'eau, des lentilles et quelquefois un peu de bœuf ; il ne sortit

plus jamais de sa triste cellule. On assure que ses gardiens
l'éveillaient souvent la nuit pour s'assurer de sa présence,
et que son cachot était rarement nettoyé. Quoi qu'il en soit,
l'inaction, la mauvaise nourriture, le manque d'air, et surtout l'ennui rongeur, eurent bientôt mis à deux doigts de
la mort ce faible enfant. Il souffrit longtemps sans se plaindre ; un jour enfin il ne vint pas chercher sa chétive nourriture au guichet par lequel on la lui passait. On fit venir
des médecins auprès du royal malade, il n'était plus temps.
Dusault fut le premier qui le visita, M. Pelletan lui succéda ; tous deux ne purent que prolonger de quelques
jours cette triste existence.

Tout jeune qu'il était, l'enfant n'ignorait pas sa position.
M. Pelletan raconte qu'il lui dit une fois : «Je vais bientôt
mourir, monsieur, n'est-il pas vrai ? Il n'y a que vous ici
à qui je puisse parler ; ah ! si vous pouviez, avant ma mort,
me faire voir maman reine, ma tante et ma sœur, recevoir

d'elles un baiser d'adieu que je porterai au roi ; ah ! monsieur, quel bonheur vous me feriez ! »

Hélas ! le pauvre enfant ignorait que sa mère et sa tante l'avaient précédé dans la tombe. Il mourut peu de jours après, le 1er juin 1795, au commencement de sa onzième année ; il était captif depuis trois ans.

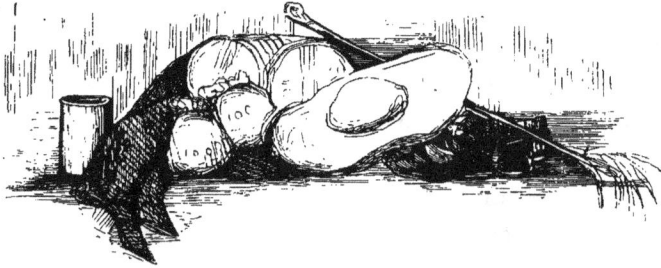

NICHOLS.

Un soir de l'année 1758, vous auriez vu dans la pièce principale d'une petite ferme de Fremeri, dans le comté de Cork en Irlande, un de ces petits tableaux d'intérieur qui réjouissent les yeux et le cœur. Le bonheur est une si douce chose à voir! C'étaient deux anciens amis qui se revoyaient après une longue séparation. L'un d'eux était un marchand ambulant originaire du comté de Limerick; il était vêtu d'une blouse blanche, portait de longues guêtres et de gros souliers ferrés; mais on aurait pu remarquer que son linge

7

était de la plus belle toile d'Écosse et qu'il avait regardé l'heure à une montre d'or. L'autre était le propriétaire de la petite ferme où nous nous trouvons. Il avait accueilli son ancien ami avec le plus vif empressement; ils avaient fêté leur heureuse rencontre dans un joyeux festin, et ils étaient en train, après dîner, de se raconter ce qui leur était arrivé depuis leur séparation, arrosant leur conversation de fréquentes libations d'une aile mousseuse.

Le marchand racontait comment parti pauvre de son village il y retournait, sinon bien riche, au moins avec les moyens d'y vivre heureux et tranquille : « Tu le sais, mon » bon Francis, disait-il ; je n'ai jamais eu de goût pour les » travaux agricoles : Dieu nous a donné à chacun notre lot » sur la terre. Il me destinait au négoce. J'appris d'un mar- » chand qui vint chez mon père que les plus belles [...]nes » d'Irlande s'achetaient en Connacie, qu'elles y étaient » même d'un prix peu élevé quand on allait les chercher » dans les comtés les plus retirés de la province, et qu'elles » se revendaient à Dublin ou sur toute autre place impor- » tante avec de grands bénéfices. Quelque temps après, » mon pauvre père meurt; je pars avec le peu d'argent » que je retire de sa succession, et me voici de retour » après huit ans d'absence. Heureux puisque je retrouve » mon meilleur ami, qui ne me paraît pas non plus trop » mal à l'aise. »

Parvenu au terme de son voyage, le voyageur aime à se rappeler et à raconter les périls de la route : le marchand ne fit pas grâce à son hôte des aventures désagréables et périlleuses qui lui étaient survenues pendant ces huit années de voyages; combien de fois il avait été obligé de marcher toute la nuit par des temps affreux; combien de fois dans des routes désertes, dans des hôtelleries borgnes il avait failli perdre toute sa fortune si péniblement amassée, et peut-être même la vie.

Le fermier avait plusieurs enfants; un seul, le plus âgé, était resté auprès du marchand; il écoutait avec une curiosité insatiable les récits du voyageur.

Ce jeune garçon avait au plus dix ans : c'était un de ces caractères sombres et peu communicatifs; un de ces enfants qui ont le malheur d'être vieux avant l'âge, qui, concentrés en eux-mêmes, réfléchissent et méditent comme des hommes faits. Il s'appelait Nichols. Comme le marchand de laines, il se sentait peu de propension à l'agriculture. Son esprit, au contraire, s'exaltait au récit du voyageur, et il sentait en lui un instinct naturel qui le poussait vers le négoce.

e marchand partit bientôt; mais Nichols garda le souvenir de tout ce qu'il avait entendu, et dès ce moment il forma le projet d'aller en Connacie pour y trafiquer sur les laines; mais connaissant les idées de son père, qui était un homme bon, mais entêté et inflexible, il crut inutile de s'en ouvrir à lui, soit pour lui demander des conseils, soit pour en obtenir de l'argent; et un beau matin notre petit aventurier s'échappa du toit paternel sans tambour ni trompette, mais avec armes et bagages; c'est-à-dire avec un bâton de voyage et deux ou trois chemises de rechange, le cœur plein d'espérance et la poche vide d'argent.

Un enfant ordinaire aurait dès le soir même renoncé à ses extravagants projets; notre jeune voyageur fut obligé de passer sa première nuit de liberté au pied d'un arbre à la belle étoile; mais Nichols avait une de ces volontés fortes que les obstacles ne font qu'exciter. Il avait emporté de la

maison paternelle quelques provisions de bouche : elles lui
suffirent pendant les deux premiers jours ; mais il était arrivé au troisième et au terme de ses ressources. Plus heureux que les nuits précédentes, il avait cette nuit-là trouvé
un gîte dans l'écurie d'une auberge. Dans cette auberge
se trouvait un garçon de cour jeune encore. Nichols, en
l'aidant dans ses travaux, gagna son amitié, et lui raconta
qu'il allait en Connacie : « Vous tombez bien, lui dit le
» jeune palefrenier ; il y a précisément ici un roulier qui
» conduit des marchandises à Galwai ; il faut vous arranger
» pour qu'il vous emmène avec lui. »

Galwai est un port de mer assez fréquenté en Connacie.

Nichols épia le lendemain le départ du roulier, et se mit
en route en même temps que lui, après avoir fait ses adieux
à son ami de la veille et avoir reçu de lui quelque nourriture.

Chemin faisant, Nichols lia conversation avec le roulier,
lui proposa de le servir en tout ce qu'il pourrait, le supplia de lui permettre de l'accompagner jusqu'à Galwai. Le
roulier était bon homme ; il fut charmé de la physionomie
et de l'audace de son jeune compagnon : le marché fut

bientôt conclu; et, grâce à cette rencontre providentielle, notre futur négociant en laines arriva sans trop de déboires jusqu'à sa destination. Mais le plus difficile restait encore à faire. Pour acheter, au moins faut-il avoir de l'argent; et Nichols, nous le savons, en manquait absolument. Son nouvel ami allait partir, et il se voyait à la veille d'être abandonné par lui, au milieu de cette ville de Galwai, qu'il connaissait à peine, sans trop savoir ce qu'il pourrait faire pour vivre. Le roulier, avant de partir, alla chez un riche banquier toucher le prix de son chargement : il y conduisit Nichols. Là ils apprennent que le banquier est le baron de Baltimore, et ce qui n'est pas commun parmi les banquiers, que ce baron est aussi bienfaisant qu'il est riche.

« Tu n'as pas d'argent, dit le roulier à Nichols; il n'en » manque pas ici; va trouver le baron : qui sait? peut-être » t'en donnera-t-il. »

Nichols ne se fait pas répéter l'avis; il va intrépidement auprès du baron, qui le reçoit avec bonté : il explique ses projets, charme le banquier par son esprit, sa raison son audace, et le détermine à lui prêter une somme de cent trente écus.

Dès le lendemain, notre jeune marchand se met en route. Il va, vient, s'informe avec adresse, discrétion, se démène si bien, qu'après un mois de voyage il revient à Galwai avec une provision de laines achetée dans de bonnes conditions. De Galwai, il se transporte dans les comtés les plus manufacturiers, vend ses laines, prend des commissions pour en fournir d'autres dans un court délai. Partout sa jeunesse inspire l'intérêt, sa probité gagne la confiance, sa raison, son activité étonne. A peine avait-il travaillé une année, qu'il avait déjà décuplé sa mise de fonds. Son premier soin alors fut d'aller trouver son bienfaiteur pour lui remettre les cent trente écus qu'il lui avait prêtés. Il rendit compte au baron de Baltimore de toutes ses opérations, écouta ses conseils, et repartit cette fois avec des fonds, du crédit et de l'expérience; aussi fit-il les plus brillantes affaires.

Nichols avait déjà de la raison, qualité rare : en voici une preuve. Loin de proclamer ses succès, il les cachait avec soin. Il n'apporta aucun changement dans ses habitudes; toujours sobre, économe, rangé, actif, il conservait ses habits de bure, ses gros souliers : « Je suis couvert, » disait-il à ceux qui lui demandaient la cause de cette conduite, cela me suffit. Par de beaux habits, je tenterais » les voleurs, ou tout au moins je serais rançonné par les » aubergistes. Un homme bien mis doit manger, boire et » dormir en conséquence; avec mes habits grossiers, je me » contente de peu, je couche dans l'écurie à côté de mes » chevaux; je veille moi-même à ce qu'il ne leur manque » rien, et je m'en trouve bien. »

Nichols atteignit ainsi sa treizième année; ce n'était plus déjà le pauvre petit paysan de Fremeri, mais bien *monsieur Nichols*, négociant aisé, considérable et considéré. Ses affaires avaient pris une grande extension; il avait établi le centre de ses opérations à Galwai : comme pour se mettre à l'ombre de son riche protecteur. Modeste au milieu de ses succès, il recherchait toujours avec empressement les utiles conseils du baron de Baltimore.

Il n'apparaît rien d'extraordinaire dans la vie de cet incroyable négociant de treize ans pendant les deux années qui suivirent son établissement à Galwai; rien ne l'attristait davantage que quand il entendait dire de lui : « Que ce marchand est adroit! — Apprenez, dit-il à un né- » gociant qui croyait lui faire un compliment, apprenez,

» monsieur, que le négoce est une chose sainte, il y faut
» être droit et non adroit. »

Il avait quinze ans quand il entreprit un
voyage dans le royaume de Lagénie : il
s'était fait accompagner d'un domestique
qui le servait depuis un an ; il fit dans
cette province des affaires assez heureuses,
et il revenait à Galwai avec une somme
très-forte en numéraire. Le domestique
forma alors le criminel projet d'assassiner
son jeune maître et de s'emparer de sa fortune. Ils s'étaient
un jour arrêtés dans une chaumière, n'ayant pas trouvé
d'hôtellerie sur leur route pour passer la nuit. Nichols
était enseveli dans le plus profond sommeil : le scélérat veillait pour exécuter son infâme projet. Croyant le moment
opportun, il s'arme d'un grand couteau qu'il portait ordinairement sur lui ; il s'avance sur son maître, et lui en
donne un coup qui heureusement ne l'atteignit que dans

l'épaule gauche. Nichols pousse un cri terrible, se lève,

se précipite sur son assassin, qui, effrayé, interdit, veut prendre la fuite; mais le jeune Nichols l'étreint dans ses bras vigoureux, le terrasse, lui prend son couteau, et va lui en percer le cœur, quand il reconnaît avec effroi son infidèle domestique. Il s'arrête, jette au loin l'arme encore sanglante : « Sauve-toi, misérable, lui dit-il; sauve-toi, ou » tu es mort. »

Cet événement fit faire à Nichols de sérieuses réflexions. Jamais il n'avait oublié sa famille; honnête et vertueux, il ne pouvait être mauvais fils : mais il s'était promis, en la quittant, de ne la revoir que lorsqu'il pourrait par ses succès se faire pardonner sa faute. Le danger qu'il venait de courir lui inspira le désir de revoir au plus tôt ses parents. « Si je venais par un crime, se dit-il, à perdre » la vie, au moins faut-il que je fasse le bonheur de ceux » pour lesquels j'ai entrepris toutes mes fatigues et qu'ils » recueillent le fruit de mes travaux. » Il réalisa ses marchandises, et se mit en route pour Fremeri.

Avant son départ, un devoir sacré lui restait à remplir; il alla voir le baron de Baltimore, et lui remettant son portrait, qu'il avait fait peindre tel qu'il était quand il vint implorer les secours du baron : « Mon cher bienfaiteur, » lui dit-il, je vais partir; et qui sait si je vous reverrai » jamais? permettez-moi de vous offrir ce petit cadeau. » Vous le garderez en souvenir de moi; et quand vos regards se tourneront vers lui, vous direz : Voilà un petit » paysan dont j'ai fait le bonheur.

» — Cher enfant, lui dit le baron en le pressant contre » son cœur, ce portrait me sera toujours cher; tu peux » compter que tu as en moi un ami dévoué. »

Nichols ne voulut pas prévenir ses parents de son arrivée à Fremeri; il laissa son bagage à l'auberge, et se rendit chez eux couvert de ses plus mauvais habits. A sa vue, sa mère, qui l'aimait tendrement, s'évanouit.

Son jeune frère courut à lui pour l'embrasser; mais quand il alla pour presser son père sur son cœur, celui-ci le repoussa : « C'est vous, bon sujet? » lui dit-il. Et regardant ses habits usés, il ajouta : « Voilà comme vous nous » revenez, monsieur le négociant? Ah! vous avez fait une » belle équipée, il y paraît. — Mon père, dit Nichols avec » respect, vous me condamnez sans m'entendre; soyez sûr » cependant que je reviens digne de vous, et ne me refusez » pas vos embrassements. » Ayant embrassé son père, il courut à sa mère, qui avait repris ses sens, et la combla de caresses. Nichols avait avec lui des cadeaux considérables pour chacun des membres de sa famille. On ne saurait se peindre l'étonnement de tous à la vue de ces richesses

qu'apporta, un instant après son arrivée, le domestique
qu'il avait laissé à l'auberge.

« J'ai mal agi, mon père, dit-il, en m'éloignant sans votre
» consentement du toit paternel ; mais vous n'auriez jamais
» consenti à mon départ, et quelque chose me disait que
» je ferais mon bonheur et le vôtre. Pour ne pas vous dés-
» obéir, je ne vous ai pas consulté ; mais Dieu a vu mes
» intentions, et il a béni mes efforts. Vous étiez pauvres ;
» vous êtes riches aujourd'hui, et moi je suis heureux, car
» j'espère avoir fait votre bonheur. »

Nichols, habitué au travail de bonne heure, ne put rester
longtemps dans l'inaction ; il se rendit à Dublin, recommença son commerce, et devint l'un des premiers et l'un
des plus considérables négociants de cette riche cité.

Pourquoi faut-il qu'on ait à reprocher au jeune Nichols
cette imprudente et coupable audace qu'il eut de quitter
ses parents ! Enfants ! je me garderai bien de vous inviter
à chercher comme lui une fortune aventureuse que vous
ne rencontreriez sans doute pas. Nichols ne nous a pas
appris par combien de pénibles travaux, de dégoûts, il est
arrivé à sa rapide élévation, mais il a dû payer cher ses
succès. Vos parents, si Dieu vous en a laissé, vos parents
doivent être les guides de votre jeunesse ; c'est un devoir
pour eux de vous montrer le bon chemin, c'est un devoir
pour vous de le suivre. Mais apprenez par cette histoire
de Nichols, si pauvres que vous soyez, qu'avec de l'ordre,
de l'économie et de l'activité, les trois grandes vertus de
notre jeune négociant, vous parviendrez assurément, sinon
à la fortune, au moins à cette aisance heureuse qui facilite
la vertu et la probité, à cette médiocrité précieuse où le
bonheur est facile. Ayez une invincible horreur pour la

pauvreté et la misère, tâchez de l'éviter par un travail honnête. On a souvent dit que la pauvreté n'était pas un vice;
cela est vrai assurément, mais trop souvent aussi elle conduit au vice et à la plus ignoble dépravation.

ENFANTS SPIRITUELS.

Je n'ai pas le droit d'être toujours sérieux, et si je l'a-
vais, Dieu me garde d'en user! Des enfants ont eu des
traits d'esprit qui ont été recueillis; nous leur devons une
place dans cet ouvrage.

Le jeune prince de Piémont avait pour précepteur le
révérend père Gerdil, celui-là même qui fut depuis
cardinal. Le précepteur expliquait à son élève, qui
n'avait encore que sept ans, quelques-unes des
fables de la mythologie; il en était arrivé à celle de
Pandore. — C'était, disait-il, une statue que Vulcain
fit, et qu'il anima ensuite. Les dieux s'assemblèrent
pour la rendre parfaite en lui donnant chacun une
perfection. Vénus lui donna la beauté, Pallas la
sagesse, Minerve l'éloquence, etc., et ainsi des
autres dieux, à qui mieux mieux. Cependant Prométhée,
aidé de Pallas, était monté au ciel pour y dérober, au grand
détriment de Jupiter, le feu générateur pour animer cette

statue. Jupiter, irrité de cette audace, et voulant en avoir vengeance, envoya Pandore sur la terre avec une boîte où il avait renfermé tous les maux et tous les vices. Pandore présenta cette boîte à Prométhée, qui fut assez bien avisé pour la refuser; mais Épiméthée son frère, curieux de voir ce qu'elle renfermait, eut l'indiscrétion de l'ouvrir. Soudain les maux et les vices se répandirent sur la terre.

« Que pensez-vous de cette fable? ajouta le précepteur.

» — Et vous-même, mon père? reprit l'élève; pensez-» vous que tous les vices étaient renfermés dans la boîte » de Pandore?

» — Assurément, fit le révérend.

» — Assurément, non, reprit le jeune prince : puisque » Épiméthée avait déjà la *curiosité*, il fallait bien que ce » vice-là au moins fût dehors. »

Le mot qu'on attribue au jeune de Châteauneuf n'est pas moins spirituel. On le conduisit un jour à un prélat à qui on avait vanté l'esprit de cet enfant. Le prélat lui fit d'abord des questions auxquelles il était assez difficile qu'un enfant pût répondre. Le jeune Châteauneuf le satisfit pleinement. Tout à coup le prélat, voulant embarrasser l'enfant par une question simple, lui dit :

« Je vous donnerai une orange si vous voulez bien me » dire où est Dieu?

» — Eh bien! moi, monseigneur, reprit Châteauneuf, » je vous en donnerai deux si vous voulez bien me dire » où il n'est pas. »

Isaac de Benserade n'avait que huit ans lorsqu'il reçut la confirmation. L'évêque qui la lui donnait lui demanda s'il ne voulait pas changer son nom d'Isaac, qui était Juif, pour un autre qui serait chrétien : « Bien volontiers, lui répondit l'enfant, » pourvu que je ne perde pas au change. — Il faut » le lui laisser, dit l'évêque, il le rendra célèbre. » Benserade était de Lions, petite ville de Picardie. Cet enfant devint en effet un homme célèbre; il excellait surtout dans les poésies galantes. Le roi Louis XIV l'aimait beaucoup, et le chargeait de faire des vers qui étaient écrits en lettres d'or sur les boucliers des chevaliers qui prenaient part aux brillants carrousels que ce prince donna pendant son règne. — Ce poëte se retira dans une petite maison qu'il avait à Chantilly; à sa mort, on trouva qu'il avait tapissé de vers tous les murs de sa retraite.

—————

Assurément il faut aimer son pays, mais pas au point d'être injuste envers les autres. Le peuple français est, bien entendu, le plus spirituel qu'il y ait. Le moyen d'en douter? les Français l'affirment tous les jours. Cependant il ne faut pas en conclure que l'esprit manque aux autres peuples; je n'en veux pour preuve que les exemples suivants, que je prends d'autant plus volontiers dans les annales de la jeunesse anglaise, qu'on accuse les habitants de la Grande-Bretagne de n'être pas très-coutumiers du fait.

e docteur Busby avait mis dans sa chambre de belles grappes de raisin, qu'il réservait pour son déjeuner : un des enfants qui lui étaient confiés saisit les grappes, et se tournant vers ses compagnons, il s'écria : « Je publie les bans de mariage » entre ces grappes et ma bouche: Si » quelqu'un a de justes causes d'empê-» chement qui s'opposent à ce que ma bouche et ces » grappes se conjoignent, qu'il le déclare ! » Et le petit espiègle, sans attendre la réponse, se met en devoir de manger les raisins. Mais le docteur avait entendu sa harangue : sortant aussitôt d'une chambre voisine armé de verges, il empoigne le jeune orateur, et le menaçant de la correction, il s'écrie en le parodiant : « Je publie les bans » de mariage entre ces verges et les culottes de James » Nixford (c'était le nom de l'espiègle). Si quelqu'un..... » — Arrêtez, monsieur le docteur, s'écria aussitôt James; » j'empêche. — Pourquoi ? — Les parties ne sont pas d'ac-» cord. » Ce trait d'esprit le sauva.

L'illustre philosophe anglais Bacon naquit à Londres en 1561. Tout enfant, il montrait un esprit vif et brillant; il n'avait pas plus de six ans quand il fut présenté pour la première fois à la reine Élisabeth. Surprise des connaissances qu'il montrait déjà, la reine lui demanda quel âge il avait : « J'ai, madame, répondit-il sans hésitation, deux » ans de moins que l'heureux règne de votre majesté. » Cette réponse ne manque pas d'esprit, sans doute; mais c'est une flatterie qu'il ne faut pas louer. Quel règne heureux que celui de cette Élisabeth, fille de Henri VIII, qui alluma la guerre civile dans ses états, persécuta et fit mourir un grand nombre d'évêques illustres, et couronna ses cruautés par la mort de l'infortunée Marie Stuart !

————

Les enfants sont moutons, dites-vous ; ils se laissent facilement influencer par l'exemple ; ils prennent volontiers la route frayée par un autre. Pourquoi leur en faire un reproche ? Les hommes sont-ils donc exempts de ce défaut ?

Vers le milieu du dix-septième siècle, quelques écoliers de la fameuse université de Westminster, qui avaient vu les matelots fumer sur le port, s'étaient figuré qu'en les imitant ils allaient se donner de l'importance. Ils achètent pipes et tabac. Leurs camarades, suivant bientôt leur exemple, et la manie gagnant de proche en proche, l'antique université ne fut bientôt plus qu'une immense tabagie. Les jeunes fumeurs avaient bien mal au cœur, ils éprouvaient bien de cruelles souffrances ; mais qu'étaient ces douleurs comparées à l'honneur de passer pour des hommes faits ? Malheureusement les enfants rencontrent toujours sur leur route des maîtres qui s'opposent à leurs fantaisies, qui prévoyant le mal qu'ils attirent sur eux par ignorance ou imprudence veulent les en garantir. Donc les graves docteurs de l'université de Westminster firent défense expresse aux écoliers de fumer. Que firent nos petits Anglais ? on le devine sans peine, ils ne fumèrent plus ostensiblement par crainte de correction ; mais quand ils pouvaient le faire en cachette , quelle joie! quel bonheur! Une première fois, une seconde, ils purent se donner tranquillement le plaisir de la pipe et de la désobéissance ; mais un jour un groupe de récalcitrants fut surpris par un régent irrité ; les écoliers ne se déconcertent pas : « Monsieur, ré- » pond l'un, je suis sujet à d'affreuses rages de dents ; on » m'a ordonné la pipe pour les calmer.—Monsieur, voyez, » dit un autre ; j'ai une fluxion. » L'autre avait une mi- graine. — Celui-là fumait pour dissiper des coliques d'es- tomac : « Et vous, Tarwel, dit le régent à un pauvre petit » qui se tenait tout confus dans un coin, et vous, quelle » maladie prétendez-vous guérir avec votre pipe? — Mon » Dieu, monsieur, moi, je fume... je fume pour mes en- » gelures. — Espérez-vous me faire croire de semblables » balivernes? — Eh ! monsieur, mes camarades ont pris » toutes les bonnes raisons, il faut bien que je me serve de » celle qu'ils m'ont laissée. »

Le docteur, déconcerté par ce mensonge d'une spirituelle naïveté , s'en fut sans mot dire.

Voici un trait charmant. Pendant les guerres de 1745, on parlait beaucoup en Angleterre d'un projet qu'avaient les Français de faire une descente; il en était question un

jour à la table d'un général anglais, et chacun disait son avis sur cette importante nouvelle. Le fils de ce général, qui avait au plus neuf ans, se lève tout à coup de sa chaise et va trouver son père : « Si les Français viennent, amè-
» neront-ils leurs enfants avec eux ? lui demanda-t-il. —
» Pourquoi me demandes-tu cela ? répond le père. — C'est,
» reprit le petit bonhomme en montrant les poings; c'est
» que s'ils en amènent, je me battrai avec eux de bon
» cœur. »

Il m'est permis maintenant de revenir en France.

Etienne était un petit marmi-
ton, mais un marmiton de haut rang; il faisait cuire la soupe du roi de France : Étienne était de la cuisine du château de Plessis-lez-Tours, maison de plaisance toute bardée de fer, toute entourée de grilles, d'un aspect terrible et sombre, château d'agrément où s'était comme réfugié le roi de France Louis XI. Cet om-
brageux monarque s'ennuyait beaucoup dans ce royal séjour, et les soins qu'il donnait à la politique ne l'empêchaient pas, à ce qu'il paraît, de veiller à son ménage. Il était un jour descendu dans ses cuisines,

où il ne se trouvait personne, sinon Étienne, qui, pour charmer sa solitude, chantait à plein gosier. L'enfant nouvellement arrivé ne connaissait pas le roi, et comme Sa Majesté était comme le bon roi Dagobert, fort mal habillé, il ne put le deviner et n'interrompit pas sa chanson.

« Tu es bien joyeux, lui dit le roi s'approchant de
» lui.

» — Vous le voyez, messire, reprit l'enfant ; c'est si bon
» d'être gai.

» — Tu es donc bien riche?

» — Riche? mais non; on est donc bien joyeux quand
» on est riche?

» — Que gagnes-tu ici? De quel pays es-tu?

» — Vous êtes bien curieux, messire ; je suis du Berry,
» on m'appelle Étienne, je suis marmiton, je gagne autant
» que le roi, et je suis plus joyeux que lui, à ce qu'on dit.

» — Tu gagnes autant que le roi ! et que gagne le roi?

» — Ses dépenses, et moi les miennes.

» — Eh bien, à compter d'aujourd'hui, reprit Louis XI,
» tu gagneras plus que le roi, car je te prends à mon
» service et te payerai bien si tu me sers bien. »

Étienne devint valet de chambre du roi, et plus tard son intendant.

L'esprit de cet enfant fit sa fortune.

Le jeune Florian, dont vous connaissez sans doute les ouvrages agréables, montra tout jeune ce qu'il serait un jour. On cite de lui le trait suivant. Son père donnait à

Le Prince de Commercy.

dîner à M. de Nismes et à l'un de ses grands vicaires. Le grand vicaire se place à la gauche du prélat et le jeune Florian à la droite. Le grand vicaire, pour agacer l'enfant, dit à l'évêque : « Monseigneur, vous voilà comme Jésus-» Christ entre deux larrons. — Monsieur, lui répond » l'enfant avec vivacité, tirez-vous d'affaire comme vous » pourrez, c'est moi qui suis le bon larron, je suis à » droite. » Cette repartie fit beaucoup rire tout le monde, et surtout le grand vicaire.

Le jeune Mingard ne fut pas moins heureux que le petit marmiton de Louis XI. Mingard était Prussien, et il était à l'École militaire de Berlin ; il avait un grand désir de voir représenter une pièce de Voltaire qui obtenait un grand succès : mais le jeune écolier n'avait pas d'argent pour aller au spectacle. Voltaire en ce moment habitait Berlin. Mingard imagine de lui envoyer le quatrain suivant :

> Ne pouvant plus gourmander
> Le désir ardent qui m'anime,
> Daignez, seigneur, m'accorder
> Un billet pour voir Nanine.

Voltaire, qui était le roi littéraire de ce temps-là, et qui aimait la flatterie comme un roi, et la rendait avec usure comme un poëte, répondit au jeune écolier :

> Qui sait si fort intéresser
> Mérite bien qu'on le prévienne :
> Oui, parmi nous viens te placer,
> Et nous ferons qu'on t'y retienne.

L'enfant fut présenté le lendemain au roi Frédéric par

Voltaire. Frédéric, qui avait la passion de la poésie, accueillit avec bonté ce jeune poëte, qui plut à Sa Majesté par la vivacité de son esprit; ce fut là le commencement de sa fortune.

LES ENFANTS COURAGEUX.

On trouve un grand nombre d'enfants qui se sont signalés par des actions de courage comparables à ce qu'il y a de plus beau dans la vie des héros. Nous avons recueilli les faits qui nous ont le plus frappé.

Celui que nous allons raconter est presque incroyable.

Un vigneron, nommé Ferronnier, des environs de Vitry en Champagne, avait deux enfants, une toute petite fille et un garçon de neuf ans, qu'on appelait Jacquot. Un jour de l'hiver de 1709, le vigneron et sa femme s'en vont dès le matin dans la forêt voisine pour y ramasser du bois, et laissent à la chaumière leur petite fille sous la garde de Jacquot.

Le froid était rigoureux. Les loups ne trouvant rien à manger dans les bois ni dans les champs dépouillés et tout couverts de neige, s'aventuraient jusque dans les habitations pour y trouver quelque proie. La maison de

Ferronnier était à l'entrée du village, assise sur la lisière du bois ; un louveteau y pénètre, et arrive jusque dans la pièce où était encore endormie dans son berceau la petite Ferronnette, c'est ainsi qu'on appelait la fille de Ferronnier. A ce moment Jacquot était aussi absent ; mais il rentre aussitôt pour voir le louveteau se diriger vers le berceau de Ferronnette. Immobile d'effroi et de surprise, il hésite un instant ; mais le loup a déjà posé ses deux pattes sur les linges du berceau : Jacquot pousse un cri terrible ; l'animal se retourne vers cet ennemi inattendu ; et montrant une gueule menaçante, il s'élance sur lui avec rage. Jacquot l'attend sans trembler, et plonge intrépidement son

petit bras dans cette gueule ouverte, saisit la langue du louveteau, et l'empêche ainsi de le mordre.

Alors s'établit entre ce jeune loup affamé et ce jeune enfant une lutte cruelle. L'animal se débat, s'agite, avance

et recule, fait des efforts désespérés pour se débarrasser de
cette étreinte qui le tue ; mais Jacquot tient bon, et résiste
à toutes les secousses, les sauts, les élans du louveteau.
Celui-ci, privé de ses armes les plus terribles, ses dents
aiguës, enfonce dans la peau de l'enfant ses griffes cruelles ;
le sang coule ; le courage de Jacquot augmente avec le danger ; il pousse son ennemi aux abois, il lui assène sur la
tête de grands coups de poing ; il l'accule contre un mur,
et se collant contre lui avec force, il l'étreint. En vain le
loup pousse des sanglots, roule des yeux flamboyants et
terribles ; en vain l'écume et le sang sortent de sa gueule ;
Ferronnier n'est pas un instant intimidé. Pressé, com-
primé, étranglé, le louveteau perd enfin la respiration ; les
forces de Jacquot s'épuisent aussi dans cet inégal combat ;
mais cette horrible lutte va finir. L'animal et l'enfant roulent
en même temps par terre dans leur sang confondu.

C'est en ce moment que rentrent le père et la mère de
Ferronnier. Quel ne fut pas leur effroi en voyant Jacquot
tout sanglant, le louveteau expirant, et la petite Ferronnette poussant d'épouvantables cris ! Au milieu de cette
scène de désolation, ils approchent en tremblant de leur
enfant étendu par terre, sans mouvement et sans vie.
Bientôt à la voix de sa mère Jacquot reprend ses sens,
ouvre un œil éteint, sa faible voix se fait enfin entendre,
c'est un noble mouvement du cœur : Où est Ferronnette ?
dit-il. Courez, courez bien vite à son berceau !

Généreux et intrépide enfant !

Pendant plusieurs jours, la vie du pauvre petit Jacquot
fut en danger. Une fièvre cérébrale se déclara à la suite
d'une si violente émotion ; dans son délire, il avait toujours
à la bouche le nom de Ferronnette : son dévouement cependant ne lui coûta pas la vie, il revint peu à peu de ses

blessures. La tête du loup fut clouée contre sa porte, et on la conserva comme trophée de son courage. On ne l'appela plus désormais dans le village que *Jacquot-les-Loups*.

Le prince de Commerci n'avait que dix-sept ans lors de la bataille de Hersan, que les Impériaux gagnèrent sur les Turcs en 1687. Dans la mêlée, le cornette de la compagnie colonelle de son régiment se laisse prendre son étendard. A cette vue, le jeune colonel poussa son cheval avec ardeur contre un Turc qui portait un étendard au bout d'une zagaie; il l'attaque le pistolet à la main, tire presque à bout portant, et ne blesse que légèrement son ennemi. Il met l'épée à la main : le Musulman profite de ce moment pour lui enfoncer dans le flanc sa zagaie. Le prince la saisit de la main gauche, et de la droite porte à son adversaire de rudes coups d'épée : tout blessé qu'il était, et embarrassé par la lance du Turc, il le renverse et le tue. Le jeune prince arrache alors de son corps la zagaie, la porte avec

un sang-froid admirable au duc de Lorraine son général :
et faisant appeler son cornette, il lui dit sans s'émou-
voir : « Voilà, monsieur, un étendard que je vous confie ;
» il me coûte un peu cher, et vous me ferez plaisir de le
» mieux conserver que celui que vous vous êtes laissé
» prendre. »

L'empereur ayant appris cette belle action, voulut que
l'étendard fût placé avec solennité dans la principale église
de sa capitale ; l'impératrice broda de sa propre main un
autre drapeau, qu'elle envoya au prince de Commerci pour
remplacer celui qu'avait perdu le cornette de sa compagnie
colonelle.

Pierre Iᵉʳ, empereur de Russie, qui mérita le nom de
Grand par son génie et le rang auquel il fit monter sa nation jusqu'alors presque barbare, fut le plus violent et le
plus cruel des monarques. Non-seulement il avait l'habitude
de châtier de sa propre main ses courtisans, ses généraux,
ses ministres, mais encore on le vit plus d'une fois se faire
bourreau et exécuter lui-même les malheureux qu'il avait
fait condamner à mort.

En 1720, il rendit un ukase qui obligeait tous les Russes
à couper leur longue barbe. Les Russes tenaient à cet ornement disgracieux, et se soulevèrent. On arrêta près de
huit mille révoltés que le czar condamna à mort tous à la
fois. Pour cette horrible exécution, il avait fait préparer un
vaste terrain près de sa maison de campagne de Préobrag-
nisko, à trois verstes de Moskow. On entoura ce champ de
la mort de palissades, à travers lesquelles on pouvait voir

Duc de Reichstadt

le supplice, et après avoir planté çà et là beaucoup de billots, on y conduisit les condamnés.

Qu'on juge de l'horreur de ce spectacle : une centaine de bourreaux abattaient des têtes. Le sang coulait à flots. Pierre lui-même, la hache à la main, donnait l'exemple du carnage.

Un enfant de douze ans vint tranquillement placer sa tête sur le billot du czar. Pierre, au lieu de le frapper, s'arrête, et l'examinant attentivement, le prend par le bras et le repousse.

L'enfant s'éloigne sans mot dire, et va mettre sa tête sur un autre billot. Le czar s'en aperçoit, s'avance vers lui, le relève.

— Quelle fureur te pousse à vouloir te faire trancher la tête ? Va-t'en ! s'écrie-t-il en colère. Tu ne peux pas être rebelle, tu n'as pas de barbe.

— Tu as coupé la tête de mon père, reprit l'enfant en regardant l'empereur avec audace, tu as coupé la tête de mes frères ! Qui te retient ? que ne coupes-tu ma tête aussi ? Serais-tu déjà rassasié de sang ?

— Qu'on le conduise dehors, s'écrie l'empereur. Mais en même temps il jette sa hache et sort de l'enceinte sanglante.

On regrette que l'histoire n'ait pas conservé le nom de cet intrépide enfant.

Il y aurait un volume tout entier à écrire sur les jeunes héros des armées républicaines. Le beau côté de cette époque est d'avoir donné au monde d'innombrables exemples des plus sublimes dévouements. L'incroyable ardeur qui régnait alors pour les idées nouvelles, l'enthousiasme du patriotisme pour l'indépendance nationale menacée de toutes parts, étaient si grands, qu'ils mûrissaient les enfants avant l'âge, comme les feux d'un soleil précoce mûrissent souvent les moissons avant l'août.

Je ne citerai que les exemples les plus célèbres.

BARRA.

Joseph Barra était un enfant de la commune de Palaiseau, près Versailles. En 1792, il n'avait pas encore douze ans, il demanda à entrer comme volontaire dans la division de Bressuire ; sa demande fut admise, et il soutint avec un courage plein de gaieté toutes les peines et les dangers de la guerre. Une fois, il lutta seul contre deux soldats ennemis et les fit prisonniers. Il était tambour et promettait un héros de plus à la république, quand il fut mortellement frappé en Vendée, au mois de frimaire an II. Sa mort est diversement racontée.

Selon les uns, il fut frappé au front d'un coup de sabre dans la mêlée, et mourut en pressant sur son cœur la cocarde tricolore. Selon d'autres, imprudent comme tous les audacieux, le jeune tambour aurait quitté sa compagnie pour explorer le terrain, et serait tombé au milieu des Vendéens embusqués dans les broussailles. On l'entoure ; les fusils sont dirigés sur sa poitrine, les sabres sont levés

sur sa tête. Ému à la vue de son extrême jeunesse, un chef
s'avance près de lui :

« Crie vive le roi, lui dit-il, et tu es sauvé !

— Vive la république ! » s'écrie l'enfant de toutes ses
forces, en battant la charge.

A l'instant il est abattu par un coup de sabre.

Le commandant Desmares fit un rapport à la Convention
sur cet héroïque enfant. Son rapport se termine ainsi :
« Aussi vertueux que courageux, se bornant à sa nourriture
» et à son habillement, il faisait passer à sa mère tout ce
» qu'il pouvait se procurer. Il la laisse avec plusieurs filles
» et son jeune frère infirme, sans aucune espèce de secours.
» Je supplie la Convention de ne pas laisser cette malheu-
» reuse mère dans l'horreur de l'indigence. »

La Convention décida que la patrie adoptait la mère de
Barra. Le 10 prairial an II, cette pauvre femme fut admise

avec deux de ses enfants au sein de la Convention, et eut les honneurs de la séance. Elle prit place à côté du président, et fut saluée par les applaudissements de toute la salle.

Un orateur fut chargé de prononcer quelques paroles de consolation, et comme cette pauvre mère pleurait :

« Ne pleure pas, lui dit-il ; ton fils n'est pas mort : une » nouvelle existence a commencé pour lui. Il est né à l'im- » mortalité. »

Le théâtre de l'Opéra-Comique représenta un drame dont le héros était Barra ; la musique du drame était de Grétry. Le Théâtre-Français donna aussi une apothéose de Barra.

Le 8 nivose de la même année, la Convention rendit le décret suivant : « La Convention nationale décerne les honneurs du Panthéon au jeune Barra. Louis David est chargé de donner ses soins à l'embellissement de cette fête nationale. La gravure qui représentera l'action héroïque du jeune Barra sera exécutée aux frais de la république, d'après le tableau de David. Un exemplaire envoyé par la Convention nationale sera placé dans chacune des écoles primaires. »

Préoccupé par les événements politiques qui devenaient chaque jour plus importants, le célèbre peintre David oublia cette sainte mission qui lui avait été donnée ; son tableau ne fut pas exécuté ; les honneurs du Panthéon ne furent pas rendus à Barra.

Un de nos premiers sculpteurs, David, d'Angers, qui consacre son beau talent à célébrer notre gloire nationale, a voulu réparer cet oubli de son glorieux homonyme. On admirait à l'exposition de 1840 une statue qui immortalisera le jeune Barra. L'enfant était représenté avec un rare bonheur d'expression, expirant en pressant sur son cœur la cocarde nationale.

A la même époque, le jeune Viala s'immortalisait par un trait de patriotisme non moins glorieux.

— —   ... —

VIALA.

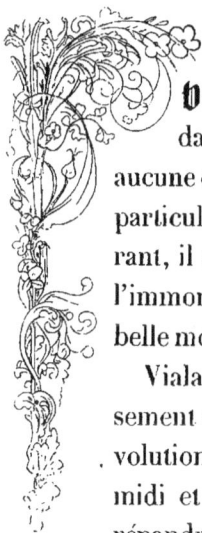

Viala était d'Avignon; né de parents dans une condition médiocre, n'ayant reçu aucune éducation et n'étant doué d'aucune faculté particulière, bon et honnête garçon au demeurant, il ne paraissait pas devoir jamais arriver à l'immortalité. Mais le proverbe est juste : « Une belle mort honore toute la vie. »

Viala n'avait que treize ans lorsque l'établissement de la république et le triomphe de la révolution firent éclore en France, et surtout dans le midi et l'ouest, ces guerres intestines qui firent répandre tant de sang français.

Vers la fin de 1793, Lyon avait levé l'étendard de la révolte contre la Convention nationale. Les armées républicaines se dirigèrent vers cette ville insurgée et en formèrent le siége. Les royalistes, de leur côté, ceux du midi surtout, envoyèrent à la défense des Lyonnais toutes les forces dont ils pouvaient disposer. Pour arriver jusqu'à Lyon, les détachements royalistes du midi durent traverser la Durance, et se disposaient à effectuer leur passage en vue d'Avignon; mais les Avignonnais et les habitants des campagnes voisines, qui tenaient pour la république et qui observaient tous les mouvements des colonnes royalistes, s'opposèrent à leur passage. Les deux partis s'envoyaient de chacun des côtés du fleuve une grêle de balles. Cependant les royalistes étaient supérieurs en nombre; s'étant emparés de toutes les barques qu'ils rencontrèrent sur la rive du fleuve qu'ils occupaient, ils avaient fait embarquer le plus de leur monde possible. Ceux qui restaient à terre entretenaient un feu bien nourri pour écarter les Avignonnais de la rive opposée, et les empêcher de s'opposer au débarquement de leurs camarades.

Le cours de la Durance en cet endroit était extrêmement rapide, et les barques ne pouvaient se diriger vers le rivage qu'au moyen d'un câble tendu d'une rive à l'autre. Les Avignonnais, forcés de battre en retraite, avaient oublié de couper ce câble. Les barques étaient déjà bien avancées, quand on s'aperçut de cet oubli fatal. Il n'y avait qu'un seul moyen d'empêcher le passage, c'était d'aller couper ce câble; mais les royalistes, qui en voyaient l'importance, dirigeaient tout leur feu vers le poteau après lequel il tenait. C'était s'exposer à une mort certaine que de vouloir s'en approcher; chacun hésite; les plus intrépides reculent, tout le monde voit ce qu'il faut faire, personne n'ose le tenter. Cependant les barques avancent toujours; ceux qui les montent redoublent d'efforts; il sentent qu'il y va de leur vie; les royalistes restés sur le rivage entretiennent un feu continuel. Tout à coup un enfant saisit la hache d'un homme qui se trouve à ses côtés, et s'élance vers le poteau, au milieu d'une grêle de balles. Cet enfant était Joseph Viala. Électrisés par son exemple, les Avignonnais se rapprochent du fleuve; la fusillade devient plus vive que jamais

de part et d'autre. L'enfant, impassible, assène sur le câble
de grands coups de hache et le rompt bientôt ; au même

moment, il tombe frappé au cœur d'une balle mortelle.
« Courage, mes amis ! s'écrie-t-il en tombant ; ils ne m'ont
pas manqué ; mais ça m'est égal, je meurs content. Vive la
liberté ! »

Les barques s'en vont à la dérive, et le passage devient
impossible aux royalistes.

ANTOINE ALARY.

Antoine Alary prit du service en 1793, comme bien
d'autres, étant encore enfant. A quinze ans, il se trouva
aux Bois-des-Chèvres, en Vendée. C'était un conscrit tout
neuf, n'ayant pas encore vu le feu. Les troupes républicaines,
entourées de Vendéens, ont le dessous et battent en retraite.

Le porte-drapeau du régiment dans lequel servait Alary est frappé d'une balle, son étendard tombe aux mains des royalistes. Seul, Alary se retourne et s'élance le sabre en main, reprend le drapeau qu'on lui arrache bientôt de nouveau, le reprend après une longue lutte, et le rapporte au milieu de ses camarades.

Une année après cette action d'éclat, le jeune Alary est embarqué avec son régiment sur un vaisseau commandé par le capitaine Lacrosse, qui allait porter des secours aux Irlandais. A peine l'escadre dont ce vaisseau faisait partie a-t-elle quitté le port, qu'une tempête la disperse. Les croiseurs anglais courent sur les vaisseaux isolés, et trois attaquent celui du capitaine Lacrosse. Les Français parviennent à échapper à leurs ennemis; mais la tempête recommence et les échoue sur les côtes anglaises. L'équipage, au nombre de treize cents hommes, privé de vivres et craignant à chaque instant d'être attaqué, se trouvait dans la position la plus périlleuse. Un bâtiment français pouvait seul les en tirer; mais avant que le hasard en ait amené un en vue de cette côte, la mort par la famine ou par le fer peut avoir anéanti ce beau régiment.

Alary voit le danger imminent, et sans consulter personne, il se jette dans les flots, résolu à atteindre le continent ou à mourir. En vain ses camarades, le voyant courir à une mort presque certaine, le rappellent à eux; en vain son commandant lui ordonne de revenir; intrépide, il continue sa route à travers les vagues. Après six heures d'une pénible et périlleuse lutte, il arrive en vue des rivages français. Des garde-côtes l'aperçoivent et volent à son secours. Miraculeusement arrivé sur le rivage, il leur raconte les dangers que court son régiment; on va au secours de ce régiment désespéré, et on le sauve.

LE DUC DE REICHSTADT.

e **20** mars **1811**, vers cinq heures du matin, la ville de Paris fut éveillée tout à coup par les cloches de toutes les paroisses, qu'on sonnait à grande volée ; c'était le signal de la naissance prochaine d'un héritier de Napoléon.

Les princes, les princesses, les maréchaux, les généraux, tous les dignitaires de l'empire, se rendirent au palais impérial. Les grands corps de l'état, le conseil municipal, s'assemblèrent à l'instant pour recevoir au plus tôt la nouvelle si impatiemment attendue. Une foule immense, silencieuse, inquiète, se pressait tout autour des Tuileries ; les églises étaient encombrées de

11

fidèles, plus de cent mille voix imploraient le ciel. Aucune plume ne saurait dépeindre le mouvement qui se manifesta vers les neuf heures du matin, au moment où le canon des Invalides commença à proclamer la délivrance de l'impératrice; vingt et un coups seulement devaient annoncer une princesse, et cent un, un prince. La capitale de la France, cette ville si agitée, si remuante, si affairée, si bruyante, sembla pour un instant suspendre sa vie. Au premier coup de canon tout s'arrêta, un silence profond se fit dans toute la ville. On comptait avec une anxiété indicible chacun des coups qui résonnait; au vingt-deuxième, un cri immense s'éleva, la ville entière tressaillit et cria : *Vive le roi de Rome! Vive l'empereur!* Les citoyens courent au devant les uns des autres en s'embrassant, se félicitant comme d'un bonheur particulier.

A l'instant même, des courriers furent expédiés sur toutes les routes du monde, le télégraphe agitait dans les airs ses bras parlants, les navires eurent ordre de traverser les mers, et pour que tout fût extraordinaire dans cette naissance, madame Blanchard, célèbre aéronaute, partit en ballon de l'École Militaire pour répandre dans les villes et villages au-dessus desquels elle passerait, la nouvelle de la naissance du roi de Rome. Cette heureuse nouvelle tombait ainsi du ciel aux populations avides et inquiètes. On ne saurait se faire une idée de la rapidité avec laquelle elle se répandit; à deux heures après midi, c'est-à-dire en cinq heures, non-seulement la France entière la connaissait, mais encore elle avait envoyé à l'empereur par le télégraphe le témoignage de sa joie et de sa reconnaissance; dans chaque ville de guerre, dans tous les pays et places occupés par les armées françaises, cette nouvelle fut saluée par cent un coups de canon.

Le soir, les bateliers donnèrent sur l'eau une fête *im-promptu* qui dura une partie de la nuit. Un superbe feu d'artifice fut aussi tiré. La capitale tout entière, je dirai mieux, presque toutes les villes et villages de France, les châteaux et les chaumières, les hôtels et les maisons bourgeoises, étaient illuminés. Pour donner une idée de la satisfaction, ou pour mieux dire, de l'ivresse du peuple et des grands corps de l'état, il suffira de dire que le sénat et le conseil municipal de la ville de Paris votèrent unanimement une pension viagère de dix mille francs en faveur du premier et du second page de Sa Majesté, chargés par elle de leur porter l'heureuse nouvelle de la naissance de son fils. La ville de Paris avait déjà fait hommage au roi de Rome d'un magnifique berceau de vermeil; ce berceau célèbre avait la forme d'un vaisseau orné de figures allégoriques et couvert de riches ornements. La Victoire, les ailes déployées, étendant ses bras comme pour protéger le sommeil de l'enfant, tenait au-dessus de sa tête une couronne de lauriers et d'étoiles. A ses pieds veillait l'aigle impérial.

L'enthousiasme occasionné par la naissance du roi de Rome fut de longue durée. Tous les théâtres de Paris jouèrent des pièces destinées à célébrer cet événement, les théâtres de province les répétaient avec un égal succès; jamais événement n'inspira plus de poëtes; il fut chanté sur tous les tons et dans toutes les langues, je crois. C'était un véritable déluge de vers, et cependant un poëte de ce temps-là qui n'en trouvait pas trop disait :

> Si tous ceux dont ils sont chéris
> Faisaient des vers, des chansonnettes,
> Bientôt, sans avoir rien appris,
> Tous les Français seraient poëtes !

Ce compliment était très-vrai pour un compliment

Le baptème du roi de Rome n'eut lieu que trois mois après sa naissance, le 9 juin 1811. On ne saurait rien imaginer de plus somptueux que les fètes qui eurent lieu à cette occasion dans la ville de Paris. Les réjouissances publiques commencèrent dès le 8 juin, tous les spectacles, ouverts gratuitement, furent remplis d'une foule immense ; des pièces faites pour la circonstance furent couvertes de continuels applaudissements. Vers sept heures du soir, Leurs Majestés impériales et le roi de Rome arrivèrent de Saint-Cloud au palais des Tuileries, au milieu d'une foule immense, qui faisait retentir les airs des cris de *Vive le roi de Rome! Vive l'empereur !* Le lendemain, la ville prit ses habits de grande fête. Les maisons riches furent ornées de magnifiques tapisseries ; les Gobelins prêtèrent leurs trésors aux monuments de l'état, et les maisons pauvres se couvrirent d'une parure moins riche, mais non moins belle, de feuillages et de fleurs, et toutes étaient pavoisées de drapeaux aux aigles impériales et décorées de peintures et d'emblèmes allégoriques. A sept heures, le cortége impérial sortit des Tuileries pour se rendre à Notre-Dame. Le roi de Rome apparut pour la première fois aux regards avides des Français. L'empereur son père, l'impératrice sa mère, ses oncles, ses tantes, rois et reines, une quantité innombrable de princes et princesses, de ducs et duchesses, de généraux, de dignitaires de toute espèce, lui faisaient cortége; un peuple immense le saluait à son passage. Bientôt cet imposant cortége arriva aux portes de l'antique métropole de Paris, où il fut reçu par le cardinal Fesch, entouré de cardinaux et d'évêques; puis il s'avança dans un appareil magnifique jusqu'au fond de la nef, où fut baptisé le roi de Rome, ayant pour parrain l'empereur d'Autriche, son aïeul, représenté par le grand duc de Wurtzbourg ; pour marraine, *Madame,* mère de

Napoléon, et pour deuxième marraine, Sa Majesté la reine
de Naples. Le roi de Rome, porté par madame de Montesquiou, sa gouvernante, était revêtu d'un manteau d'un tissu
d'argent, doublé d'hermine, dont la queue était portée par
le maréchal duc de Valmy. Après le baptême, l'empereur
prit son fils dans ses bras, et l'élevant, il le montra à toute
sa cour avec une vive émotion qui pénétra tous les cœurs
du plus vif enthousiasme.

Leurs Majestés impériales se rendirent ensuite à l'hôtel
de ville, où la fête la plus éblouissante était préparée en
leur honneur; la relation qu'on en trouve dans les journaux
et livres du temps ressemble à un conte fantastique. La
ville entière paraissait être toute en feu, tant étaient brillantes les illuminations des édifices publics et particuliers.
Des jeux de toutes espèces étaient organisés sur la terre et
sur l'eau; un magnifique feu d'artifice couronna cette
réjouissance nationale, qui eut des échos non-seulement
dans toutes les villes de France, mais encore de l'empire,
et à cette époque, Napoléon avait sous sa domination au
moins la moitié de l'Europe.

Il avait placé sur sa tête le diadème impérial de France
et la couronne de fer d'Italie. Il était entré en triompha-
teur dans les capitales de l'Autriche et de la Prusse, dont il
mutila les territoires à son gré. Il avait placé sur les trônes
qu'il fit vacants, des rois de sa création, dévoués à sa
volonté. Il s'était fait protecteur de la confédération du
Rhin et médiateur de la confédération suisse, pour dominer tous les petits états d'Allemagne; il avait fait monter
ses frères sur les trônes d'Espagne, de Naples, de Westpha-
lie et de Hollande. L'Europe tremblait à sa voix, il faisait et
défaisait les rois et les royaumes; et son immense empire
s'étendait des bords de la Baltique jusqu'aux Pyrénées.

Quel enfant fut jamais promis à d'aussi grands destins que le roi de Rome? Le meilleur moyen d'obtenir les faveurs de l'empereur était de se mettre sous la protection de son fils encore au berceau.

On raconte une anecdote assez piquante. C'était peu de temps après le baptême; un vieil officier que le général Rapp présenta, remit à sa majesté un placet avec cette suscription, *A Sa Majesté le roi de Rome.* « Ah! ah! fit l'empereur en souriant, cela ne me regarde pas.

— Que faut-il faire, sire? demande le général.

— Portez le placet à son adresse, monsieur le général, et conduisez votre protégé auprès de *Sa Majesté le roi de Rome.* »

Le général et le solliciteur, accompagnés d'un chambellan, se rendirent aussitôt auprès du berceau de l'enfant-roi. Le vieil officier ne se déconcerte pas, il salue avec le plus profond respect et lit son placet à haute voix. La lecture faite, il salue de nouveau et retourne auprès de l'empereur.

« Eh bien, messieurs, demanda Napoléon avec empressement, en voyant revenir la petite ambassade, qu'a répondu *Sa Majesté le roi de Rome?*

— Sire, dit l'officier, Sa Majesté a daigné me regarder avec ses deux grands yeux bleus, Sa Majesté a daigné me sourire, mais elle ne m'a rien dit.

— Qui ne dit mot consent, monsieur, » reprit l'empereur, très-satisfait de cette petite aventure.

Napoléon avait donné à son fils une nourrice saine, robuste, prise dans le peuple; il lui choisit pour gouvernante madame de Montesquiou. L'avenir a prouvé que l'empereur ne pouvait faire un meilleur choix; c'était une femme d'un grand sens et d'un bon cœur.

Le roi de Rome était un enfant magnifique, tout blanc et

rose, et semblable, disait le roi d'Espagne, son oncle, à un amour de l'Albane ; l'empereur en était fou ; cet homme si puissant, dont la volonté était de fer, le caractère sévère et rigide, devenait un enfant auprès du sien ; il jouait avec lui, le prenait dans ses bras, le faisait sauter sur ses genoux et faisait mille grimaces pour le faire rire et l'amuser ; tantôt on le voyait se rouler sur les tapis avec lui, ou bien barbouiller de confitures cette tête d'ange. Le roi de Rome ayant à peine deux ans, on vit un jour l'empereur jouer avec lui sur la pelouse du palais de Trianon ; il ôta sa terrible épée qui

gagnait les batailles, et ce petit chapeau qui rayonnait d'un si magnifique éclat à la tête de la vieille garde, pour en affubler son fils, et il prenait plaisir à le voir ainsi travesti en général, trébucher et tomber. Il aimait surtout à le montrer à ses vieux grenadiers, qu'il appelait *grognards*, et plus d'une fois il les passa en revue en le portant sur ses bras. La première fois qu'il le porta ainsi au Champ de Mars, l'impératrice courut au-devant de lui, inquiète, et lui demanda : « N'a-t-il pas eu peur, au moins? — Peur? non vraiment, reprit l'empereur; il savait bien qu'il était avec des amis de son père. » Il aimait beaucoup les soldats, et il les faisait vraiment pleurer de joie quand il leur envoyait avec ses jolis petits bras des saluts pleins de grâce et de gentillesse.

La France était épuisée par les victoires de Napoléon, et la naissance du roi de Rome lui avait fait espérer que cette soif de batailles et d'ambition qui dévorait l'empereur se calmerait dans les douceurs de l'amour paternel; il n'en fut pas ainsi.

A la tête des troupes réunies de France et d'Italie, d'Autriche et de Prusse, de Naples et d'Allemagne, de Suisse et de Pologne, il alla déclarer à la Russie cette guerre qui lui fut si fatale.

Le souvenir de son fils le poursuivait au milieu des camps. Il était sur les bords de la Moskowa, donnant ses ordres pour la bataille de Borodino, qui devait avoir lieu le lendemain, lorsqu'il reçut de la part de Marie-Louise le portrait du roi de Rome, peint par Gérard. A l'instant tous les préparatifs sont suspendus ; il contemple avec amour ce portrait chéri ; il appelle ses généraux, les officiers de sa maison , pour partager sa joie, et s'écrie avec cet admirable art d'à-propos qui ne lui manquait jamais :

« Messieurs, si mon fils avait quinze ans, croyez qu'il serait ici au milieu de tant de braves autrement qu'en peinture ! » Et il disait vrai. Il ordonna ensuite que le portrait fût exposé en dehors de sa tente à l'admiration de l'armée ; il y fut, toute la journée, salué par les acclamations continuelles des officiers et des soldats.

Pendant que son père jouait sa fortune dans les glaces de

la Russie, le petit roi de Rome grandissait au milieu des soins et de l'amour de tous ceux qui l'entouraient, tantôt au

12

château de Saint-Cloud, tantôt aux Tuileries, où le peuple aimait tant à venir le contempler lorsqu'il se promenait dans cette jolie petite calèche, faite en forme de conque, traînée par deux jeunes daims que Franconi avait dressés, et qui lui avaient été donnés par sa tante la reine de Naples.

On cite diverses anecdotes qui honorent son enfance.

Il jouait un jour dans le parc de Saint-Cloud; un de ses jeunes compagnons voulut lui prendre des mains une brouette avec laquelle il s'amusait beaucoup.

Le jeune prince résiste, l'autre enfant insiste et menace.

« On va te voir, dit le roi de Rome; prends garde à toi.

— Il n'y a personne, je n'ai pas peur, répond l'autre.

— Et tu sais bien que je ne le dirai pas, dit en souriant le jeune prince. »

Il aimait les fraises avec passion, mais elles lui occasionnaient de graves indispositions. Pour cette raison, on défendit à toutes personnes qui l'approchaient de lui en donner. Cependant sa nourrice lui en remit une fois sur ses vives instances, et l'enfant fut malade. L'impératrice, fort irritée, demanda à son fils qui lui avait donné les fraises; mais ni caresses, ni menaces, ni prières, ne purent lui arracher d'autres mots que ceux-ci : « Maman, j'ai promis de ne pas le dire. »

Deux fois il revit son père; mais ce n'était plus ce père si heureux et si enjoué; il quittait à la hâte des armées presque détruites pour venir organiser dans sa capitale de nouveaux moyens de combats; les peuples qui, il y a dix-huit mois, marchaient sous ses ordres, aujourd'hui combattaient contre lui. Ses nuits, ses jours, tous les instants de sa vie étaient consacrés à préparer cette sublime lutte qu'il soutint avec tant de malheur, mais aussi avec tant de génie et de courage, contre l'Europe coalisée. Au moment d'aller rejoindre son armée (décembre 1813), il convoqua dans son palais les officiers de la garde nationale de Paris ; il conduisit devant eux l'impératrice et le roi de Rome. « Je pars avec confiance, leur dit-il ; je remets à la garde nationale la défense de Paris ; je lui laisse ce que j'ai de plus cher, l'impératrice et mon fils. » Puis il partit... Malgré les douloureux pressentiments qui l'assiégeaient, il ne pensait pas sans doute qu'il voyait pour la dernière fois ce fils qui lui était si cher... En vain remporta-t-il encore plusieurs victoires à Champaubert, Nangis, Mon-

tereau ; en vain fit-il des prodiges de valeur et de génie. Ses soldats invaincus se battaient un contre dix. Le nombre devait finir par les écraser, et bientôt ces souverains qu'il avait tant de fois fait trembler dans leurs capitales furent aux portes de Paris.

Alors l'impératrice et son fils se rendirent à Rambouillet. Mais ce fut une scène à fendre le cœur quand on voulut arracher le roi de Rome au château des Tuileries ; il opposa une vive et longue résistance ; il trépignait, il pleurait, s'accrochait aux meubles, aux draperies, à tout ce qu'il trouvait, s'écriant qu'il ne voulait pas quitter son

château. Pauvre enfant! avait-il comme un secret pressentiment qu'il n'y devait plus revenir, qu'il quittait tout à la
fois et son palais et sa royauté? En effet, quelques jours
après, l'empereur son père abdiquait à Fontainebleau, on
lui prenait à lui son titre de roi de Rome, et on lui donnait
en échange celui de prince de Parme, de Plaisance et de
Guastalla.

Alors l'empereur partit de Fontainebleau pour l'île
d'Elbe, et l'impératrice (25 avril) partit de Rambouillet
pour le château de l'empereur son père, à Vienne.

Une nouvelle existence va commencer pour le fils de
Napoléon (2 mai 1814). Il vient de passer le Rhin,
de sortir de cette France où il ne doit plus revenir.
Il vient de quitter sa véritable patrie pour une autre
où il n'aura plus bientôt qu'un vain titre. Il vient de
quitter ce rang sublime où il était l'objet de l'admiration et de l'adoration de tous, pour ne plus être
qu'un objet de commisération et de pitié.

L'impératrice Marie-Louise et son fils descendirent au palais impérial de Schœnbrunn.

Ce palais de Schœnbrunn, fantôme de Versailles, est
situé à une demi-lieue de Vienne, sur la rive droite de la
Wien. L'ensemble de ce palais est majestueux, mais les
détails de l'architecture sont du plus mauvais goût. A une
certaine distance, on le croirait couronné par la Gloriette,
édifice élégant, composé d'arcades, de colonnes et de tro-
phées, placés sur les hauteurs boisées qui limitent la per-

spective. Dans l'immense parc on aperçoit des troupeaux
de sangliers, de cerfs, de chevreuils, etc. Une foule joyeuse
parcourt sans cesse ce beau domaine; c'est dans la belle
saison une habitation moins magnifique, mais infiniment
plus agréable que Versailles.

Tel est le séjour où devait s'écouler la courte existence
du fils de Napoléon. Singulier rapprochement! c'est de ce
palais que son père avait dicté des lois à l'Autriche vaincue.

Dans les jardins de Schœnbrunn, cet enfant était, comme
à Paris dans le jardin des Tuileries, l'objet de la plus vive
curiosité; chaque Autrichien voulait voir le fils de celui
qui les avait deux fois vaincus et qui avait rempli l'univers
du bruit de son nom.

Le jeune prince, tout enfant qu'il était, avait compris
quelque chose de son immense infortune, il paraissait déjà
soucieux. Pendant le voyage de Paris en Autriche, il avait
dit à madame de Montesquiou : « Hélas! je vois bien que
je ne suis plus roi, je n'ai plus de pages. » Cette idée-là
lui revenait souvent. M. de Montbel rapporte qu'il eut avec

l'empereur d'Autriche l'entretien suivant. Le jeune duc n'avait encore que cinq ans; il s'approcha de son aïeul et s'appuyant sur ses genoux.

« Mon grand-papa, lui dit-il, n'est-il pas vrai, quand j'étais à Paris, j'avais des pages?

— Oui; je crois que vous aviez des pages.

— N'est-il pas vrai aussi qu'on m'appelait le roi de Rome?

— Oui; l'on vous appelait aussi le roi de Rome.

— Mais, mon grand-papa, qu'est-ce donc être roi de Rome?

— Mon enfant, répondit l'empereur, quand vous serez plus âgé, il me sera plus facile de vous expliquer ce que vous me demandez : pour le moment, je vous dirai qu'à mon titre d'empereur d'Autriche je joins celui de roi de Jérusalem, sans avoir aucune sorte de pouvoir sur cette ville..... Eh bien! vous étiez roi de Rome comme je suis roi de Jérusalem. » Cette réponse frappa l'enfant : il garda le silence et sembla longtemps réfléchir.

Ses souvenirs étaient restés assez distincts relativement à la situation brillante où il s'était trouvé en France: il y pensait, et souvent il en était occupé. Il n'ignorait pas qu'on l'avait appelé roi et que son père était un grand homme. Un jour, dans une réunion de la famille impériale, un des archiducs lui montra une de ces petites médailles d'argent qu'on avait frappées à l'époque de sa naissance et qui furent distribuées au peuple après la cérémonie de son baptême : son buste y était représenté. On lui demanda: « Savez-vous quelle est cette image? — C'est moi, répondit-il sans hésiter, quand j'étais roi de Rome. »

On rapporte encore un autre trait qui prouverait que le

fils de Napoléon avait d'autres souvenirs que ceux des choses qui lui étaient personnelles. Un officier du palais venait d'annoncer chez l'impératrice sa mère le vieux maréchal prince de Ligne.

« C'est un maréchal? demanda l'enfant se levant avec une grande vivacité. Maman, ne le reçois pas; c'est peut-être un de ceux qui ont trahi papa. »

Ces souvenirs, on le pense bien, étaient passagers. L'enfant coulait sous les ombrages de Schœnbrunn des jours paisibles et joyeux. Près de lui les puissances alliées, réunies en congrès, se partageaient les dépouilles de son père; tout à coup un bruit de tonnerre éclate, l'Europe écoute et frémit: Napoléon a ressaisi cet empire qu'on lui avait ravi. Mais ce second règne fut de courte durée. Les plaines de Waterloo virent bientôt la chute définitive du trône impérial. En abdiquant, Napoléon avait dit. « Ma vie politique est terminée, et je proclame mon fils, sous le titre de Napoléon II, empereur des Français. » Le sénat ratifia cette proclamation, et reconnut pour empereur cet enfant qui jouait insouciant sur les vertes pelouses de Schœnbrunn. Mais on sait que les puissances alliées ne voulurent point le reconnaître; et pour le punir de la nouvelle entreprise de son père, elles lui retirèrent même ce titre de duc de Parme qu'elles lui avaient donné.

Aussi le fils de Napoléon se trouva-t-il tout à coup sans nom, sans titre et sans héritage.

Ce ne fut que le 22 juillet 1818 que l'empereur d'Autriche lui conféra le titre de duc de Reichstadt. « Nous don-
» nons, dit la patente, au duc François-Joseph-Charles,
» fils de notre bien-aimée fille, l'archiduchesse Marie-Louise,
» le titre de duc de Reichstadt. Entendons que désormais,
» tant à la cour que dans toute l'étendue de l'empire, le

» duc prendra rang immédiatement après les princes de
» la famille impériale et des archiducs d'Autriche. »

On lui conféra encore la propriété éventuelle des terres
Bavoro-Palatines, en Bohême, compensation puérile de ce
qu'on lui prenait. Jusqu'alors on ne lui avait ravi que des
titres vains : un nom ! un nom plus glorieux que celui de
tous les potentats de l'Europe lui restait, celui de son père;
ce nom de Napoléon lui est retiré par cet acte solennel.

A cette époque, cet enfant, qui portera désormais le
nom de duc de Reichstadt, avait sept ans.

« Il était remarquablement beau, dit un de ses maîtres;
ses mouvements avaient de la grâce et de la gentillesse. Il
parlait déjà facilement et avec cet accent particulier aux
habitants de Paris. Nous prenions plaisir à l'entendre nous
exprimer, dans le langage naïf de son âge, des pensées,
des observations d'une justesse extrême. Il montrait dès
lors les qualités distinctives de son caractère : bon pour
les subalternes, ami de ses gouverneurs, mais sans démon-
stration vive, il obéissait par conviction, mais presque
toujours il commençait par essayer de la résistance. Il
aimait à produire de l'effet. En général, on voyait qu'il
pensait beaucoup plus qu'il ne voulait dire : nous dûmes
nous attacher à régler en lui cette disposition, qui aurait
tendu à le rendre dissimulé : nous y parvînmes par des
soins assidus et avec assez de difficultés. Du reste, il recevait nos réprimandes avec fermeté, et quelque mécontentement qu'il en éprouvât, jamais il ne conservait de ran-
cune; il finissait toujours par convenir de la justese des
représentations qu'on lui avait faites. Quand dans la
journée nous avions senti quelque mutuel refroidissement
par suite d'une leçon sévère, le soir, en prenant congé de
nous, il était le premier à nous tendre une main amicale,

en nous priant de le pardonner et d'oublier ses torts.
Rien n'attirait plus vive-
ment l'attention de cet
enfant que la vue des ar-
mes, des uniformes ; rien
ne le charmait comme la
musique militaire. C'é-
tait Achille à la cour de
Pyrrhus. Il avait à peine
sept ans quand on lui
permit, sur ses instantes
prières, de porter l'uni-
forme autrichien. Il ap-
prit le maniement des
armes avec une rapidité
surprenante ; il aimait les
exercices avec passion.
Quand on était content
de lui, on lui permettait
de monter la garde à la porte des appartements de l'empereur. Il avait déjà sous les armes un petit air guerrier
et tout à fait charmant. Quand quelque personnage important passait, il lui présentait les armes avec la précision
et la gravité d'un vieux soldat. Pauvre enfant! c'était là
son plus grand bonheur. Fils de Napoléon, il rendait les
honneurs militaires aux colonels autrichiens ! »

Un peintre français, M. Hummel, appelé auprès du prince
pour faire son portrait en 1816, a rapporté l'anecdote
suivante, qui donne une idée de l'intelligence de cet enfant
et de la position qu'on lui faisait à la cour de son aïeul.

M. Hummel trouva le jeune duc jouant avec une multitude de figures de soldats, parmi lesquelles il remarqua

13

des Cosaques irréguliers. Cherchant à captiver son attention, pour éviter son impatience :

— Avez-vous jamais vu des Cosaques, monseigneur?
lui dit le peintre.

— Oui, certainement, j'en ai vu : ce sont eux qui nous
ont escortés en France.

— S'ils étaient comme ceux que vous avez là, avec les
jambes et le cou nus, ils devaient avoir bien froid.

— Non, ils ne sentent pas le froid, parce qu'ils sont
d'un pays où l'on y est accoutumé.

Il répondait également à toutes les questions du peintre
avec une justesse frappante, mais toujours après quelques
instants de réflexion.

— Je veux être soldat, lui disait-il dans la même séance;
je me battrai bien; je monterai à l'assaut.

— Mais, monseigneur, vous trouverez les baïonnettes
des grenadiers qui vous repousseront, qui vous tueront
peut-être.

— Est-ce que je n'aurai pas une épée pour écarter les
baïonnettes? répondit-il avec fierté.

Quand le portrait fut presque terminé et qu'il fut question du costume, le peintre demanda au comte de Dietrichstein : — « De quel ordre dois-je décorer le prince?
— De l'ordre de Saint-Étienne que l'empereur lui a envoyé
au berceau. — Mais, monsieur le comte, j'en avais encore
beaucoup d'autres, dit l'enfant. — Oui, mais vous ne les
portez plus. » Il se contenta de cette réponse.

Outre les preuves d'intelligence que donnait le jeune
prince, il montrait aussi déjà de la fermeté et de l'adresse:
on le remarqua dans quelques circonstances. Le général
italien Pino avait offert à l'empereur un jeune lion récemment dérobé à la mamelle de sa mère; trop faible encore

pour être nuisible, il jouait avec les chèvres qui le nour-
rissaient, dans un des parcs de la ménagerie de Schœnbrunn : il attira l'attention du public qui venait le visiter :
on le caressait comme un chien docile. Un jour, accompagné de ses enfants et du jeune prince, l'empereur voulut
aller voir le lion; la plus jeune des archiduchesses parut
effrayée, non de cet animal, mais d'une des chèvres qui
courait vers elle d'un air menaçant. — « Ne craignez pas,
dit le jeune duc en saisissant adroitement la chèvre par les
cornes; je l'empêcherai bien de vous approcher. — Voyez,
dit l'empereur en souriant, il est bien jeune, et cependant
il sent déjà comment on doit prendre la difficulté. »

« Son amour-propre le portait à profiter rapidement des
moindres observations qui lui signalaient ce qui pouvait
ressembler à un tort, et surtout à un ridicule. Il nous donna
dans ce genre, rapporte un de ses gouverneurs, une singulière preuve de la fermeté de son caractère quand il
prenait une résolution. Quand il voulait donner à ses
assertions beaucoup de force, il se servait du mot *vrai*,
qu'il employait même aussi quelquefois alors qu'il avait
intérêt à nous tromper. En prononçant ce mot d'un air
presque solennel, il levait sa petite main avec beaucoup
de grâce, pour faire un geste affirmatif.

» Le 12 décembre 1815, jour anniversaire de la naissance de l'archiduchesse Marie-Louise, l'enfant voulut
adresser un compliment à sa mère : on rédigea à la hâte
ces quatre vers :

Autant que moi, personne, ô ma chère maman !
    Ne doit bénir ce jour prospère :
Vrai, ne lui dois-je pas le bonheur si touchant,
Et si doux à mon cœur, de vous nommer ma mère ?

» Dans peu d'instants l'enfant eut appris et retenu le

quatrain : alors on lui fit l'observation qu'on y avait employé le mot vrai parce que lui-même s'en servait continuellement, que c'était en lui un mot d'habitude, une sorte de manie : il devint sérieux : on le conduisit à sa mère, à l'heure de son déjeuner : il courut se jeter dans ses bras avec empressement, lui dit beaucoup de choses aimables ; mais jamais il ne voulut consentir à réciter les vers. Il n'en dit pas la raison, mais nous ne pûmes pas en douter. Depuis cette époque, il renonça complétement à son mot favori : dès lors il ne le prononça plus une seule fois. »

'éducation du duc de Reichstadt fut celle des archiducs d'Autriche. L'empereur considère comme son premier devoir de donner aux enfants de sa famille une instruction solide et profonde. Plusieurs des archiducs actuels sont des écrivains très-distingués.

Le vieux comte de Dietrichstein fut appelé par lui à diriger en chef les études de cet enfant précieux. M. Collin, poëte distingué, lui enseigna les langues ; M Foresti, son autre gouverneur, l'initia à l'art militaire. Le jeune prince montra peu de goût pour les études classiques, mais il étudiait les sciences avec ardeur.

M. Collin mourut en 1824; M. Obenaus, ancien gouverneur de l'archiduc François-Charles, lui succéda.

Le prince à cette époque était déjà arrivé à un degré d'instruction élevé. Il avait fini ce que nous appelons les humanités.

A ces études succédèrent celles de la philosophie théorique et pratique dans ses généralités et dans ses diverses branches. Les cours furent terminés par l'enseignement du droit naturel, politique et administratif.

L'enseignement religieux fut donné au duc par le prélat de la cour, Wagen, homme de mœurs douces et d'une vaste érudition.

Toutes les études qui n'avaient pas trait à l'art militaire n'intéressaient que médiocrement le duc de Reichstadt. Il n'aimait pas la poésie; il n'était pas sensible aux rhythmes, et son esprit droit et positif ne pouvait admettre les fables. Il n'avait ni le goût ni le sentiment des beaux-arts. On voulut lui apprendre la musique, les leçons le fatiguaient et l'ennuyaient. « A quoi cela peut-il servir? » disait-il. Il dessinait correctement, mais seulement le trait, les plans, les fortifications. Il n'entendait rien à la couleur et ne voulait rien y entendre.

Il était passionné pour les études historiques, politiques, statistiques; il y développait une intelligence pénétrante et juste. Sa mémoire était excellente pour les noms, les événements et non pour les dates.

Il apprit aussi la géométrie avec plaisir. Les opérations trigonométriques pour la levée des plans lui plaisaient surtout. L'empereur d'Autriche conserve une carte topographique d'une partie de l'Autriche dressée et exécutée par le duc de Reichstadt avec beaucoup d'exactitude et de précision.

Le major Weiss fit au duc un cours complet de fortification provisoire et permanente. Nul enseignement n'eut plus d'attrait pour lui. Il semble que cet enfant avait compris que s'il pouvait un jour reprendre l'héritage de son père, ce ne pouvait être qu'à la pointe de son épée.

Sous la restauration on croyait généralement en France que le duc de Reichstadt était élevé dans l'ignorance de sa haute origine; il n'est plus permis aujourd'hui d'admettre cette hypothèse, d'ailleurs invraisemblable. En supposant qu'on eût voulu lui cacher le nom de son père et son illustre vie, chacun des objets qui auraient frappé sa vue le lui aurait appris. L'empereur d'Autriche voulut que la vérité lui fût dite toute entière. Lorsqu'il avait à peine huit ans, dans les premiers temps où il s'aperçut qu'on ne lui cachait plus rien, il pressait ses gouverneurs de questions à chaque instant et sur tous sujets. Après quelques jours, cette ardeur qu'il avait de connaître tout ce qui se rattachait à la vie de son père se ralentit. Il vit toute la profondeur de sa chute et se résigna. Jamais on ne lui entendit prononcer un mot de plainte ou de regret : il avait le cœur trop haut pour se plaindre, et il se préparait plutôt à se venger. Il professait pour la mémoire de son père une si sainte et si enthousiaste admiration, qu'on l'entendit souvent répéter : « Je ne pourrai jamais atteindre à cette hauteur; l'objet » essentiel de ma vie doit être de ne pas rester trop indigne » de sa gloire. » Alors il travaillait avec une effrayante énergie, qui faisait craindre pour sa santé et plus tard pour sa vie.

Si le fils admirait le père, comme le père aimait ce fils ! Sur le rocher brûlant de Sainte-Hélène, il y eut un jour une fête bien touchante. Le duc de Reichstadt, sans le savoir peut-être, en était le héros.

La cour de Vienne envoya, vers la fin de 1815, un commissaire à Sainte-Hélène pour s'y assurer, conjointement avec les commissaires des autres puissances, de la présence de Napoléon dans cette île. Ce commissaire était le baron de Stürmer; il emmena avec lui un botaniste chargé d'explorer les richesses végétales de cette île. On fit choix de M. Wellé, homme studieux, innocent et naïf comme un vrai savant. C'était l'homme qu'il fallait pour une intrigue sentimentale; sa bonhommie connue le mettait à l'abri de tout soupçon.

Quelques Français étaient restés auprès du duc de Reichstadt; parmi eux était madame Marchand, mère du valet de chambre de Napoléon. Cette dame alla trouver M. Wellé, avec qui elle était liée. « Monsieur, lui dit-elle avec la voix pénétrante d'une mère qui supplie, vous allez voir mon fils; voici un petit paquet : il contient une boucle de cheveux et une lettre. Remettez cela à mon fils, je vous en prie. Peut-être ne le verrai-je plus; qu'il ait au moins ce souvenir de sa mère. »

M. Wellé accepta ce message pieux. Il fut bien convenu qu'il le remplirait avec la plus grande discrétion, dans la crainte que la sévérité du gouverneur ne privât le fils de cette précieuse relique.

Le baron de Stürmer partit. Quand on fut en vue de Sainte-Hélène, le baron assembla toutes les personnes qui l'accompagnaient et les prévint qu'aucune lettre, aucun paquet ne pouvaient être remis directement aux prisonniers qui étaient dans l'île, que tout devait lui être confié afin qu'il pût le faire parvenir par l'intermédiaire indispensable du gouverneur.

M. Wellé capitula facilement avec sa conscience. Quel mal pourrait-il y avoir à ce qu'il remît à un fils les cheveux

de sa mère ? puis il avait promis un secret absolu. S'il obéissait au baron, il manquait à sa parole. Le petit paquet fut
remis à Marchand.

Le lendemain toute l'habitation de Longwood est en
mouvement. L'empereur, pour la première fois depuis son
arrivée, manifestait une vive joie, et il voulut qu'on se
réjouît autour de lui. Une fête est improvisée. « Ah ! messieurs, disait-il à ses compagnons d'infortune, que je suis
heureux ! Je viens de recevoir une boucle des cheveux de
mon fils et une lettre écrite de sa main. » Il embrassait les
cheveux et mouillait la lettre de ses larmes.

Madame Marchand avait, comme on voit, trompé ce bon
M. Wellé ; elle avait dirigé la faible main du duc de
Reichstadt et lui avait fait tracer une courte lettre qu'elle
envoya au père avec les cheveux du fils.

Cette joie si touchante fit rugir Hudson-Lowe. Il voulut
que ce paquet lui fût remis ; il osa en faire la demande à
Napoléon. — « Monsieur le gouverneur, lui répondit l'em-
pereur blanc de colère, sortez au plus tôt de cette maison.
Ravir à un père la seule chose qu'il ait de son fils !!...
Sortez, sortez ! »

Le duc de Reichstadt était doué d'une grande dextérité
pour les exercices du corps ; il était adroit, agile ; il montait à cheval dès l'âge de huit ans, mais ce ne fut que lorsqu'il eut atteint sa quatorzième année qu'il reçut des leçons
suivies et régulières d'équitation. Il acquit bientôt une
grande habitude dans cet exercice qu'il aimait ; c'était un
bonheur pour lui de monter des chevaux fougueux et de
passer au grand galop devant les troupes dans les manœuvres. On le rencontrait presque tous les jours en été dans
les belles allées du Prater, conduisant lui-même son ca-
briolet parmi les équipages des Viennois. Il avait souvent

pour compagnon l'archiduc François. Ces deux jeunes
princes s'aimaient : ils avaient été élevés ensemble , ensemble ils grandirent : ils étaient les deux plus gracieux et
plus hardis cavaliers de Vienne.

Ils avaient partagé les jeux de l'enfance. Ils espéraient
sans doute se prêter un mutuel appui dans les difficultés
de l'âge mûr. Hélas ! l'archiduc ne put rendre qu'un service à son noble ami : c'est lui qui ferma à la lumière ses
yeux éteints par une mort si prématurée.

14

Avant de parler de la jeunesse du duc de Reichstadt, je veux encore dire quelques mots de son enfance. Un témoin oculaire raconte les faits suivants :

Sa présence d'esprit se signalait dans tout ce qui rappelait son père : la veille de notre visite (ceci remonte au commencement de son arrivée à Schœnbrunn), on lui annonçait le commodore anglais, sir Neil Campbell, le même qui avait accompagné Napoléon à l'île d'Elbe. — « Êtes-vous content, mon prince, lui disait madame de Montesquiou en lui présentant cet officier, de voir monsieur, qui n'a quitté votre papa que depuis quelques jours ? — Oui, j'en suis bien aise, répondit-il en mettant son doigt sur sa bouche ; mais il ne faut pas le dire. »

Le commodore le prit dans ses bras.

« Votre papa m'a chargé de vous embrasser. » Il l'embrassa et le reposa à terre. L'enfant, qui tenait en ce moment une toupie d'Allemagne entre les mains, la jeta avec force sur le parquet et l'y brisa.

« Pauvre papa ! » dit-il ; et il fondit en larmes.

Quelles étaient ses pensées, et comment dans un âge si tendre pouvait-il comprendre tout ce qu'il y avait de faux et d'équivoque dans la position du fils de l'empereur Napoléon captif au palais autrichien de Schœnbrunn ?

La personne qui raconte le trait qui précède accompagnait à Schœnbrunn le prince de Ligne. Le vieux feld-maréchal aimait beaucoup le fils de Napoléon ; il se plaisait à jouer avec cet enfant. En le voyant arriver, le jeune duc courait à lui et l'embrassait avec effusion ; puis il allait chercher un régiment de hulans en bois dont son grand-oncle l'archiduc Charles lui avait fait présent.

Mus par un mécanisme fort simple, les cavaliers posés sur des fiches mobiles imitaient toutes les évolutions militaires, se rompant, se développant, se mettant en colonnes.

Le témoin que nous citons vit un jour le prince de Ligne et le jeune duc jouer ensemble avec ces soldats de bois. « Allons, mon prince, à la manœuvre, » s'écria le prince de Ligne d'une voix forte. Aussitôt le régiment est sorti de sa boîte, disposé en bataille. — « Garde à vous! » dit le vieux maréchal, tirant son épée et dans l'attitude d'un général à la parade. Immobile d'attention, sérieux comme un grenadier russe, le jeune enfant se place à la droite de sa troupe, la main sur le ressort. Le commandement est prononcé, et à l'instant exécuté avec précision. Un autre lui succède; même obéissance, même sérieux de part et d'autre.

En vérité, à voir le charmant visage de cet enfant s'allumer à l'image des combats, et d'un autre côté ce vieux et illustre débris des anciennes guerres se ranimer aux yeux de cet enfant, on s'apercevait que l'un avait hérité de son père de sa vive passion pour l'art militaire, et on aurait dit que l'autre, rajeuni de quarante ans, allait commencer ses glorieuses campagnes. Délicieux contraste!

Il est difficile de dire quelles étaient les vues de l'Autriche sur le duc de Reichstadt; si elle entendait le tenir sous sa tutelle sa vie durant, si elle avait reçu et accepté de l'Europe la triste mission de garder à vue le fils, comme l'Angleterre s'était chargée de garder le père. Ce qui est certain, c'est que le jeune duc agitait en lui-même mille projets pour faire reparaître sur la face du monde le grand nom qu'il portait.

Un fait assez peu connu et qui est resté inexpliqué, c'est qu'en 1829 on fit frapper à Varsovie une petite pièce de monnaie sur laquelle on voyait le portrait du duc, et pour exergue : *Napoléon-François-Charles-Joseph, roi de Pologne.*

Souvent les vues du duc de Reichstadt s'étaient tournées vers la France. Chaque fois que des nouvelles intéressantes arrivaient à Vienne de ce pays, pour lequel il conservait l'amour d'un fils pour sa mère, il se hâtait d'aller s'enfermer dans ses appartements et de les méditer. Il comptait les partisans qu'il pouvait avoir; il se préparait aux événements. Plusieurs de ses amis ont témoigné de ses sentiments, de ses espérances. Sa plus grande crainte était de se voir pris au dépourvu. Il craignait de n'être pas encore mûr pour l'exécution, quand viendrait le moment d'agir. C'est cette crainte qui poussait à la mort ce malheureux jeune homme. Son travail était excessif; de la théorie il passait à la pratique. En vain les douleurs lui conseillaient-elles le repos : il fallait qu'il fût aux revues, aux manœuvres, aux exercices. Il n'interrompait ses études et ses travaux que quand la maladie le retenait prisonnier et absolument incapable d'agir.

Lors de la révolution de juillet, des propositions formelles furent faites à l'Autriche en faveur du duc de Reichstadt. Le parti Napoléonien envoya à Vienne un de ses agents les plus influents. Cet agent, dont le nom est célèbre, exposa au prince de Metternich le plan, les ressources du parti; il entra dans les détails les plus minutieux, mais il ne put rien obtenir. Plus tard, de nouvelles tentatives furent faites avec un égal insuccès. Cependant la révolution de France émut fortement l'imagination du duc de Reichstadt, et fit naître dans son esprit une agitation, une fermentation de pensées qu'il ne pouvait ni maîtriser ni cacher. Ceux qui l'entouraient cherchaient à calmer cette irritation. On lui représentait la France comme une nation indisciplinable, on détournait ses idées de ce pays; mais il est facile de voir qu'il céda plutôt à la force des choses qu'à sa propre conviction. Il se défiait beaucoup de lui-même. « Comment espérer, dit-il dans une lettre qui » porte la date de cette époque, de se trouver au niveau » des circonstances qui dominent le monde dans l'époque » actuelle? — J'ignore absolument ce que je saurais être

» dans l'action.....» Alors il se retirait pour méditer devant le portrait de son père. Puis la fièvre le prenait, puis il se livrait avec frénésie à ses études sur l'art militaire, il bravait les fatigues, il courait exercer son régiment, il s'épuisait à le commander.

Sa position était étrange, et il la comprenait bien. La guerre s'organisait de tous côtés ; et avec sa passion pour la guerre, il se voyait contraint à rester probablement oisif au milieu de ce mouvement général. « Ce serait, » disait-il, une situation affreuse. D'un autre côté, prendre » part à une guerre contre la France, que penserait-on de » moi ? » Un moment après il s'écria d'un ton ému : « Le » testament de mon père dirigera toutes les actions de » ma vie. »

L'éducation du duc de Reichstadt devait finir avec le mois de juillet 1830. Sa maison militaire était organisée et allait entrer en fonctions quand la révolution de France éclata. Ce grand événement semble avoir suspendu les résolutions de l'empereur d'Autriche à l'égard de son petit-fils. Il semblerait qu'on ait hésité alors sur le parti que l'on devait prendre à l'égard du duc de Reichstadt. Ses officiers entrèrent dès 1830 en relations habituelles avec lui ; mais leur service officiel ne commença que le 14 juin 1831. C'est le lendemain que le duc de Reichstadt fut nommé lieutenant-colonel et qu'il prit le commandement d'un régiment d'infanterie hongroise de Giulay, alors en garnison à Vienne. Il avait passé par tous les grades inférieurs et en avait rempli successivement les fonctions ; il avait ainsi appris tous les détails de l'art militaire ; dans son nouveau grade le duc déploya un zèle qu'il fallait toujours modérer. Sa vie se passait dans les études de théorie, dans les champs de manœuvre et à la caserne. Poli, bon, affable, prévenant pour les officiers, aimant ses soldats, il se fit bientôt adorer ; mais déjà on pouvait prévoir que ce jeune homme si instruit, si aimable, si courageux, n'aurait pas le temps de devenir un grand homme. Dès le quatrième jour de son commandement de bataillon, il eut la voix enrouée ; bientôt on remarqua qu'il était d'une faiblesse extrême après les exercices.

Le prince avait en ce moment pour médecin l'un des hommes les plus distingués de l'Autriche, le docteur Malfatti.

Le médecin s'attacha au malade comme un père à son fils; mais le malade ne pouvait souffrir le médecin, qu'il trouvait toujours à la traverse de tous ses projets : c'était entre eux une guerre continuelle. Le jeune homme voulait vaincre le mal à force de courage, et ce courage même le tuait; le vieillard n'était occupé qu'à tenir en bride cette nature ardente et généreuse. « Je vous aime comme homme, » disait le duc au docteur; mais comme médecin, je vous » déteste. »

Le docteur Malfatti a laissé des souvenirs écrits sur cet infortuné jeune homme; c'est là qu'il faut aller chercher l'histoire de ses derniers moments.

« Plusieurs fois, dit-il, je le surpris à la caserne dans un état d'extrême fatigue. Un jour, entre autres, je le trouvai couché sur un canapé, épuisé de forces, exténué, presque défaillant. Ne pouvant me nier alors l'état pénible où je le voyais réduit :

— « J'en veux, dit-il, à ce misérable corps qui ne peut » pas suivre la volonté de mon âme. »

» Sa vie, en effet, était alors comme un véritable procédé de combustion. Il dormait à peine pendant quatre heures, quoique naturellement il eût besoin d'un long sommeil; il ne mangeait presque pas. Son existence était concentrée dans le mouvement du manége et de tous les exercices militaires : il ne connaissait plus le repos. Sa croissance en longueur ne s'arrêtait pas; il maigrissait graduellement, et son teint prenait une couleur livide. A toutes mes ques-

tions, il répondait toujours : « Je me porte parfaitement
» bien. »

» Dans le mois d'août, il fut atteint d'une forte fièvre
catarrhale ; tout ce que je pus obtenir, ce fut de lui faire
garder le lit et la chambre pendant un jour. »

Le duc de Reichstadt ne voulait écouter aucun conseil ;
entraîné par sa passion pour les armes, il regardait comme
une honte et une lâcheté de se plaindre. Le docteur Malfatti,
désespéré de voir son malade courir à une mort certaine,
crut devoir employer l'autorité de l'empereur pour arrêter
ce zèle effrayant. « A la suite d'une revue, dit le docteur
Malfatti, je m'approchai de sa majesté et je lui exposai
avec franchise la position de son fils ; je lui déclarai que
dans mon opinion il fallait interrompre absolument tous
services militaires. Le jeune prince était présent. L'empereur lui parla avec tendresse ; mais le prince assurait que
j'exagérais le mal. « Vous venez d'entendre le docteur, dit
l'empereur ; vous ne voulez pas être raisonnable ; la vive
et tendre affection que j'ai pour vous m'ordonne d'être
sévère. Vous vous rendrez immédiatement à Schœnbrunn. »
Le duc s'inclina respectueusement en signe d'obéissance ;
mais en se relevant, il me lança un regard d'indignation :
« C'est donc vous qui me mettez aux arrêts? » me dit-il
avec un accent de colère, et il s'éloigna rapidement.

» Les deux mois de repos absolu qu'il passa à Schœnbrunn furent comme un baume vivifiant pour ses organes
délabrés : ses forces se rétablirent, son visage perdit cette
teinte livide si effrayante, et recouvra une meilleure expression ; il dormait alors pendant huit ou neuf heures de
suite ; la nature semblait ainsi vouloir lui rendre le repos
qu'elle lui avait si longtemps refusé : les douleurs qui avaient
déchiré sa poitrine s'amortirent et disparurent.

Cette amélioration dans la santé du duc fut de courte durée ; il semble qu'il y avait en lui on ne saurait dire quel désir de se suicider ; tous les raisonnements, toutes les précautions échouaient contre cette fatalité qui l'entraînait.

A peine fut-il en convalescence, qu'il voulut suivre l'empereur aux grandes chasses qui ont lieu en hiver. Le froid, la fatigue, renouvelèrent ses accidents et ses souffrances. Rétabli de nouveau, il reprenait aussitôt ses exercices à cheval, il s'exposait de nouveau à l'humidité et au froid. Un soir il alla au Prater dans une voiture découverte ; les che-

vaux s'emportèrent, la voiture versa, le prince fut jeté lourdement à sept ou huit pas.

Cette malheureuse chute amena de nouveaux et très-graves accidents. Le lendemain il fut attaqué d'une fièvre qui ne le quitta pas. Le prince, sur la demande du docteur Malfatti, revint habiter Schœnbrunn.

A Schœnbrunn, le duc de Reichstadt occupait trois vastes pièces somptueusement décorées de dorures, de tentures de l'Inde, de laques de Chine. Sa chambre était ornée d'un ameublement de soie verte. Pendant longtemps il refusa de dormir ailleurs que sur une espèce de lit de camp. En face de son bureau, on voyait un beau portrait de Napoléon en uniforme de sa garde, peint par Gérard ; un grand corps de bibliothèque surmonté du buste de l'empereur d'Autriche ; un pied d'ébène sur lequel reposaient différentes armes. Les murs étaient garnis d'éperons, de cravaches fines et de quelques cartes géographiques.

Dans son immortel testament, Napoléon avait dit .

« Je lègue à mon fils les boîtes, ordres et autres objets, tels qu'argenterie, lit de camp, armes, selles, éperons, vases de ma chapelle, livres, linge qui a servi à mon corps et à mon usage. Je désire que ce faible legs lui soit cher, comme lui retraçant le souvenir d'un père dont l'univers l'entretiendra. »

Ces objets auraient été sans doute le plus bel ornement des appartements du duc, mais il ne fut jamais possesseur de ces saintes reliques. Marchand, qui était chargé de les lui remettre, ne put jamais en obtenir la permission.

Dans le jardin de Schœnbrunn, le prince affectionnait un petit pavillon solitaire. On l'y transportait pendant sa maladie; là, sa vue reposait sur un boulingrin de gazon d'une grande fraîcheur, sur des plates-bandes de fleurs odorantes. Cette retraite a conservé son nom. Les promeneurs venaient y voir ce pauvre jeune homme qui s'éteignait si tristement. Mais lui cherchait à se dérober à tous les regards. « Faites, je vous en prie, disait-il, qu'on ne me voie pas dans ma misère ! »

La première fois qu'il ne lui fut pas possible de se rendre à sa retraite chérie, le docteur Malfatti fit préparer une chaise à porteur pour l'y conduire.

« Qu'est-ce cela ? s'écria le prince; une chaise à porteur ! Son visage exprimait la plus vive indignation.

— Eh bien ! monseigneur, répondit le docteur, qu'y a-t-il qui vous étonne ?

— On voit bien que vous n'êtes pas militaire.

— En effet ; mais le maréchal de Saxe était militaire, monseigneur, et forcé d'aller en chaise à porteur, il n'en gagnait pas moins des batailles.

— C'est vrai, reprit le duc; allons pour la chaise à porteur. »

Un officier français qui revenait en France se présenta à Schœnbrunn pour faire au prince sa visite de départ. « Vous allez voir la France, lui dit le duc; vous êtes heureux. Pour moi, vous le voyez, je ne la reverrai jamais plus ! »

L'officier allait se retirer, le duc le rappela. « Je ne connais personne en France, lui dit-il, je ne puis vous charger de mes compliments pour personne; mais, je vous en prie, présentez mes respects à la Colonne ! »

Tristes adieux qu'il faisait au monument qui retracera la gloire de son père aux siècles futurs.

Vers le milieu du mois de juin 1832, tous les médecins de la cour tombèrent d'accord que leur art était impuissant à conserver le duc de Reichstadt. Des alternatives de soulagement et de souffrances plus vives se succédaient d'une manière affligeante. Le fatal moment approchait. D'après les usages de la famille impériale d'Autriche, les princes doivent recevoir le viatique en présence de la cour assemblée. On craignait d'annoncer au duc que le moment était

venu pour lui d'accomplir ce dernier devoir. L'archiduchesse Sophie, qui avait pour lui une affection toute
fraternelle, se chargea de ce pénible soin. Avec l'exquise
délicatesse d'une femme, elle sut lui voiler une partie de la
vérité et lui faire accomplir les usages solennels. L'archiduchesse était enceinte, elle persuada au prince d'associer
leurs prières, et de venir ensemble aux pieds de la sainte
table demander à Dieu, lui sa guérison, elle une heureuse
délivrance.

La cour entière assista à la cérémonie dans un profond
accablement. C'était en effet un triste spectacle que celui
qu'offraient en ce moment ces deux membres de la famille
impériale, tous deux agenouillés et priant, l'archiduchesse
dans tout l'éclat de la jeunesse et de la beauté, venant demander à Dieu de lui donner un second enfant; le duc
jeune aussi, mais déjà mourant; c'était comme la vie et la
mort qui venaient prier ensemble.

Quelques jours après cette solennelle et triste cérémonie, l'archiduchesse Marie-Louise arriva auprès de son fils.
C'était le 24 juin; leur entrevue fut déchirante; le prince
aimait tendrement sa mère; l'archiduchesse voyait s'é-
teindre en lui le dernier rayon de cette grande gloire qui
avait brillé sur le monde entier.

Sur la demande du duc de Reichstadt, Marie-Louise s'é-
tait fait précéder à Schœnbrunn du magnifique berceau de
vermeil que la ville de Paris avait offert à son fils le jour
de sa naissance.

Quand le duc reçut ce monument précieux de son ancienne splendeur, il l'examina avec ce saint enthousiasme
des mourants, il en toucha tous les ornements les uns
après les autres; il les contemplait avec le bonheur d'un
enfant.

Duc de Reichstadt

Le prince de Metternich lui demanda ce qu'il voulait qu'on fît du berceau.

« Laissez-le là près de moi, répondit-il ; tout le monde n'a pas le bonheur de mourir auprès de son berceau. »

Un instant après il dit avec une voix déchirante . « Ce lit où je vais mourir, ce berceau où je suis né, voilà les deux seuls monuments de mon histoire… Si jeune, hélas ! faut-il terminer une vie inutile et sans renommée ! »

Cependant l'arrivée de l'archiduchesse Marie-Louise amena dans la situation du duc une révolution favorable. La joie de revoir une mère qu'il chérissait le rappela pour ainsi dire à la vie ; il eut trois semaines de mieux, qui donnèrent quelques espérances. Marie-Louise était sans cesse auprès de son fils, et c'était pour cet excellent jeune homme la plus douce et la plus grande consolation.

La France a conservé pour la mémoire de l'empereur un culte enthousiaste, elle a associé dans ses regrets son fils, si malheureusement frappé par une mort prématurée. L'impératrice Marie-Louise n'occupe aucune place dans ses souvenirs. Un beau rôle était cependant réservé à cette fille des empereurs, comme épouse et comme mère, mais on ne voit pas qu'elle se soit intéressée à celui qui l'avait placée sur le trône le plus élevé et le plus redouté du monde, et on voit que pour aller prendre possession d'une obscure principauté, elle a abandonné à des mains étrangères ce fils, objet de si chères espérances.

Quels que soient les motifs qui aient dirigé la conduite de l'archiduchesse, elle sera toujours sévèrement jugée. N'était-ce pas assez beau pour elle de rester la veuve de Napoléon au château de Schœnbrunn, auprès de son unique enfant? Voit-on que la veuve d'Hector ait brigué l'indigne honneur de gouverner une obscure province?

Le duc de Reichstadt fut bientôt dans un état à ne laisser plus aucun doute sur la triste et prochaine fin de sa cruelle maladie. Le prince s'affaiblissait visiblement, et sa position s'aggravait chaque jour. On ne pouvait déjà plus le transporter dans son pavillon chéri du jardin de Schœnbrunn; on le plaçait sur le balcon saillant de son appartement, afin qu'il pût chercher cet air que n'aspirait plus qu'avec effort sa poitrine déchirée. Bientôt il fut impossible de l'ôter de son lit. Il était dans une perpétuelle alternative d'espoir et de découragement; mais quand il parlait de sa mort prochaine, c'était avec l'impassible fermeté d'un brave.

Pendant cette douloureuse agonie du duc de Reichstadt, il se passait à Rome une scène des plus attendrissantes. M. de Prokesch, ami du duc, alla visiter la mère de Napoléon, Madame Lætitia Bonaparte. Malgré son âge et ses infirmités cruelles, cette illustre femme conservait encore une grande dignité ; elle parla du jeune prince avec une voix pleine de larmes ; elle savait quel était son état. Au moment où M. de Prokesch annonça qu'il allait prendre congé, elle le remercia des consolations qu'il lui avait apportées, ses mains s'étendirent vers lui : « Depuis notre séparation à Blois, dit-elle, je n'ai plus revu le fils de Napoléon ; mon âge, sa cruelle maladie, nous mettent également tous deux au bord de la tombe.... Je ne le reverrai plus.... vous allez le rejoindre.... Je n'ai personne à qui je puisse confier ma bénédiction maternelle... laissez-moi la déposer sur votre tête. »

C'était le 21 juillet dans la matinée. A la même heure, au même moment, les souffrances du duc devinrent insup-

portables : « Quand donc se terminera ma pénible carrière? » disait-il. Cependant vers le soir, ces douleurs se
calmant, il prit part à ce qu'on disait auprès de lui. Ce
mieux apparent ne trompa pas le docteur Malfatti, il annonça que la nuit serait terrible. En effet, le duc s'assou-
pit, et vers trois heures et demie du matin, il se leva tout
à coup sur son séant, et s'écria : « Je succombe!... je
succombe!.... — Ma mère! ma mère! »

A ce moment, accoururent, éperdus, Marie-Louise et
l'archiduc François. Sa mère était prosternée au pied de
son lit, ses yeux lui disaient un éternel adieu.... Le prélat
de la cour lui montra le ciel ; il leva les yeux pour répondre
à sa pensée... A cinq heures huit minutes, il s'éteignit
sans convulsions, dans la chambre même où coucha son
père après sa victoire de Wagram.

C'était le 22 juillet : ce jour-là fut souvent fatal au duc
de Reichstadt ; ce fut le 22 juillet qu'il perdit le beau nom

de Napoléon, et qu'on lui donna celui de Reichstadt; ce
fut le 22 juillet qu'il apprit la mort de son père!

La veille, la foudre était tombée sur Schœnbrunn, et
avait renversé l'une des aigles impériales qui décorent et
dominent le palais.

Le duc de Reichstadt resta exposé à Schœnbrunn sur
son lit de mort pendant la journée du 22; le lendemain on
procéda à l'autopsie, qui démontra, assure-t-on, que l'art
était tout à fait impuissant à sauver cette précieuse existence. Dans la nuit suivante il fut transporté à Vienne, en
litière, à la lueur de torches funèbres, et déposé dans l'antique chapelle du palais impérial.

Le lendemain le peuple vint en foule, triste et silencieux,
pour contempler une dernière fois les traits de celui
qui naguère encore était si plein de vie. La chapelle était
drapée de noir et ornée de linteaux aux armes du prince.
Au centre, sur trois degrés de velours noir, s'élevait le cata-
falque; le cercueil était ouvert; tous les yeux se portaient
tristement sur le prince défunt.

Sa stature semblait colossale, ses traits amaigris conservaient encore un caractère de beauté et de noblesse. Sa figure avait une ressemblance frappante avec celle de son père. Le prince était en grand uniforme : pantalon bleu brodé d'argent, habit blanc. Les funérailles eurent lieu le soir, selon les cérémonies usitées pour les princes de la famille impériale. Le cercueil était déposé dans une vaste voiture de forme antique, recouverte de maroquin rouge, et orné d'une broderie de clous dorés. A la porte de l'église sépulcrale, les religieux gardiens du tombeau des empereurs reçurent le corps, qui fut porté dans le chœur, où l'accompagnèrent le roi, la reine de Hongrie, la famille impériale et les dignitaires de la cour. Après les absoutes il fut descendu dans les souterrains, où repose aujourd'hui le fils de Napoléon, parmi les grandes ombres des empereurs d'Autriche.

Le cercueil du duc de Reichstadt est en cuivre; il est remarquable par huit fortes têtes de lion qui soutiennent de grands anneaux de bronze. Aux quatre angles on a exécuté des bas-reliefs représentant un casque renversé sur un javelot, et un glaive qu'unit la palme de l'immortalité. On a gravé sur ce tombeau l'inscription suivante :

« A l'éternelle mémoire de Joseph-François-Charles, duc de Reichstadt, fils de Napoléon, empereur des Français, et de Marie-Louise, archiduchesse d'Autriche, né à Paris, le 20 mars 1810. Salué dans son berceau du nom de roi de Rome. A la fleur de son âge, doué de toutes les qualités de l'esprit et du corps, d'une imposante stature, de nobles et agréables traits, d'une grâce exquise de langage, remarquable par son instruction et son aptitude militaire. Il fut attaqué d'une cruelle phthisie, et la mort la plus triste l'enleva, dans le château des empereurs, à Schœnbrunn, près de Vienne, le 22 juillet 1832. »

Le prince avait, dit-on, composé pour lui-même cette autre épitaphe où respire ce profond sentiment de tristesse qui le dominait si souvent :

« Ci-gît le fils de Napoléon ; il naquit roi de Rome, et mourut colonel autrichien. »

PIERRE.

Il n'avait pas d'autre nom que Pierre : c'est celui qu'il reçut sur les fonts de baptême. Il ne pouvait porter celui de sa famille, car il n'avait pas de famille : c'était un pauvre petit enfant que sa mère avait déposé sur le parvis Notre-Dame. Trouvé le lendemain matin, l'enfant fut élevé par la ville de Paris, qui l'envoya à Saint-Quentin à une pauvre femme qui reçut une modique somme pour lui donner son lait.

Pierre resta à Saint-Quentin jusqu'à l'âge de sept ans. A cette époque on le fit revenir à Paris pour être placé dans un de ces hospices où la charité publique fait instruire les jeunes orphelins.

En quittant Saint-Quentin, Pierre avait pleuré, crié; mais on l'avait emmené de force. A Paris, cet enfant autrefois si rieur et si gai, devint sombre, soucieux, pensif. Il était né avec un noble cœur; et cette femme qui la première avait souri à son enfance, qui l'avait nourri, il s'y était attaché par la reconnaissance; il l'aimait comme si elle eût été sa véritable mère.

Un jour, Pierre ne pouvant plus supporter d'être éloigné de cette bonne femme, s'échappa de l'hospice où il était retenu, et prit la route de Saint-Quentin. Sans argent, âgé à peine de huit ans, le pauvre enfant implorait sur sa route un morceau de pain, et il était heureux quand le soir il pouvait trouver un abri dans les écuries des auberges.

Arrivé à Saint-Quentin, Pierre se crut au terme de ses maux. Hélas! ils allaient seulement commencer. La bonne nourrice était pauvre, et si pauvre, qu'elle ne put accueillir cet enfant qui lui revenait plein de reconnaissance et d'amour. Courageux, intelligent, Pierre cherchait, mais en vain, à travailler pour pouvoir vivre; mais que peut faire un enfant de huit ans? Un aubergiste en eut pitié et le prit chez lui. Pendant huit ans qu'il resta dans cette auberge, il y fut regardé comme le fils de la maison. Doux, complaisant, courageux, docile, il s'était fait aimer de tout le monde.

L'aubergiste ne fit pas de très-bonnes affaires. Pressé par un créancier impitoyable, il appela Pierre, lui confia sa position ; et décidé à couper plutôt un bras qu'à laisser périr le corps tout entier, il lui remit toute son argenterie pour l'aller vendre. En se séparant de ces objets précieux, le pauvre aubergiste ne se dissimulait pas que ce n'était là que le commencement de sa fin. Il pleurait amèrement. Cette argenterie était dans l'auberge de père en fils. « Ah! mon pauvre Pierre, disait-il ; mon pauvre garçon, tu ne resteras plus longtemps ici; car j'en serai bientôt moi-même chassé! »

Pierre était vivement ému. «Ayez de l'espoir, dit-il, mon bon maître ; vous avez été malheureux ; la fortune ne peut pas toujours vous persécuter ; vous êtes bon, bienfaisant, le bon Dieu ne doit pas vous abandonner comme cela. »

Pierre sortit, et revint quelques heures après avec cinq cents écus et l'argenterie.

« Voilà votre argent, dit-il à son patron ; voilà votre argenterie. J'ai trouvé un brave homme qui m'a prêté sur ma bonne mine! »

L'aubergiste et sa femme ne pouvaient rien comprendre à cette aventure, et Pierre refusait toujours de la leur expliquer, se bornant à leur dire qu'ils devaient être sans crainte, que tout s'était fait en bonne forme.

Le lendemain, Pierre avait mis dès le matin ses meilleurs habits.

« Où vas-tu comme cela? lui dit l'aubergiste.

—Ah! mon pauvre maître, je vais vous quitter, lui dit-il.

— Nous quitter, au moment où tu nous sauves! Pierre, qu'est-ce que cela veut dire? Nous ne te payons pas depuis longtemps, je le sais; mais ce n'est pas cela qui peut t'engager à abandonner des gens qui t'aiment et qui sont malheureux.

— Écoutez bien, reprit Pierre; cet argent que je vous ai apporté hier, c'est le roi qui me l'a donné à condition que je servirai dans ses armées à compter d'aujourd'hui même. Si j'ai du bonheur à vous avoir aidé, j'ai bien de la peine à vous quitter; mais il le faut, adieu! »

Pierre fut enrôlé dans le régiment d'Auxonne; son colonel, M. de Fronsme, ayant appris sa belle action, le prit en amitié. Pierre avait du cœur; on lui donna de l'instruction. Il devint rapidement un officier distingué. Un bienfait n'est jamais perdu.

LA CONDAMINE.

Aujourd'hui on a généralement reconnu combien il était absurde et nuisible d'effrayer l'imagination des enfants par des contes ridicules, où figurent des spectres, des fantômes, des revenants; mais le temps n'est pas encore bien éloigné où l'art de raconter de ces absurdités faisait partie de l'instruction des nourrices et des bonnes d'enfants.

Charles-Marie la Condamine, jeune enfant de dix ans, passait ses vacances dans une famille amie de la sienne. Les gens de la maison racontaient des histoires de revenants à leurs jeunes maîtres. La Conda-

mine leur représente combien ils ont tort d'en agir ainsi ;
les autres soutiennent la vérité de leurs fables. Ils n'en veulent qu'un exemple, ajoutent-ils ; si monsieur veut aller se
promener dans le parc à la nuit, il verra à coup sûr des
spectres qui s'y promènent habituellement.

Le jeune enfant ne se laisse pas effrayer ; il répond qu'il
ira bien volontiers. En vain on veut l'en détourner ; en vain
lui raconte-t-on cent aventures tragiques arrivées dans ces
lieux, il persiste dans sa résolution : il annonce qu'il ira le
soir même. La nuit venue, la Condamine s'enfonce dans
le parc ; deux domestiques veulent absolument le suivre.
Arrivés à un endroit très-sombre, un long fantôme blanc
sort des broussailles et s'avance vers eux. Les domestiques
prennent la fuite en s'écriant. La Condamine saisit son épée,
et fond sans mot dire sur le fantôme.

Heureusement pour le fantôme, l'épée de l'enfant était

plutôt une arme de luxe que de défense; il fut assez
heureux pour en parer les premiers coups, pour s'en saisir
ensuite, et assez fort pour la briser : « Ah ! ah ! s'écrie l'enfant, si j'avais eu une plus forte épée, monsieur le fantôme,
j'aurais bien su prouver que vous étiez un corps. » Le fantôme n'était qu'un cocher qui avait, de concert avec ses
camarades, voulu éprouver le courage de l'enfant.

Mondeuss.

HENRI MONDEUX.

Henri Mondeux naquit le 22 juin 1828, à Neuvy-le-Roi, petite commune située à deux myriamètres de Tours. Jacques Mondeux, son père, était fagoteur, et sa mère, Catherine Rulhard, femme de peine dans les métairies. Ils avaient cinq enfants, et leur travail de chaque jour suffisait à peine à les nourrir.

Henri Mondeux était de beaucoup le plus jeune, et quand il vint au monde la maison était presque déserte : tous ses frères, déjà grands, étaient employés pour gagner leur

17

vie dans diverses maisons de la commune. Son père et sa mère étaient absents presque toute la journée. Henri s'éleva tout seul, aucune main amie ne dirigea ses premiers pas dans la vie.

Henri Mondeux faillit mourir à l'âge de trois ans, d'une affection cérébrale. A six ans, il courut les mêmes dangers; il eut une fièvre sciatique. Depuis cette époque il se porta bien. A sept ans, il fut accueilli dans une ferme de Neuvy-le-Roi ; il garda les troupeaux comme Valentin Duval, comme Gioto, comme Sixte V.

Seul et abandonné depuis sa naissance, Henri Mondeux eut de bonne heure une vie vagabonde et aventureuse. N'ayant jamais été aimé ni caressé, il avait le caractère sombre, dur, indomptable. Il n'aimait et ne craignait personne. Il avait près de huit ans quand il crut s'apercevoir que le maître chez lequel il était se disposait à se passer de ses services; il n'attend pas que la retraite lui soit signifiée, il décampe et s'enfuit on ne sait où. Quelques jours après on le trouva dans une grange, dormant d'un profond sommeil.

Jacques Mondeux ne sachant comment employer les loisirs de son fils, l'envoya à l'école. Ce fut là, au milieu de jeunes garçons de son âge, qu'on put apprécier complétement combien il avait l'esprit indépendant, sauvage et rebelle. Robuste pour son âge, il passait ordinairement le temps de l'étude à rosser ses petits compagnons, à jouer au magister, mille et un mauvais tours. Il fallut le chasser, et comme sa réputation de mauvais sujet était déjà bien établie, on ne put trouver désormais d'école où on voulût de lui; cependant quelques personnes charitables essayèrent de lui apprendre à lire ; elles furent bientôt forcées d'y renoncer.

Une jeune fille bien sage et bien instruite se chargea de
lui apprendre son catéchisme; elle y serait parvenue à force
de soins et de douceur, mais la petite institutrice avait cinq
élèves. La paix ne fut pas de longue durée dans ce petit
état; il fallut chasser de nouveau l'incorrigible Mondeux.
Enfin un fermier le prit, moyennant une livre de pain et
deux sous par jour, pour maître d'arithmétique de son fils,
et le garda deux mois.

C'est ici le moment d'expliquer comment se développa
chez le jeune Mondeux cet étonnant instinct arithmétique
qui fit de lui un enfant presque inexplicable.

Dès sa plus tendre enfance, dit M. Cauchy dans son
rapport à l'Académie des Sciences, le jeune Henri Mon-

deux s'amusant à compter des cailloux rangés à côté les uns des autres, et à combiner entre eux les nombres qu'il avait représentés de cette manière, rendait sensible, à son insu, l'étymologie latine du mot *calculer*. A cette époque de sa vie, les systèmes des cailloux semblent avoir été plus particulièrement les signes extérieurs auxquels se rattachait l'idée de nombre; car il ne connaissait pas encore les chiffres. Quoi qu'il en soit, après s'être longtemps exercé au calcul, comme nous venons de le dire, il finit par offrir aux personnes qu'il rencontrait de leur donner la solution de quelques problèmes, par exemple de leur apprendre combien d'heures, ou même de minutes, se trouvaient renfermées dans le nombre d'années qui exprimait leur âge. On lui donnait quelques pièces de monnaie qui suffisaient à son existence.

Bientôt les fortes têtes du village proposèrent à Mondeux des problèmes à leur façon. Henri les eut bientôt surpassés; à son tour, il les embarrassait et les effrayait même, tant ils finissaient par rester en arrière. Le bruit de son savoir se répandit alors dans tout le canton, et c'est alors aussi que commença cette vie pleine d'étourderies et d'incartades de tous genres qui nous a jusqu'ici mal édifiés.

Les jours de fête il était appelé chez les propriétaires des environs de Mont-Louis pour amuser la société. Là, il gagnait, avec ses solutions de problèmes, quelques pièces de monnaie : on avait fini par s'intéresser vivement à lui ; on l'avait deviné. Dès lors M. Touchard, maire de la commune de Mont-Louis, avait des vues sur lui ; mais tous les efforts de la bienveillance échouaient devant cette nature rude et indisciplinable.

Henri, après avoir été ballotté d'une place à une autre pendant plusieurs années, était entré dans une ferme aux environs de Tours, grâce à Baptiste Mondeux, son troisième frère. Il avait là pour traitement trois paires de sabots, du pain noir et quelquefois un peu d'ail; pour mission, de garder des vaches, comme devant. C'était dans les prairies du Cher, situées entre l'avenue de Grammont et le canal : au milieu de la Turcie qui réunit la levée du canal et l'avenue, se trouvent une espèce de rotonde en terre, et un banc de pierre où se reposent les promeneurs. Henri, dans l'espoir de gagner quelque chose, rôdait toujours autour de ce banc; s'il y rencontrait quelqu'un, vite il lui faisait de petits calculs; il reçut une fois vingt sous, et il fut saisi de joie.

Mais tous les jours n'étaient pas heureux pour lui; tous les jours on ne lui donnait pas vingt sous. Une fois il avait perdu un couteau qui lui avait bien coûté deux sous; il pleurait et se désespérait. Des dames le rencontrent, le questionnent et s'efforcent de le consoler. — O mesdames! dit l'enfant, si j'savais aussi bin déviner que carculer, je ne charcherais pas longtemps ce que j'ai pardu. — Tu calcules donc bien, mon enfant? lui dit l'une d'elles. — Oui, madame, répondit Henri en s'essuyant les yeux. Tenez, dites-moi voute âge en années, et j'vas vous le dire tout de suite en secondes. » On accusa dix-neuf ans. Vous avez, dit Henri, 599,184,000 secondes.

Cette dernière aventure fut racontée à M. Jacoby, jeune et savant instituteur de Tours, qui vérifia le calcul et le trouva d'une exactitude absolue. Il résolut donc de voir le petit pâtre; mais ce ne fut qu'après un mois de recherches qu'il y parvint.

Lorsqu'il le découvrit, Mondeux était dans l'attitude d'un homme qui pense profondément, appuyé sur son bâton et les yeux fixés au ciel. « L'expression de sa physionomie, sa pose, tout en lui me frappa, dit M. Jacoby, et j'avais deviné qu'il était l'enfant que je cherchais, avant même qu'il m'eût adressé la parole. » Aussi quand il lui demanda quelle heure il était : « Il est la moitié du tiers des trois quarts de douze heures, dit M. Jacoby. —Oh! monsieur, je vous dirais bin alors quelle heure qu'il est, répliqua l'enfant; tenez, il est une heure et demie. » Le tout fut l'affaire d'une minute; et ce qu'il y a d'incroyable, c'est que Henri n'avait pas la plus légère connaissance des fractions. D'autres questions lui furent adressées, et il y satisfit de même, avec promptitude et précision. M. Jacoby lui demanda s'il serait content d'apprendre à lire; Henri accepta. « Mais, ajoute M. Jacoby, il ne fut pas plus heureux que moi : il lui fallut plus d'un mois pour retrouver mon nom et ma demeure. Enfin, il eut le courage de faire chaque soir, presque nu-pieds et à peine couvert de haillons dans le temps le plus rigoureux de l'hiver, près d'une lieue pour venir s'asseoir sur les bancs de l'école. » La saison de garder les vaches était passée, et, son engagement fini, M. Jacoby résolut de le recueillir tout à fait dans son institution L'idée qu'il s'était faite de Mondeux, à la première vue, ne s'affaiblit pas avec le temps; elle grandit même en quelques mois, à ce point qu'il reconnut définitivement en lui un phénomène, et prit la résolution de le présenter aux corps savants de l'Europe, comme émule de Mangiamèle, s'il ne lui était pas supérieur.

On sut bientôt dans toute la Touraine et au delà ce qui était arrivé. Les visiteurs affluaient chez M. Jacoby. Pour satisfaire toutes les curiosités, il fixa un jour de réunion; il fit un appel aux notabilités de son département et des environs. Henri fut admirable dans cette première séance, qu'il avait attendue impatiemment. Quelqu'un lui ayant demandé la somme des carrés des 32 premiers nombres, il répondit immédiatement 11,440. — « Ce n'est pas juste, dit l'interrogateur. — Oh! j'crais bin qu'si, reprit l'enfant; attendez, j'vas le refaire. » Ayant obtenu le même résultat, il soutint son dire. — « Mais j'ai fait mon opération. — Et moi aussitte, répondit Henri. — Qui de nous deux se trompe? — Oh! monsieur, fit-il avec force, je vous soutienrais bin jusqu'à la mort que j'ai raison. » L'opération refaite, l'interrogateur, qui était le savant M. Baudemoulin, ingénieur des ponts-et-chaussées, se mit à rire et dit à l'assemblée : Ce petit coquin-là va nous donner des leçons; c'est moi qui avais fait erreur.

Dès ce moment la réputation de Henri Mondeux alla toujours en croissant : il parcourut l'Orléanais et la Bretagne, étonnant tous ceux qui l'entendaient. Enfin, il vint au mois de novembre 1841 à Paris; il y fut reçu avec une extrême faveur. L'Institut l'accueillit avec intérêt, et nomma une commission pour l'examiner.

Tous les journaux de la capitale ont parlé de cette séance, où Mondeux, quoique intimidé légèrement par un spectacle si nouveau pour lui, étonna et confondit d'admiration ses savants interrogateurs.

La figure de Henri Mondeux, dit son historiographe, est d'une expression remarquable. Il a la tête vaste, le front large et saillant, malgré l'épaisse chevelure noire qui flotte sur ses deux tempes, le nez à inflexions capricieuses, comme les Hottentots l'aiment à leur type de beauté; ses lèvres sont roses et souriantes, minces et un peu dédaigneuses; toute sa figure est fleurie et abondante de sève. Son œil est vif, limpide, puissant, doux et fin; sa voix claire et vibrante; son langage est simple et naïf. S'il soutient une conversation commune, il y sème les incorrections les plus pittoresques ; mais, une fois rentré dans sa sphère mathématique, il se perfectionne et grandit ; son vocabulaire est académique, comme celui de M. Arago. Mondeux est d'une taille ordinaire, mais d'une force de constitution bien rare à son âge. Ses épaules sont largement développées. Le thorax, disent les phrénologistes, est proéminent et dénote une forte constitution dans l'appareil respiratoire ; les contours du cou sont très-gracieux. Le portrait que nous en donnons au commencement de cet article est d'une ressemblance parfaite.

Que deviendra cet enfant extraordinaire qui découvrit seul les secrets de l'arithmétique, comme Pascal découvrit seul à douze ans la trente-deuxième proposition d'Euclide? Espérons avec le savant rapporteur de l'Académie, qu'il se distinguera un jour dans la carrière des sciences. Puisse-t-il surtout et avant tout, écouter cet excellent Charles Nodier, qui lui disait :

« Heureux enfant, remerciez Dieu de ses grâces, et soyez modeste pour être digne d'être savant ; bon, pour être digne d'être heureux. »

IVAN.

Jusqu'à l'avénement de Pierre le Grand, la Russie, malgré l'immensité de ses possessions, ne mérite pas de fixer l'attention de l'histoire. Ce n'était qu'une nation à moitié sauvage et cruelle, qui ne reconnaissait guère d'autre droit que celui de la force. Quoique ce peuple soit entré depuis dans les voies de la civilisation, il n'en conserva pas moins longtemps encore ses mœurs cruelles et indisciplinées.

Il est rare que, dans cet empire, les souverains soient morts de leur mort naturelle, et que les héritiers légitimes du trône l'aient occupé sans obstacles.

Depuis l'année 1725, dans laquelle mourut Pierre le

18

Grand, jusqu'en 1740, époque de l'avénement au trône du
jeune Ivan, dont nous allons écrire l'histoire, trois souverains se succèdent sur le trône sans y avoir ni l'un ni l'autre
d'autres droits que de faux testaments appuyés par des
ambitieux qui spéculaient sur leur élévation.

Au moment où commence cette histoire, Ivan, jeune
prince âgé d'un an et deux mois, venait d'être proclamé empereur de Russie, et Biren régent, à l'exclusion de la mère
du jeune empereur, qui était naturellement appelée à la
régence. Ce Biren était un homme ambitieux et cruel qui
précédemment s'était fait craindre de tout le monde.
Lorsqu'il passait à cheval dans les rues de Pétersbourg, ceux
qui l'apercevaient s'écriaient : C'est Biren, sauvons-nous !
Les gens à pied gagnaient la première porte ouverte; ceux
qui étaient en voiture descendaient pour se prosterner.
Une intrigue l'avait placé au rang qu'il occupait, une
autre intrigue l'en précipita. Un de ses ministres, mécon-
tent de lui, résolut de rendre à la mère d'Ivan, duchesse
de Brunswick, la régence qui lui avait été enlevée. Au-
torisé par la duchesse, Munich fit un soir arrêter Biren
et ses deux frères. On avait eu soin de gagner les gardes
du palais, et le lendemain une révolution était faite. La
duchesse de Brunswick était déclarée grande-duchesse et
régente, et Munich premier ministre. Cet état de choses ne
dura pas longtemps : dans un pays où l'empire appartient
au plus audacieux, il ne manque jamais d'audacieux qui
veulent le prendre.

Une fille de Pierre le Grand, la princesse Élisabeth, passait loin de la cour une vie toute insouciante, remplie par
les plaisirs. Un chirurgien français, nommé Lestoc, lui
persuada de revendiquer le trône de son père. La princesse eut quelque peine à se décider. Le 5 janvier 1741, à

la nuit. Lestoc entre chez elle ; elle était à genoux devant un tableau de la Vierge. Accompagné du comte de Woronzoff, il la fait monter dans un traîneau et la conduit aux casernes du régiment Preobraginski. Les soldats avaient été séduits, et proclament Élisabeth, qui se rend à leur tête au palais d'hiver qu'habitait le jeune Ivan avec sa famille. A l'approche de cette troupe, le tambour veut battre l'alarme ; Lestoc crève la caisse avec son épée : le cortége entre dans le palais, la régente et son époux sont arrêtés et conduits dans la forteresse de Schlusselbourg ; des grenadiers pénètrent jusque dans la chambre où dormait le jeune empereur : ils allaient s'en saisir, mais, par une singulière anomalie, ces hommes qui venaient pour le détrôner se sentirent saisis de respect à la vue de cet innocent plongé dans un tranquille sommeil. Ils entourent son berceau en silence, et attendent pour le prendre qu'il se soit naturellement réveillé ; alors ils le portent à Élisabeth, qui le prend dans ses bras et le caresse. Des acclamations joyeuses retentissaient autour du palais. L'enfant souriait. « Hélas ! dit-elle, pauvre enfant ! tu souris ; tu ne te doutes » guère que ces cris de joie viennent de ceux qui te pré- » cipitent du trône. »

Ivan fut bientôt réuni à sa famille dans la forteresse de Schlusselbourg ; il n'avait pas encore six mois. Le lendemain, les Russes apprirent sans trop d'étonnement qu'ils avaient une impératrice nouvelle, et qu'une révolution s'était faite pendant leur sommeil.

A peine assise sur le trône, Élisabeth nomma pour son successeur Charles-Pierre Ulric, qui était fils de sa sœur Anne. Ce prince n'avait que quatorze ans ; on lui fit épouser, trois ans après, sa cousine germaine, qui se rendit célèbre par la suite sous le nom de Catherine II.

Ivan fut promené de prison en prison jusqu'à ce qu'un moine parvînt à s'en emparer. Ce jeune prince avait alors quatre ans. Le moine voulait le conduire en Allemagne ; mais il fut arrêté à Smolensko, et ne put accomplir son projet. On renferma alors Ivan dans un monastère situé dans la ville de Waldaï.

Ce jeune prince resta dans cette prison jusqu'à l'âge de seize ans, sans qu'aucun événement vînt troubler sa tranquille existence. Un jour on l'en fit sortir : pour la première fois, il vit d'autres lieux que l'enceinte du vieux monastère ; pour la première fois, il vit des plaines se dérouler à ses yeux, il vit la campagne, un lointain horizon ; son âme était inondée d'un bonheur inconnu ; il questionnait ceux qui l'accompagnaient sans pouvoir obtenir de réponses satisfaisantes ; mais il était presque libre, et il éprouvait à chaque pas des sensations nouvelles. Dans le monastère où son enfance s'était écoulée, un moine lui avait donné quelque connaissance, et quoiqu'on ne lui eût jamais révélé le secret de sa naissance, le jeune prince avait compris qu'il y avait dans sa destinée quelque chose d'extraordinaire. Son cœur battait avec force en voyant les égards qu'on avait pour lui. Ivan se croyait au moment d'apprendre ce mystère qui planait sur toute sa vie. Après quelques jours de marche, il arriva à Schlusselbourg, sa première prison. Quelle ne fut pas son amère déception quand il reconnut qu'il s'était flatté d'un vain espoir et qu'il était toujours captif !

Schlusselbourg est une forteresse qui sert en Russie de prison d'état ; elle est située à une demi-lieue de Saint-Pétersbourg, dans une petite île qui se trouve dans l'endroit où la Newa sort du lac Ladoga. Cette forteresse est bâtie à l'antique, ses murs sont très-hauts et ses remparts voûtés.

Pierre Ier lui donna le nom de Schlusselbourg, qui signifie
clef (*schlussel*); il la regardait comme la clef de Pétersbourg.

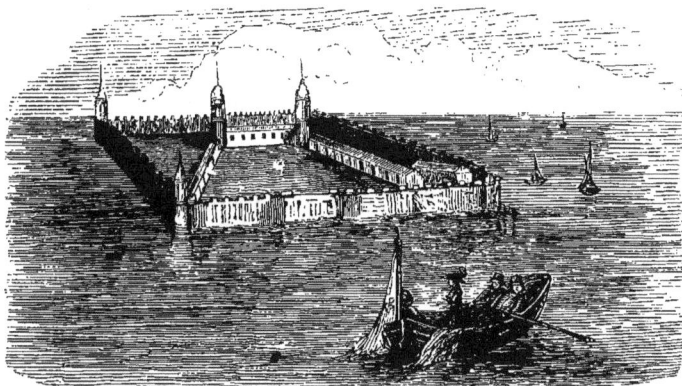

Quelques jours après l'arrivée d'Ivan, le gouverneur entra dans son appartement; il lui fit apporter de magnifiques
vêtements, le pria de s'en couvrir, et lui annonça qu'il
allait à l'instant le conduire dans un lieu où il verrait une
personne qui s'intéressait à lui.

Quelques instants après, une chaise de poste, dans laquelle se trouvait un homme déjà âgé, se trouva à la porte
de la forteresse. Ivan y monta, et cette voiture se dirigea
rapidement vers Pétersbourg. Il était nuit. A toutes les
questions qu'Ivan faisait, son compagnon répondait avec
beaucoup de déférence, mais avec encore plus d'obscurité.

Après une heure de marche rapide, la voiture s'arrêta
devant une maison d'assez belle apparence. Ivan fut introduit dans un petit appartement richement décoré. A
peine y fut-il, qu'une femme se présenta à lui ; cette femme

avait environ quarante ans ; elle était encore belle, et sa taille était majestueuse ; elle était habillée avec une grande recherche, et tout son extérieur annonçait de la noblesse et de la grandeur. Après avoir fait asseoir Ivan auprès d'elle : « Vous êtes étonné, lui dit-elle, de vous voir ici, n'est-il pas vrai ? Mais n'ayez aucune crainte. »

Ivan avait une figure très-belle, les yeux grands et bleus, les cheveux soyeux ; sa taille était élancée et pleine de grâce, et sa voix de la plus grande douceur ; son ignorance, sa timidité, avaient répandu sur toute sa personne un charme inexprimable. Il regarda longtemps cette femme qui lui parlait. « Je n'ai aucune crainte, dit-il après un assez long silence ; mais je suis confondu. Pour la première fois de ma vie, je viens de parler à une femme.

— Vous avez été bien malheureux ?

— Je ne le sais que depuis quelque temps. Jusqu'ici j'ai vécu dans un monastère ; je m'étais habitué à cette vie obscure et ignorante ; mais depuis que j'ai vu la campagne, des fleurs, des routes, des hommes qui vont librement où ils veulent, et que ma captivité a continué, je sens qu'il y a tant de choses que j'ignore et que je voudrais bien connaître, que je suis véritablement malheureux.

— Peut-être un jour serez-vous libre ?

— Peut-être, reprit tristement Ivan. Ah ! je vous en supplie, continua-t-il en se jetant à genoux, dites-moi, vous qui êtes si belle, si bonne, dites-moi par quelle fatalité je suis ainsi toujours captif ?... Qu'ai-je fait ? Pourquoi suis-je ici ? Où vais-je aller ? Tirez-moi de cette épouvantable incertitude. » Des larmes coulaient de ses yeux, qu'il fixait avec tendresse sur ceux de la grande dame.

Cette femme, qu'un moment de curiosité avait seul amenée dans ces lieux, se sentit émue à la vue de ce jeune homme suppliant : « Je ne puis rien vous dire, lui répondit-elle ; il faut que je vous quitte; mais je vous reverrai. »

Cette séparation fut cruelle pour Ivan, mais il emporta l'espérance.

Ivan retourna dans sa triste prison, le cœur vivement ému, agitant dans son esprit mille supposi-tions diverses, cherchant l'explication de cette in-trouvable énigme dans la-quelle était enveloppé le sens de son existence. Un mois s'était à peine écou-lé, qu'il retourna par la même route dans la même maison. La même femme l'attendait encore. Cette fois, leur entretien fut plus long, plus animé, plus communicatif. La femme pleura, elle embrassa Ivan, elle le consola et souleva un coin de ce voile épais qui cachait la vérité. Ivan revint à Schlussel-bourg, encore plus heureux que la première fois. Mais sa joie fut suivie de bien longs désespoirs. Six ans se pas-sèrent sans qu'il entendît jamais parler de cette dame mystérieuse. Il était tombé dans un profond désespoir.

Cette femme qu'Ivan ne connaissait pas était l'impéra-trice Élisabeth ; elle avait voulu voir ce jeune empereur détrôné, et sa vue l'avait vivement émue. Elle parut un in-stant décidée à rendre la liberté à cet enfant innocent, mais elle l'oublia bientôt.

Élisabeth mourut quatre ans après cette entrevue, et celui qu'elle avait désigné pour son successeur eût l'avan-

tage, assez rare dans ces temps-là, de monter tranquillement sur le trône. Il prit le nom de Pierre III. Ce prince
était faible, mais bon. Il voulut aussi voir Ivan, et annonça
le projet qu'il avait de le rendre à la liberté et de le nommer son successeur. Quelque temps après son avénement,
Pierre III, accompagné de quelques seigneurs de sa cour,
se rendit à la forteresse de Schlusselbourg.

Il s'était lui-même muni d'un ordre signé de sa main,
lequel enjoignait au commandant de laisser librement promener ceux qui en étaient porteurs dans toute la forteresse,
sans même excepter le lieu où était renfermé le prince Ivan,
et de les laisser converser seuls avec ce prince. Pierre
avait en outre eu soin de cacher les marques de sa dignité
et de recommander à Léon Narischklin, qui était grand
et d'une belle figure, de faire en sorte qu'on le prît pour
l'empereur. Mais, soit par hasard, soit qu'il lût dans les
yeux de quelqu'un des courtisans du czar, Ivan ne s'y
trompa point. Après avoir considéré quelque temps les
étrangers qui venaient d'entrer dans sa chambre, il se jeta
tout à coup aux pieds de Pierre III. — « Czar, lui dit-il,
» vous êtes ici le maître. Je ne veux pas vous importuner
» par une longue prière, mais adoucissez la rigueur de mon
» sort. Je gémis depuis bien des années dans ce ténébreux
» cachot. La seule grâce que je vous demande est de me
» permettre de respirer, de temps en temps, un air plus
» libre. » Pierre fut extrêmement touché de ses paroles.
« Levez-vous, prince, dit-il à Ivan en le frappant légère-
» ment sur l'épaule; n'ayez aucune inquiétude pour l'avenir.
» J'userai de tous les moyens qui sont en mon pouvoir
» pour rendre votre situation plus douce. — Mais, dites-
» moi, prince; vous souvenez-vous de tous les malheurs
» que vous avez éprouvés depuis votre première jeunesse?

» — Je n'ai presque aucune idée de ceux qui ont assailli
» mon enfance, répondit Ivan; mais du moment où j'ai

» commencé à sentir mon infortune, je n'ai pas cessé de
» mêler mes larmes à celles de mon père et de ma mère,
» qui n'étaient malheureux qu'à cause de moi; et ma plus
» grande peine était de voir les mauvais traitements qu'ils
» souffraient quand on nous transportait d'une prison dans
» l'autre. — Eh, d'où provenaient ces mauvais traitements?
» demanda le czar. — Des officiers qui nous conduisaient,
» et qui étaient presque toujours les plus inhumains des
» hommes, répondit Ivan. — Vous rappelez-vous les noms
» de ces officiers? dit Pierre. — Hélas! reprit le jeune
» prince, nous n'étions pas curieux de les apprendre. Nous
» nous contentions de rendre grâce au ciel, à genoux,
» lorsque ces monstres étaient relevés par des officiers
» moins féroces. — Quoi! s'écria l'empereur, vous n'en

» trouvâtes jamais d'humains? — Un seul fut bon, dit Ivan;
» il emporta notre estime et nos regrets. Ses bontés, ses
» attentions généreuses ne sortiront jamais de ma mémoire.
» — Et vous ne savez pas non plus le nom de ce brave
» homme? demanda vivement le czar. — Oh! pour celui-là,
» je m'en souviens bien, repartit Ivan; il s'appelait
» Korff! »

Ce même baron de Korff était de la suite du czar. Il fondait en larmes en écoutant ces détails; et le czar, qui n'é-
tait pas moins attendri que lui, le prit par le bras et lui
dit d'une voix étouffée : — « Baron, voilà comme un bien-
» fait n'est jamais perdu! »

Pour se remettre de son émotion, Pierre sortit avec
Korff et laissa Ivan avec les gens de sa suite. Cet infortuné
prince les pressait de questions. Il ignorait les choses les
plus simples et les plus ordinaires.

Le czar rentra quelque temps après avec Korff et accompagné cette fois du commandant, auquel il dit en présence
d'Ivan : — « Je vous ordonne de donner, dès ce moment,
» au prince tous les secours qu'il vous demandera et de
» le laisser en tout temps se promener dans l'enceinte de
» la forteresse. Je vous enverrai par écrit des ordres plus
» détaillés d'après lesquels vous réglerez désormais votre
» conduite à l'égard de sa personne sacrée. »

En sortant de la chambre d'Ivan, l'empereur parcourut
l'intérieur de la forteresse; et, après avoir examiné un
terrain qui lui parut propre à la construction d'un édifice
pour loger le prisonnier, il donna ordre au commandant
d'y mettre des ouvriers, et il ajouta : — « Je veux que ce
» soit un pavillon dans lequel il y ait neuf croisées de front,
» et que du reste de l'emplacement on lui fasse un jardin
» où il puisse prendre l'air, et trouver quelque adoucisse-

» ment à la rigueur qui oblige à le tenir enfermé. Dès que
» le pavillon sera achevé, je viendrai moi-même y installer
» le prince. »

Vraisemblablement le czar ne parla ainsi au commandant de Schlusselbourg que pour qu'on ne pénétrât point
ses véritables intentions; car quel besoin aurait-il eu autrement de donner ordre qu'on construisît une nouvelle
prison pour celui à qui il destinait le trône?

Avant de quitter Schlusselbourg, Pierre rentra encore
une fois dans le cachot du prince; puis il retourna à Pétersbourg, où personne ne se doutait de l'entrevue extraordinaire qu'il venait d'avoir, et bien moins encore de ce
qu'il méditait en faveur d'Ivan.

Lorsque le prince George de Holstein, oncle de l'empereur, fut instruit de la visite que ce monarque avait rendue
à Ivan, il lui conseilla de renvoyer en Allemagne ce jeune
prince, ainsi que le duc Antoine de Brunswick, son père,
et le reste de sa famille. Pierre, qui ne voulait point laisser
soupçonner son projet à son oncle, feignit d'approuver
ses conseils; mais il se contenta, pour le moment, de faire
transporter Ivan dans la forteresse de Kexholm, bâtie sur
une petite île du lac Ladoga, et beaucoup plus éloignée;
et de là il le fit conduire secrètement à Pétersbourg. Ce
qu'on ne peut s'empêcher de remarquer à cette occasion,
c'est qu'un sort fatal semblait poursuivre partout le malheureux Ivan; car lorsqu'on le mena de Schlusselbourg
à bord de la galiote qui devait le transporter à Kexholm,
une tempête qui s'éleva tout à coup fit courir le plus grand
danger au canot dans lequel il était embarqué.

Pierre III ne put accomplir le projet qu'il avait sur Ivan;
il fut bientôt précipité lui-même du trône par son épouse
Catherine II, et assassiné par son ordre.

Catherine ne jouit pas tranquillement d'abord d'un pouvoir acquis par un crime. Plusieurs conspirations se formèrent; elles avaient pour but de renverser l'impératrice et de rendre le trône à Ivan. Catherine, qui n'avait pas reculé devant l'assassinat de son époux pour régner, ne devait pas hésiter à sacrifier à sa tranquillité un prince qui, du fond de sa prison, lui suscitait à son insu des ennemis continuels.

La forteresse de Schlusselbourg était gardée par une compagnie du régiment de Smolensko. Un officier de cette compagnie, nommé Mirowitsch, accepta la cruelle mission de débarrasser l'impératrice de ses inquiétudes.

Depuis l'avénement de Catherine, huit soldats gardaient ordinairement l'appartement d'Ivan, et deux officiers couchaient dans sa propre chambre. Ils avaient ordre de le tuer si quelque tentative était faite pour le délivrer. Mirowitsch étant de garde à la forteresse un soir, il assemble ses soldats, leur dit qu'il veut délivrer Ivan, et marche avec eux vers l'appartement de ce prince. Les sentinelles s'opposant à son projet, il les fait mettre en joue par sa troupe; des coups de fusil sont échangés, mais personne n'est blessé. Les fusils ne contenaient pas de balles. Ce n'était qu'un simulacre de violence pour motiver un indigne assassinat.

Au bruit de la détonation, Ivan se lève; ses deux gardes se précipitent sur lui l'épée à la main. A la vue du danger qui le menace, le pauvre jeune homme rassemble ses forces, lutte avec courage, se saisit de l'épée de l'un de ses meurtriers, se débat avec le tronçon; mais il est bientôt frappé par derrière, et tombe baigné dans son sang.

Le lendemain, le corps du malheureux Ivan fut exposé dans l'église de Schlusselbourg, revêtu d'un habit de matelot. Le peuple accourut en foule pour voir cet infortuné prince. Il était d'une taille majestueuse, il avait près de six pieds, une blonde et superbe chevelure, une légère barbe rousse, des traits réguliers et la peau d'une extrême blancheur. Son corps fut enveloppé d'une peau de mouton et enterré sans bruit.

Pendant que ce meurtre se commettait, Catherine était à Riga dans la plus grande inquiétude. Elle attendait avec impatience les nouvelles qui devaient lui apprendre la mort du jeune prince. Elle se levait au milieu des nuits pour lire les dépêches. Sa figure s'illumina d'une joie cruelle quand elle apprit enfin que le complot avait réussi au gré de ses désirs.

LES JEUNES DEGOSSE.

Vers la fin du mois de juin **1818** (c'est une histoire toute récente), deux enfants, deux gamins de Paris, s'en revenaient de faire une commission pour leur mère ; ils longeaient en flânant un peu, comme de raison, la rue Feydeau à Paris. Auguste, c'était l'un des deux enfants, aperçoit à ses pieds un portefeuille de peu d'apparence. Joseph, c'était le plus vieux, le prend aussitôt des mains de son jeune frère, en disant : « C'est un portefeuille, il y a peut-être dedans des choses qu'il ne faut pas voir ; ne l'ouvrons pas : il faut le porter chez le commissaire. »

Nos deux enfants s'en vont de ce pas chez le commissaire du quartier. Retournant et regardant sans cesse le portefeuille trouvé : « Quand nous verrions un peu ce qu'il y a dedans? dit le plus jeune. — Non pas, fit l'aîné. — Cela ne nous empêcherait pas de le rendre. — A quoi cela nous servira-t-il? — Le plus jeune était curieux. — A voir donc! » répondit-il. Joseph se laissa tenter : ils regardent. Mais quelle surprise ! ils en croyaient à peine leurs yeux. Un gros paquet de billets de banque était dans l'une des poches du précieux portefeuille. Alors les deux frères s'informent de la demeure du commissaire, y courent de toutes leurs forces, arrivent essoufflés, tremblants, et déposent entre les mains du magistrat cette petite fortune, qu'ils auraient pu s'approprier. Vérification faite, le portefeuille contenait 25,500 francs.

Ces deux honnêtes enfants étaient fils d'un maçon pauvre et porté sur la liste des pauvres du quatrième arrondissement. Le roi eut connaissance de cette belle action; il s'en fit raconter tous les détails par les enfants eux-mêmes, qui étaient bien surpris d'avoir fait une œuvre si méritante, croyant n'avoir rempli que leur devoir rigoureux. Sa majesté fut charmée de leur naïveté; elle voulut que l'aîné, jeune encore, fût élevé, aux frais de l'état, dans une maison d'éducation de Paris, puis envoyé à l'école royale des arts et métiers de Châlons.

Le roi voulut aussi récompenser les parents de ces honnêtes enfants, qui leur avaient inspiré d'aussi nobles sentiments; il autorisa le ministre de l'intérieur à acheter au nom du sieur Degosse et de sa femme une rente de trois cents francs sur l'état.

C'est ainsi que par une belle et bonne action deux enfants ont fait le bonheur de leurs parents et le leur.

GASTON DE FOIX.

Gaston était l'unique héritier de l'illustre maison de Foix. Son père, Gaston III, vicomte de Béarn et comte de Foix, était ce guerrier qu'on appelait Gaston Phœbus. Il avait des discussions d'intérêt avec Charles le **Mauvais**, roi de Navarre, et il avait envoyé la comtesse sa femme, sœur du monarque, pour les terminer. La

20

comtesse ne réussit pas dans cette tentative, et, craignant
le courroux du comte, elle était restée à la cour de son
frère.

Le jeune Gaston avait quinze ans, et depuis six années
déjà il n'avait pas vu sa mère, quand il sollicita la permission d'aller à la cour du roi de Navarre. Cette permission
lui fut accordée, et vers la fin de l'année 1362, vous auriez
vu le jeune vicomte, suivi d'une brillante et nombreuse
escorte, se diriger vers Pampelune, où était le roi Charles.

Gaston était naïf, crédule et bon ; son oncle imagina de
le rendre l'instrument de ses vengeances envers le comte
de Foix.

— Pourquoi êtes-vous triste ainsi? dit-il un jour à son
neveu. — Bel oncle, reprit Gaston, je ne puis me consoler
de voir ma mère et le comte mon père séparés l'un de l'autre.
Je les aime également tous deux, et je ne peux jamais jouir
de la présence que de l'un d'eux.

— Beau neveu, reprit le roi Charles, je sais un moyen de
faire cesser votre douleur : tenez, voici une bourse dans
laquelle j'ai mis une poudre merveilleuse; si vous parvenez
à mettre de cette poudre dans le vin du comte de Foix,
vous verrez qu'il n'aura pas de plus grand désir que
d'être réuni à la comtesse.

Muni de son sac, Gaston revint au château d'Orthez,
où était son père ; il lui montra tous les beaux cadeaux
que son oncle lui avait faits, mais il ne lui parla pas de la
bourse, on le lui avait bien défendu.

Cependant un secret pressentiment le faisait hésiter à
employer le remède conseillé par son oncle, et pendant
ces hésitations, un de ses petits parents remarqua combien Gaston prenait de soin pour cacher cette bourse, et
soupçonnant quelque mystère, il avertit le comte.

L'heure du dîner arriva, et comme il servait à boire à son père, celui-ci avisa la bourse, coupa les cordons qui la retenaient et s'en empara.

— Qu'est-ce que cette bourse? et que voulez-vous faire de la poudre qui est dedans?

À cette question l'enfant courba la tête et ne dit mot.

Le comte prit une pincée de la poudre, la mit sur un morceau de pain, siffla un lévrier, et le lui donna à manger.

À peine le chien eut-il avalé le morceau, qu'il tomba, roidit les pattes et expira.

À cette vue, le comte, furieux, s'élance sur Gaston, un couteau à la main, et l'aurait tué si on ne s'était jeté à la traverse.

On calma le comte, qui ordonna qu'on conduisît son fils à la tour du château, et qu'il y fût gardé à vue. Quelques jours s'écoulèrent sans que le père irrité voulût entendre parler de ce fils dénaturé, et le pauvre enfant restait toujours enfermé à la tour.

Toutes les questions qu'on lui avait faites étaient restées sans réponse; car il comprenait qu'en se disculpant il accusait son oncle, peut-être sa mère. Cependant son malheur lui paraissait si grand, qu'il n'y voulut pas survivre: il résolut de se laisser mourir de faim. Quand on lui apportait son dîner, il disait au serviteur : « Mettez-le là. » Puis il le jetait dans un coin, et comme sa prison était sombre, on croyait qu'il l'avait mangé.

Mais un jour il devint si faible, qu'à peine put-il parler. On alla avertir son père; celui-ci, qui aimait son fils, accourut; il était trop tard : Gaston ne put fixer sur lui que des yeux humides et mourants. « Pardonnez-moi, dit-il à son père; pardonnez-moi, monseigneur : je meurs innocent, et je vous aime... » Il ne put achever, les paroles expirèrent sur ses lèvres, il n'était plus.

Plus tard on découvrit la vérité toute entière ; mais l'enfant n'était plus. On le surnomma l'Ange de Foix. Il restera comme un modèle de l'amour filial.

PANTHÉON

DE LA JEUNESSE.

DEUXIEME SÉRIE.

JEUNES FILLES CÉLÈBRES.

Emile Wattier   H.BREVAL.

Les Rosières de Salency

JEUNES FILLES

CÉLÉBRES

2e Partie.

LES ROSIÈRES DE SALENCY.

Salency est un charmant petit village de Picardie, à peu de distance de Noyon. On en pourrait voir peu d'un plus riant aspect : vastes prairies, chemins tapissés de gazons, bordés de pommiers, terre fertile bien et partout cultivée, couverte de moissons abondantes ; maisonnettes bien blanchies et proprement tenues : vous n'y rencontrerez pas, comme en beaucoup d'autres endroits, des pauvres quelquefois malheureux ou infirmes, le plus souvent paresseux. Tout le monde est à l'aise, parce que tout le monde travaille.

1

prudence de s'y endormir. La voiture vint à passer sous des arbres peu élevés ; Pierre Duval fut pris par les branches et précipité sur le chemin ; il poussa un cri d'effroi, sa jambe droite était cassée à deux endroits différents. La jambe cassée ne put être qu'imparfaitement remise. On était au plus fort des chaleurs de l'année ; la gangrène vint augmenter le mal et le rendre incurable. Après six semaines de souffrances, Pierre Duval expira dans les bras de sa femme et de ses filles éplorées.

L'aînée de ces enfants, Jeanne, avait alors quatorze ans, et Lucie douze. La maladie de leur père avait épuisé toutes leurs ressources ; cependant elles n'étaient pas encore au terme de leurs douleurs : on dirait que le malheur a la funeste propriété d'engendrer le malheur. La femme de Duval avait à peine pris quelques heures de repos pendant les six semaines que dura la maladie de son mari. L'espérance de sauver le fidèle et loyal compagnon de sa laborieuse existence avait soutenu son courage et ses forces ; mais quand arriva le jour fatal, elle tomba dans un sombre désespoir. Déjà épuisée de fatigue et de misère, elle refusa toute nourriture pendant plusieurs jours ; une fièvre ardente la saisit, le délire s'empara d'elle, et bientôt il ne fut plus permis de douter que sa faible tête n'avait pu résister au coup qui l'avait frappée : elle était devenue presque idiote.

Dans cette affreuse position, les deux pauvres enfants ne furent pas tout à fait abandonnés : le curé de Salency ne passait pas un seul jour sans les venir visiter et leur apporter ses paternelles et affectueuses consolations ; mais ce bon et digne pasteur n'était guère plus riche que ses jeunes ouailles. Son premier soin cependant fut de leur offrir les petits secours dont il pouvait disposer ; les jeunes filles savaient

bien que leur curé n'en avait pas trop pour lui et ses pauvres. Jeanne remercia avec effusion le vieillard, et lui dit :
« Nous ne sommes pas si pauvres encore que nous ne puis-
» sions vivre ; la maladie de notre père ne nous a pas telle-
» ment épuisées que nous ne puissions encore nous pour-
» voir. »

Toutes les instances du curé, toutes ses pieuses ruses pour
venir en aide aux orphelines furent vaines ; et bientôt il se
persuada qu'il s'était trompé en croyant que ces enfants n'a-
vaient aucunes ressources. En effet, une espèce d'aisance
semblait régner dans la chaumière désolée ; fallait-il un mé-
dicament pour la mère malade, on allait l'acheter ; un poulet
quelquefois était tué pour lui fournir un bouillon faible, une
nourriture saine ; les œufs, le beurre ne manquaient pas à la
pauvre femme, qui n'avait jamais été si bien nourrie, si bien
soignée. Les hardes qui couvraient la malade étaient, il est
vrai, bien vieilles, bien usées, bien rapetassées, mais elles
étaient toujours propres. Dans la pièce où l'on se tenait
d'habitude, tout était bien rangé : le sol balayé, les vitres
bien claires. Ceux qui portaient intérêt à cette famille se
demandaient par quel charme tout cela se faisait. La mère
Duval, qui était l'ordre, l'économie et la propreté en
personne, avait toujours été l'admiration de ses voisins et
l'envie de ses voisines ; mais il était facile d'expliquer
l'apparence réjouissante de son petit intérieur du vivant de
Duval. N'avait-elle pas un mari rangé qui gagnait gros et
dépensait peu ? n'avait-elle pas du bien ? Un arpent, nous
l'avons déjà dit ; leurs terres, bien cultivées, bien fumées,
rapportaient beaucoup et coûtaient peu de culture, culti-
vant eux-mêmes, travaillant avec ardeur, et ayant deux enfants qui les aidaient comme aurait pu faire un homme, et
mangeant moins ; mais depuis la mort de Duval, tous ces

avantages avaient disparu pour faire place à d'énormes
charges, et cependant rien ne semblait changé dans la maison du défunt. Il est vrai que si matin qu'on allât aux travaux, si tard qu'on en revînt, on voyait toujours l'une des
deux filles, quelquefois toutes deux, occupée dans leurs
champs. Brouettant le fumier avant le labour ; la semence
levée, sarclant, binant ; puis faucillant la moisson et la ren-
trant au logis : rarement demandaient-elles des secours à
leurs voisins, le labour excepté. Mais que peut produire le
travail de deux jeunes filles si laborieuses qu'elles soient?
disait-on. — Il peut produire ce que vous voyez, répondait
le vieux curé ; le travail et l'économie sont des trésors plus
précieux qu'on ne pense. Cette explication satisfaisait peu les
curieux, et cependant ils n'en pouvaient donner d'autres.

Vers la fin de la seconde année de son veuvage, la mère
Duval parut recouvrer la santé : elle reprit des forces et les
fraîches couleurs qu'elle avait autrefois ; sa raison elle-même
sembla revenir. Elle avait parfois des moments lucides ;
mais ce n'étaient que des éclairs qui ne brillaient qu'un
instant : « C'était, raconte le vieux curé dans une lettre à
madame de Genlis, c'était un spectacle à la fois consolant
et déchirant que de voir ces deux pauvres filles et leur mère
dans ces rares moments. La mère Duval commençait par être
joyeuse : bientôt elle pleurait songeant à son mari ; d'autres fois cependant elle ne pouvait s'empêcher de remercier
le ciel en voyant autour d'elle ses deux filles déjà grandes,
fortes, empressées et la couvrant de caresses ; elle ne pouvait voir sans une vive satisfaction sa maisonnette bien ran-
gée, bien propre : les jeunes filles étaient tout rayonnantes
de joie et d'espérance ; mais sitôt que leur pauvre mère
commençait à déraisonner, c'étaient des larmes et des sanglots à fendre le cœur.»

Vers la même époque, Lucie Duval tomba malade : elle avait alors un peu plus de quatorze ans. Pendant plusieurs mois elle cacha sa maladie : sa sœur seule était la discrète confidente de ses douleurs. Cependant la souffrance apporta de si grands changements dans sa physionomie, que le bon curé ne voulut plus, un jour qu'il la vit plus mal que jamais, se payer de mauvaises raisons : « Lucie, lui dis-je, raconte-t-il, Lucie, vous souffrez ; vous souffrez depuis longtemps, et vous me le cachez ; et quand je vous interroge, vous me faites tantôt un mensonge, tantôt un autre. Sachez, mon enfant que cela est mal, très-mal. — Elle se mit à pleurer. — J'allais presque en faire autant, et je me reprochais ma sévérité, cependant si nécessaire. — Allons, ne pleurez pas ainsi, lui dis-je en la prenant par les mains. Vous êtes une bonne et digne fille : ce que vous avez fait, je le sais, vous l'avez fait le croyant bien. Mais songez que moi je suis votre père depuis que vous n'en avez plus, mes enfants ; et de plus, je suis votre curé et votre ami : il ne faut rien me cacher. Voyons, Lucie, où souffrez-vous ? qu'avez-vous ? — Elle gardait toujours le silence et tenait les yeux baissés. Je m'adressai à Jeanne, qui me répondit enfin : Lucie a mal dans le côté, monsieur le curé, à ce qu'elle dit. Souvent quand nous travaillons aux champs ensemble, elle tombe comme étouffée, elle ne peut plus respirer, elle devient rouge, puis pâle, puis comme bleue ; mais elle se repose, et cela se passe ; puis un autre jour cela recommence.

— Avez-vous parlé de votre mal au médecin ? M. Lambert est bon ; il soigne votre mère sans jamais demander d'argent : que ne lui avez-vous confié vos douleurs ?

Les deux enfants hésitèrent longtemps à répondre.

— J'y avais songé, dit enfin Jeanne rouge et confuse ;

mais, monsieur le curé, il aurait fallu acheter des médica-
ments, et nous ne l'aurions pas pu.

Cet aveu embarrassé fut pour le bon curé un trait de
lumière : il commença à soupçonner la vérité ; mais il ne
voulut pas prolonger cet entretien. Il embrassa sur le front
des deux jeunes filles, et sortit. Il revint le lendemain matin avec M. Lambert. Lucie, hors d'état de se lever, était
restée couchée. En les voyant entrer, Jeanne se troubla,
rougit, pâlit ; il semblait qu'elle avait un crime à cacher.
Arrivés près de la pauvre petite malade, quel ne fut pas le
pénible étonnement de ces deux hommes de bien à la vue
de cette chambre !

La mère Duval reposait dans un lit bien garni, bien
chaud, les deux filles n'avaient pour tout coucher que de la
paille et une mauvaise couverture de laine brute. Il fallut
avouer alors qu'elles avaient emporté la nuit, en se cachant
bien, pièce à pièce, toute la literie, qu'elles l'avait vendue
à la ville prochaine, ainsi que leurs hardes les moins in-
dispensables pour subvenir aux frais continuels de la
maladie de leur mère ; il fallut bien avouer petit à petit
tous les détails de ce long héroïsme si soigneusement caché. Travaillant sans cesse, les deux jeunes filles se nour-
rissaient à peine ; le lait, le beurre, les œufs, tout était réservé pour la mère, qui ne pouvait, hélas ! la bonne femme,
apprécier ni empêcher ce sublime dévouement. Pour la
viande, comme elle était interdite à la malade, depuis deux
ans pas une bouchée n'était entrée dans la maison : s'oubliant elles-mêmes avec une abnégation complète, les deux
enfants n'avaient jamais songé qu'à leur mère ; c'était au
soulagement de cette pauvre folle malade qu'elles employè-
rent toutes les ressources qu'elles pouvaient faire. Leur
étonnement fut au comble quand on leur demanda pour-

quoi elles n'avaient pas vendu plutôt leur arpent de terre ou emprunté sur cette terre de quoi fournir à leurs besoins. « Ce champ appartient à notre mère, répondirent-elles, et non à nous. Si nous ne pouvons augmenter son bien, au moins ne devons-nous pas le diminuer. Quand Dieu lui rendra la raison pour toujours, il faut qu'elle retrouve tout ce qui est à elle comme elle l'a laissé. »

Les privations, les fatigues avaient ruiné la santé de la pauvre Lucie; sa sœur, plus âgée, plus forte aussi, résistait encore à cette rigoureuse existence; mais il était temps d'y mettre un terme, peut-être était-il déjà trop tard.

Lucie Duval était constituée pour devenir une belle et

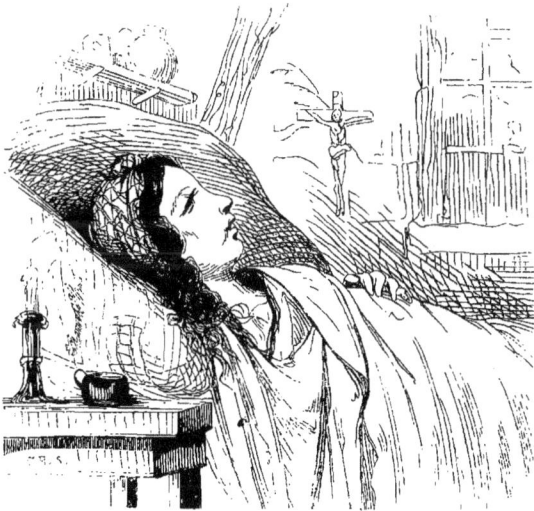

forte femme; elle était brune de cheveux, et le soleil lui avait aussi bruni la peau : elle ressemblait à sa mère; elle avait les traits nobles et une grâce naturelle pleine de

charmes sous les haillons même de la misère ; ses yeux
bleus et grands avaient une expression angélique, de longs
cils les voilaient et donnaient à son regard une extrême
douceur : la maladie et l'affaiblissement ne lui avaient
pas enlevé cette beauté naturelle. Son regard n'était pas
éteint, ses joues creuses étaient un peu colorées par la
fièvre ; cette charmante tête de jeune fille, appuyée sur
un morceau de laine brune, frappa le vieux médecin ; il
examina avec une anxiété pénible les progrès de la maladie, et tout habitué qu'il était au spectacle des misères
humaines, il ne put s'empêcher de pleurer : « Pauvre
ange ! » dit-il au curé, qui attendait avec inquiétude le
résultat de son examen.

Lucie fut désormais entourée de tous les soins que pouvaient donner la tendresse la plus affectueuse. Le printemps revenait, la nature tout entière renaissait; Lucie fit
comme les fleurs, comme les arbres, comme les oiseaux,
engourdis tout l'hiver : elle s'épanouissait de nouveau,
la pâleur de son visage disparaissait, sa faiblesse était
moins grande, ses souffrances moins aiguës. Si on avait
voulu la laisser faire, elle serait retournée aux champs;
forcée de rester à la maison, elle avait au moins la consolation de pouvoir veiller sa pauvre mère et lui prodiguer ses
soins.— C'est une fleur que le vent a brisée, disait un jour
M. Lambert au vieux curé : nous sommes venus relever
la fleur tombée. Nous avons fait comme le bon jardinier :
chaque jour nous arrosons la faible plante; nous éloignons
d'elle les insectes nuisibles; mais c'est Dieu seul qui sait
s'il fera encore circuler longtemps la sève et la vie dans
ce corps brisé.

On était alors vers la fin du mois de mai 1723; tout le
village de Salency était dans une solennelle préoccupa-

tion. Le moment arrivait où une rosière allait être couronnée.

— — — —

Chaque année, quelque temps avant la fête de saint Médard, les principaux habitants de Salency s'assemblent dans une salle publique, sous la présidence des autorités locales. Là, en silence, chacun remplissant son mandat avec calme et dignité, ils élisent trois jeunes filles, les trois plus vertueuses Salenciennes ; cette opération terminée, ils portent au seigneur de Salency le nom des trois élues, et le seigneur choisit parmi elles celle qui sera la rosière de l'année.

Mais ce nom reste un secret jusqu'au dimanche qui précède la fête de saint Médard, qui revient, bon an mal an, le huitième jour du mois de juin.

Alors la religion consacre le choix des hommes et le sanctifie. Le curé de Salency monte dans la chaire sainte ; toutes les oreilles sont tendues, tous les cœurs palpitent ; il proclame solennellement le nom de la vertueuse Salencienne à qui seront décernés les honneurs de la rose : ses compagnes peuvent encore protester contre ce choix si elles le trouvaient mauvais ; mais il est sans exemple qu'une seule protestation ait jamais été faite contre un choix aussi respectable. Le peuple l'a préparé, l'autorité l'a approuvé, et la religion l'a béni. Là, point de brigue, point d'intrigue possibles. Il faut une vertu sans tache, sans nuages, pour venir prendre place sur le livre révéré où depuis près de mille quatre cents ans une rosière, chaque année, a vu inscrire son nom modeste. La vertu d'une jeune fille ne lui suffit pas pour obtenir cette récompense si enviée. A Salency, comme ailleurs, les enfants héritent de la noblesse de leurs aïeux ; mais là, bien différemment qu'ailleurs, la noblesse, c'est la seule vertu ; et pour être rosière, il faut justifier de quatre quartiers de cette noblesse : il faut être issu d'une famille dont la probité ait traversé sans le moindre échec quatre générations successives. Institution d'une admirable simplicité, qui perpétue ainsi l'honneur, en récompensant, sur la seule tête d'une jeune et modeste fille, la vertu de toute une famille, non pas une vertu d'hier, d'un moment, mais d'un siècle tout entier ; institution qui invite au bien, non-seulement une personne, mais tous les membres d'une famille, car la faute de l'un rejaillit sur l'autre de postérité en postérité.

Le dimanche qui précède la fête de saint Médard était arrivé, tout le village de Salency était allé à la grand'messe, et Lucie Duval, appuyée sur le bras de sa sœur, avait voulu aussi aller à l'église pour entendre proclamer le nom de la rosière : noble et bonne enfant, elle allait là pour applaudir au triomphe d'une de ses compagnes. La messe finie, le curé monte dans la chaire ; sa voix est émue, des larmes roulent dans ses yeux, il ne peut maîtriser sa vive émotion. Le nom qu'il proclame est celui de cette enfant qu'il aime tant, de Lucie Duval.

Tout à coup le religieux silence de l'assemblée est troublé par un cri perçant, et la pauvre enfant, effrayée, étour-
die par ce bonheur inattendu, s'était évanouie.

Mais je veux dire l'origine de cette
fête de la rosière : elle remonte aux premiers siècles de la monarchie française.

Les Salenciens prétendent que saint
Médard naquit dans leur village même,
qu'il était par droit de succession propriétaire du territoire de Salency, et
que la chapelle où il est encore invoqué
aujourd'hui est le lieu même où il vit le
jour. Les érudits viennent contredire
cette version, et prétendent que saint
Médard, dont le lieu natal n'est pas bien

certain, ne devint seigneur de Salency que comme évêque de Noyon; et pour preuve, ils établissent à leur manière que les successeurs de saint Médard à l'épiscopat jouirent de cette terre pendant longues années : tout cela est au fond bien peu important. Ce qui est certain, c'est que, vers l'an 500, saint Médard, alors seigneur de Salency, voulant récompenser la vertu chez ses vassaux, institua cette fête de la rosière, dont toutes les cérémonies portent encore aujourd'hui le caractère naïf de cette époque primitive.

Revenons à Lucie Duval : elle s'était peu à peu habituée à l'idée d'être couronnée rosière; mais l'émotion qu'elle avait éprouvée dans l'église n'avait pas contribué à améliorer sa santé. Cependant le jour solennel, le jour de saint Médard est arrivé.

Le village tout entier prend ses habits de fête. L'allégresse est générale. Les Salenciens revêtent leurs belles casaques, les Salenciennes leurs plus riches atours; les maisons se parent de feuillages et de fleurs, les chemins sont jonchés de roses; l'autel se pare comme aux fêtes solennelles; les cloches sont agitées avec force, et les villes et les villages voisins accourent en foule à la fête de la rosière.

Cette fête, toujours si brillante, avait cette année un attrait extraordinaire. L'histoire de la jeune Lucie Duval s'était répandue; chacun connaissait et admirait les deux pauvres jeunes filles. Jamais couronne de roses n'avait été mieux méritée.

Vers les deux heures après midi, un cortège nombreux vint chercher Lucie Duval dans sa modeste maison. La pauvre enfant était toute vêtue de blanc des pieds à la tête. Elle était tremblante et agitée : cet habit blanc faisait ressortir sa pâleur naturelle; elle était faible et marchait péni-

blement. Sa sœur la suivait des yeux avec une inquiétude
pleine de tendresse, un vieillard lui donnait la main. Les
lecteurs l'ont deviné : c'était l'excellent médecin.

Douze jeunes filles l'accompagnent ; elles sont aussi
vêtues de robes blanches, et portent en écharpe un large
ruban bleu ; douze jeunes Salenciens leur donnent la main.
Les tambours, les violons, les musettes ouvrent la marche ;
un concours immense de peuple suit le cortége, qui se
rend tout d'abord au château de Salency, où il est attendu
par le seigneur et les autorités locales. Après quelques instants de repos, après quelques félicitations adressées à la
rosière, après lui avoir donné la modeste somme de vingt-
cinq livres, le seigneur lui offre sa main, et le cortége se
dirige vers l'église, où les vêpres sont chantées.

La rosière, agenouillée au milieu de l'église sur un prie-

Dieu, attire tous les regards. Elle est l'objet de l'admiration générale : c'est la reine de cette fête.

Heureuse royauté, qui n'est que d'un jour, que tout le monde aime et vénère, et qu'on quittera sans regret!

Les vêpres chantées, le cortége se remet en marche; mais cette fois avec plus de solennité encore. La croix, la bannière, les cierges allumés, le clergé dans ses habits sacerdotaux, marchent en tête. Les fleurs pleuvent de toutes parts; les hymnes pieux, les chants d'allégresse retentissent. On arrive ainsi à la chapelle de saint Médard. Là tout le monde se prosterne, le curé tient à la main le chapeau bénit de la rosière; il prononce une allocution simple, courte; tous les cœurs sont émus : la rosière est couronnée.

Soudain les cloches s'agitent; les jeunes Salenciens, armés de fusils, font entendre une mousqueterie bruyante le *Te Deum* est entonné par des milliers de voix, et l'on retourne processionnellement à l'église en chantant ce cantique d'allégresse.

L'office divin terminé, des honneurs un peu plus mondains attendent la rosière.

On la conduit dans un champ voisin, où une table est dressée. Cette table est couverte d'une nappe blanche; six assiettes, six serviettes sur ces six assiettes semblent attendre des convives; deux couteaux, deux verres, une salière pleine de sel, cinquante noix, deux petits pains, un fromage, un lot de vin et un demi-lot d'eau, sont placés sur cette table.

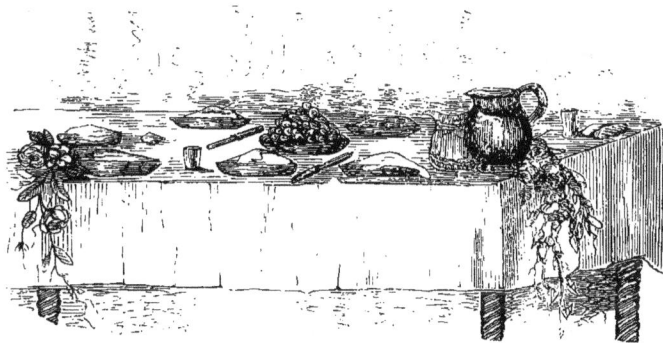

Ces présents, plus que modestes, sont offerts à la rosière par des vassaux empressés. On lui donne encore par forme d'hommage une flèche, deux balles de paume et un sifflet de corne, avec lequel on siffle trois fois avant que de le lui offrir. En vain chercherions-nous aujourd'hui la signification de cette cérémonie, qui fut instituée telle quelle il y a près de quatorze siècles. Évidemment elle avait alors quelque rapport avec les mœurs naïves de cette époque.

Après avoir reçu ces hommages, la rosière est reconduite avec le même appareil dans la cour du château. Le reste de la journée est consacré aux divertissements. Sous un vieil arbre, le seigneur avec la rosière ouvrent le bal champêtre, et les danses continuent jusqu'au coucher du soleil.

Le lendemain la fête recommence ; cette fois c'est la rosière qui en fait les honneurs. Elle offre au seigneur, aux autorités locales, aux douze jeunes filles et aux douze jeunes garçons qui l'ont accompagnée une collation champêtre ; elle fait des largesses aux ménétriers, aux tambours, aux jeunes gens qui ont planté le mai devant sa porte, qui ont décoré de feuillage et de fleurs le devant de sa modeste demeure ; puis les divertissements recommencent et finissent comme la veille. Les roses se fanent, la rosière quitte son chapeau de roses et sa royauté d'un jour : le village de Salency rentre dans son calme et son activité habituels.

Mais revenons à la chaumière de Duval.

— Je sais bien, disait Lucie à sa sœur, pourquoi j'ai été rosière cette année.

— Je le sais bien aussi, répondit Jeanne ; n'es-tu pas bonne, sage, travailleuse, aimée de tous ?

— N'es-tu pas bonne, sage comme moi, Jeanne, et bien plus travailleuse et bien plus aimée ? Ce n'est pas cela.

— Vraiment si, c'est bien là la raison.

— Oh ! que non.

— Qu'est-ce donc ?

—C'est, répondit Lucie avec l'accent d'une douloureuse résignation, c'est... qu'ils savent bien qu'ils ont le temps de te faire rosière, toi, forte, bien portante, et que pour moi il fallait se dépêcher.

— Que tu es folle d'avoir de ces idées-là ! dit Jeanne en couvrant sa sœur de baisers et en lui souriant à travers ses larmes qu'elle ne pouvait retenir. Ces craintes qu'elle s'efforçait de combattre, elle les avait en elle-même en voyant chaque jour sa sœur chérie plus pâle, plus faible et plus découragée.

La joie qu'avait causée aux deux sœur le triomphe de Lucie ne fut pas de longue durée ; l'aspect de la chaumière s'assombrissait de jour en jour.

La raison de la pauvre mère, qu'on avait espéré voir revenir, avait tout à fait disparu. Sa maladie avait fait des progrès rapides, aussitôt l'hiver venu, et vers la fin de cette même année, Dieu lui fit la grâce de la retirer de cette vie douloureuse.

Les deux jeunes filles, bien que prévenues depuis long-temps de cette inévitable séparation, ne purent la supporter sans de cruelles douleurs. Pour Lucie cette mort fut un coup terrible. Elle avait dit avec une voix déchirante en fermant les yeux de sa mère : — Pauvre mère ! va, j'irai bientôt te rejoindre !

Alors commença pour ces enfants une vie nouvelle : elles étaient devenues maîtresses d'elles-mêmes ; auparavant leur mère, toute dénuée de raison qu'elle était, leur représentait toujours le chef de la famille ; en faisant ce qui leur paraissait bien, elles croyaient exécuter ses ordres. Le temps n'était pas loin où elle les avait donnés en effet ; on se le rappelait, et on faisait cette année ce qu'elle avait dit de faire l'an passé.

Entre Jeanne et Lucie, toutes deux également bonnes, aimantes, dévouées, ce ne fut plus qu'une suite continuelle de générosités.

Jeanne, toujours active, avait reporté sur Lucie toute seule ses soins, ses prévenances de toutes sortes, qu'elle partageait autrefois entre sa mère et sa sœur. Elle avait, dit le curé de Salency, une prodigieuse industrie pour trouver des consolations à donner à sa faible et toujours languissante Lucie. Ce n'était pas une chose moins merveilleuse que de voir toute la besogne qu'elle faisait, et comme elle se multipliait pour ne laisser souffrir ni la moisson ni sa sœur. On la voyait en même temps dans ses champs et dans sa maison. De ses mains elle arrachait presque au même moment les mauvaises herbes qui menaçaient d'étouffer les blés naissants et elle préparait les breuvages bienfaisants qui calmaient les douleurs de Lucie. Toute sa vie se passait à soigner ces frêles existences qui ne devaient plus fleurir qu'un printemps et que l'automne devait mûrir et ravir à la terre.

Lucie mettait ses soins à cacher ses souffrances et ses larmes à sa sœur ; il lui échappait quelquefois cependant de ces mots qui fendent le cœur. Dieu donne souvent de secrets pressentiments d'une mort prochaine. Lucie avait la certitude qu'elle ne resterait plus longtemps sur la terre.

— Quelle belle moisson nous aurons cette année! lui disait Jeanne un jour. Va, sœur, sitôt l'août venu, je t'achèterai un bel habillement neuf. Le chaume se pourrit, nous ferons recouvrir la maison. Les vaches seront heureuses cet hiver, elles auront de la paille et du regain à renoncer dessus. Les betteraves sont grosses comme des maisons. Nous aurons du lait, du fromage, du beurre à revendre.

— Hélas! ma Jeanne, Dieu te donne de la nourriture pour deux, et tu seras seule.

— Te voilà encore avec tes prédictions.

— Je tomberai avec les feuilles ; tu le verras, Jeannette.

— Tu dis cela pour me faire pleurer ; mais je ne le crois pas. Tes joues sont rouges comme des pommes d'api.

— Les pommes d'api tombent à l'automne, Jeannette.

Ces sombres conversations revenaient souvent.

Jeanne se reposait le dimanche ; les deux jeunes filles allaient ce jour-là promener ensemble. Leur promenade commençait toujours par une visite au cimetière ; elles allaient prier sur la tombe de leurs parents ; elles avaient

planté autour des deux tertres, des fleurs qu'elles allaient
cultiver. Cette funèbre visite les ramenait par une pente
rapide à leurs tristes idées. Leurs vieux amis les en voulaient détourner ; mais ces jeunes filles si dociles, si douces
dans tout le reste, étaient inflexibles quand il s'agissait de
sentiments. Il faut dire aussi que Lucie avait des réponses
sans réplique.

« Pourquoi nous empêcher d'aller au cimetière, disait-
elle au vieux curé, puisqu'il n'y a aucun lieu qui nous
plaise davantage? Nous irions à la danse comme d'autres,
si notre père, si notre mère étaient là pour nous y conduire. »

Sans la maladie de Lucie, ces deux orphelines auraient été heureuses au milieu de toutes leurs infortunes.
L'amitié est la plus puissante consolatrice. Pour elles, le
monde se bornait à leur village, et les habitants de leur
village, pour elles, n'étaient que M. Lambert, le vieux médecin, et le vieux curé. C'est une remarque à faire, que
l'enfance et la vieillesse s'aiment toujours quand elles se
rencontrent. Aux deux extrémités de la vie, on sent de la
même manière, les cœurs sont plus disposés aux douces
affections.

Quelles que fussent les craintes de Jeanne, elle n'avait
pas perdu l'espérance. Sa sœur était jeune, d'une constitution robuste ; elle avait pour rafraîchir sa poitrine en feu
un air pur, sain, vif; et puis il y a dans l'amour et dans la
prière une certaine superstition. Tous les jours elle priait
la Vierge de lui conserver Lucie, et à force de prier, elle
avait fini par prendre ses vœux pour des réalités.

Il est de la nature de ces maladies qui minent sourdement
de laisser quelque repos à leurs victimes peu de temps
avant de les frapper du coup mortel. Le mois de juin était

revenu; Jeanne Duval avait eu, comme sa sœur l'année d'avant, les honneurs de la rose, et pour que rien ne manquât au bonheur de l'une et de l'autre, la maladie avait fait trêve pour Lucie.

Cette fête de la rosière, avec ses saintes et naïves solennités, avec ses joies pures, ses champêtres divertissements, avait opéré une heureuse diversion à leurs habituelles préoccupations; mais, comme l'autre année, les fleurs se fanèrent, les beaux jours s'enfuirent, et l'hiver revint avec ses rigueurs, ses brouillards malsains, ses orages meurtriers. Avec les orages revinrent les douleurs, et l'espérance s'enfuit avec les beaux jours. Bientôt il fallut annoncer à Lucie elle-même que sa fin était proche. Ce soin pénible regardait le vieux curé. Il ne crut pas devoir prendre de détours.

— Mon enfant, lui dit-il un soir, c'était le samedi, lundi je viendrai vous administrer les derniers sacrements.

— Déjà si tôt les derniers? répondit-elle. — Cela est bien à craindre, reprit le curé. — Ce n'est pas que je craigne; depuis longtemps je me suis habituée à cette idée-là; je vais rejoindre mon père, ma pauvre mère; mais je laisse Jeanne toute seule, c'est cela qui me fait mal. — Et après un instant elle reprit : — C'est la volonté de Dieu, il faut s'y soumettre. Elle cessa encore un long moment de parler : — Il me semble que je suis mieux, ajouta-t-elle; depuis quelques jours je souffre moins.

— Dieu peut vous rendre à la vie, Lucie, mais les hommes ne peuvent plus rien, mon enfant, pour vous la conserver.

A ce moment M. Lambert venait d'entrer; des larmes roulaient dans ses yeux, son silence confirmait l'arrêt du curé.

Le lendemain fut une belle journée ; vers le midi, le soleil était assez chaud : Lucie voulut revoir pour la dernière fois cette belle campagne qu'elle allait quitter pour toujours ; on l'enveloppa de couvertures et on la mit près de la fenêtre.

Elle promena de longs et tristes regards sur tout ce qui l'entourait. Les arbres n'avaient plus de feuilles, les tiges des fleurs étaient dépouillées et languissantes. — Comme tout est triste ! dit-elle. Et comme Jeanne fondait en larmes : — Ne pleure pas, ajouta-t-elle, Dieu te réunira peut-être à nous bien vite.

C'était en effet désormais la seule espérance de bonheur qui restait à cette jeune fille qui survécut à toute sa famille.

Quelques jours après, la cloche de la petite église de Salency fit entendre vers le soir son glas funèbre. Lucie venait de s'éteindre.

Ange, elle était remontée parmi les anges.

Que devint Jeanne ? resta-t-elle longtemps pour aller chaque dimanche porter des roses blanches sur la tombe de Lucie ? Je l'ignore.

Sophia Mansfield

Cecilie Robert

SOPHIE MANSFELD.

Vers l'année 1746, le grand Frédéric, roi de Prusse, après six ans de combats et de victoires, était rentré triomphant à Berlin, capitale de son royaume, et s'y appliquait à faire fleurir les lois, les arts et l'industrie.

Il venait de conquérir la Saxe; et pour conserver de sa victoire un souvenir durable, il avait emmené de force à Berlin plusieurs manufacturiers de porcelaines. On sait que la Saxe est depuis longtemps en possession de fournir à l'Europe les plus belles et les plus riches porcelaines, et le grand Frédéric voulait arracher ce précieux monopole à la nation vaincue pour en enrichir ses sujets.

Les artistes saxons conduits en Prusse furent traités avec bonté par le roi; mais ces bontés ne pouvaient leur faire oublier la patrie. Ils étaient prisonniers; ils étaient éloignés de leurs parents, de leurs amis, de tous les objets de leur plus tendre affection. Parmi ces captifs, une jeune fille se faisait distinguer par sa jeunesse, sa beauté, ses rares talents, et surtout par sa profonde tristesse. Cette jeune Saxonne se nommait Sophie Mansfeld; elle était de Meissen : elle avait alors dix-sept ans. Son père, qui jouissait d'une grande réputation dans son art, lui enseigna dès l'enfance la peinture sur porcelaine : elle avait si bien profité de ses leçons, qu'elle pouvait passer, malgré son jeune âge, pour un des premiers talents de la Saxe.

Sur cette terre étrangère, Sophie Mansfeld était la plus malheureuse peut-être de tous ces captifs; car elle était seule, toute seule, après avoir été entourée de toute la tendresse d'une famille adorée. Elle venait, au moment de la conquête, d'être fiancée à un jeune Saxon de ses parents; ces deux enfants s'aimaient depuis le berceau; ils s'étaient avancés dans la vie en se tenant toujours par la main et s'aimant l'un l'autre. Leur séparation fut cruelle. En vain Sophie se jeta-t-elle aux pieds du vainqueur, implorant sa clémence; Frédéric, qui avait vu dans la manufacture de Meissen des vases peints par Sophie, charmé de son talent précoce, voulut absolument qu'elle fût conduite dans ses états, lui promettant qu'elle n'aurait pas à se repentir si elle se rendait par son travail digne de ses royales faveurs.

Arrivée sur la terre de l'exil, Sophie Mansfeld sembla avoir perdu toutes ses facultés; ses dessins, qui naissaient autrefois comme par enchantement sous ses riches pinceaux, elle ne pouvait plus les produire aujourd'hui. Sa jeune et riante imagination, échauffée par les louanges de son père et de ses compatriotes, par le sourire de son fiancé, s'était refroidie : elle ne savait plus que pleurer et regretter le passé. En vain lui faisait-on de brillantes promesses, en vain essayait-on des menaces ; indifférente à tout, elle ne pouvait sortir de sa profonde rêverie. Plusieurs fois le roi lui-même avait daigné l'assurer de tout l'intérêt qu'il lui portait, et lui avait adressé les plus flatteuses paroles. — Sire, lui répondait-elle, il ne dépend pas de moi de vous satisfaire. Autrefois je trouvais au bout de mon pinceau, dans ma tête, sans les chercher, ces dessins que vous admirez ; je les cherche aujourd'hui, et je ne les trouve pas.

Un jour le roi de Prusse voulut faire à un Anglais de distinction les honneurs de sa manufacture royale : on avait fait de grands préparatifs pour recevoir sa majesté. L'Anglais s'occupait principalement d'expériences relatives aux perfectionnements de la porcelaine, et il voyageait dans ce but avec une mission de son gouvernement. Pour avoir le temps d'examiner en détail cette belle manufacture, il avait devancé de beaucoup l'arrivée du roi.

Mylord L... était accompagné d'un Polonais nommé Auguste Laniska. Ce jeune homme, qui venait de sortir de l'école militaire de Postdam, était aimé de Frédéric pour son courage et ses belles qualités. Élevé dans un pays où la liberté est une passion, Laniska n'avait jamais pu voir sans attendrissement les artistes captifs de la manufacture royale. Mylord était un de ces Anglais philanthropes qui se passionnent pour toutes les entreprises libérales. Ces deux personnages se communiquèrent bien vite leurs réflexions sympathiques.

« Voici un bel établissement, disait mylord ; mais voyez ce qu'il coûte à l'humanité, comme tous ces artistes sont tristes et désolés !

— Regardez, je vous prie, mylord, répondait Laniska en montrant Sophie Mansfeld ; regardez cette jeune personne. La souffrance est empreinte sur sa noble figure. Il y a ici des vases peints par elle à Meissen : comme ils sont différents de ceux qu'elle a créés depuis qu'on la ravit à sa patrie ! »

Laniska et mylord L... s'approchent de Sophie : « Vous êtes toujours triste, mademoiselle, lui dit Laniska : pourquoi vous laisser ainsi abattre par le désespoir ?

— Hélas ! monsieur, j'ai laissé en Saxe mon père et ma mère ; j'y ai laissé tout ce que je chérissais au monde. Je ne puis vivre loin de ces objets de mon affection. »

Un Prussien, qui connaissait Laniska, et qui s'intéressait à Sophie, tira à part le jeune Polonais, et lui dit : « Cette jeune personne devait épouser un de ses parents lorsqu'elle fut enlevée pour être conduite ici. Vous savez, monsieur, que le roi, pour attacher à la Prusse les jeunes Saxonnes qu'on a conduites ici, les force à épouser des Prussiens. Sophie Mansfeld est tombée en partage à un soldat, qui veut absolument user de ses droits sur elle et l'épouser avant un mois.

— Eh quoi ! s'écria Laniska, le roi ne peut vouloir une semblable cruauté ! c'est une affreuse tyrannie ! cela ne se peut pas ! »

Sophie Mansfeld avait écouté cette conversation, elle avait entendu le généreux cri de Laniska ; hors d'elle-même, elle se jeta aux pieds de son défenseur : « Monsieur, lui dit-elle en sanglottant, vous semblez vous intéresser à une malheureuse captive. Le roi vous aime, je le sais ; arrachez-moi à

cet odieux hymen. Je ne suis encore qu'une enfant. Sau-
vez-moi, monsieur ; toute ma famille vous aimera et vous
bénira.

— Relevez-vous, mademoiselle, dit Laniska. Comme
vous je ne suis qu'un enfant ; mais je veux vous prouver
qu'il ne dépendra pas de moi que vous soyez heureuse.

» Mylord, veuillez, je vous prie, sortir un instant, dit-il en
prenant le bras de l'Anglais.

» N'est-ce pas une affreuse tyrannie? Mais comment faire
pour sauver cette malheureuse enfant du danger qui la menace? s'écria l'impétueux Polonais. Je vais trouver le roi ;
et dussé-je m'exposer à son courroux, je veux lui dire que
cette conduite est indigne de lui. »

Mylord L..., qui, comme tous ses compatriotes, était
très-flegmatique, répondit : « Gardez-vous-en bien, mon
jeune ami ; vous irriteriez le roi sans servir votre belle pro-
tégée. Le courage est beau, mais la prudence est bonne.
Soyez prudent, ou plutôt soyons prudents ; car je veux
m'associer à votre noble entreprise. Avisons tranquillement
au meilleur moyen de réussir. »

Toutes réflexions faites, les deux amis arrêtèrent que
Sophie Mansfeld devait faire une pétition qu'elle remettrait
au roi le jour même, et qu'on attendrait pour agir l'effet de
cette supplique.

La pétition fut faite et remise. Frédéric la lut immédiatement. Déjà il avait connaissance des paroles imprudentes
de Laniska : il ne lui en fit pas moins un bon accueil. La
visite royale se continua : tous les honneurs de la journée
furent pour mylord L.... Frédéric, qui aimait les arts et les
lettres, faisait parade de la protection qu'il leur accordait.
Sur le point de quitter la manufacture, le roi mit la conversation sur le fameux vase Barberini : « M. Vedgewood,

dit-il à mylord, n'a-t-il pas fait de ce vase une copie parfaite?

— Si parfaite, sire, que les plus habiles connaisseurs la
peuvent à peine distinguer de l'original. — Votre majesté,
ajouta mylord, connaît les beaux vers qu'un de mes compatriotes a faits sur ce vase?

— Je les connais, reprit le roi; mais ce sera pour moi
un nouveau plaisir de les entendre encore. »

Frédéric admira les vers anglais. « Mylord, ajouta-t-il, je
veux aussi chanter le vase prussien. » (On sait que Frédéric
était poëte.)

A ces mots, tous les courtisans se regardèrent. Le vase
prussien!... Personne ne connaît le vase prussien.

« Sire, répondit mylord L..., aussi étonné que les courtisans, puis-je espérer qu'il me sera permis de voir le vase
prussien avant de quitter Berlin?

— Oui, répondit Frédéric; si vous y restez encore un
mois. »

En conversant ainsi, le roi était revenu auprès de Sophie
Mansfeld.

« Mademoiselle, lui dit-il, j'ai lu votre supplique, j'y répondrai bientôt. »

La pauvre jeune fille était toute tremblante : elle leva les
yeux, et rencontra ceux de Leniska; elle semblait implorer
son assistance en ce moment solennel.

Le jeune Polonais s'avance auprès du roi : « Sire, lui
dit-il, je n'ai pas encore, par mes services, mérité que
votre majesté me fasse une grâce; j'oserai cependant inter-
céder pour cette jeune fille, à laquelle tout le monde s'in-
téresse ici...

— Je sais, reprit le roi en interrompant Laniska, je sais
quel intérêt vous portez à mademoiselle; je sais aussi com-

bien la conduite de mon gouvernement vous paraît tyrannique à son égard. Vous auriez mieux fait, avant de maudire mes intentions, de chercher à les bien connaître. Je
ne vous pardonne pas encore, monsieur.

— Sire, je me ferai tuer pour votre majesté à la première
bataille.

— Je n'en demande pas tant, reprit Frédéric en souriant.
Messieurs, continua-t-il, je vous ai promis tout à l'heure le
vase prussien. Je veux vous le faire voir dans un mois à
dater de ce jour. Il prit un crayon et écrivit le décret suivant, qu'il lut à haute voix !

« Sera libre l'artiste qui aura produit le plus beau vase
» d'aujourd'hui en un mois, s'il est Saxon.

» S'il est Prussien, il recevra une récompense royale.
» Le nom de l'artiste sera inscrit sur le vase, qui sera
» appelé le vase prussien.

» Le roi, Frédéric II. »

Pendant le mois qui suivit ce décret, on ne saurait dire
quels efforts inouïs furent faits par tous les artistes de la manufacture royale de Berlin. Sophie Mansfeld avait repris
ses travaux avec une ardeur sans égale ; Laniska la venait
souvent encourager ; mylord L... lui donna les conseils de
sa vieille expérience. Enfin le grand jour arriva. On fit une
exposition publique des produits des artistes. Toute la cour
se rendit à la manufacture ; tous les hommes compétents
furent appelés par le roi à donner leur avis : il fut unanime.
On regarda quel nom portait ce vase préféré, c'était celui
de Sophie Mansfeld.

Laniska courut à l'instant trouver la jeune captive : « Dieu
soit béni ! s'écria-t-il, vous êtes libre. Daignez, mademoi-

selle , me permettre de vous conduire à la voiture de mylord L..., qui vous attend. »

Sophie, transportée de joie, ne sut refuser. Mylord L...
l'attendait en effet. Arrivés à l'hôtel de mylord L..., quelle
ne fut pas la joie de Sophie en y trouvant son fiancé ! Laniska , convaincu que Sophie Mansfeld serait victorieuse ,
l'avait fait venir à Berlin.

« J'ai le malheur d'être un pauvre officier, dit Laniska ;
mais je vais trouver le roi, et je lui emprunterai de quoi
vous faire une dot : nous célébrerons votre mariage au plus
tôt.

— Monsieur, reprit Sophie , je n'oserais pas me marier
dans le pays où j'ai été si malheureuse ; je suis supersti-
tieuse ; j'aurais peur pour l'avenir. Nous allons reprendre
la route de Meissen, où il y aura toujours, tant que nous
vivrons, des cœurs qui vous seront dévoués. »

Les Vierges de Verdun.

CARASSO.

LES HÉROINES DE LA RÉVOLUTION FRANÇAISE.

a révolution française a vu des actes de courage comparables à ce que l'antiquité nous a transmis de plus beau. Nous avons pensé qu'il serait convenable de réunir dans un même article les jeunes filles qui se sont fait un nom célèbre et vénéré par leur héroïsme au milieu des orgies révolutionnaires de 93. Avant d'entreprendre le récit de ces actions qui se détachent si purement sur le fond sombre de cette singulière époque, qui fut à la fois grande, cruelle, hideuse et bienfaisante, nous avons hésité longtemps. Le

3

récit terminé, nous ne voulions plus le mettre sous les yeux de nos jeunes lecteurs. Nous ne pouvions leur présenter de nobles dévouements sans leur montrer en même temps de hideuses atrocités : crimes, vertus, appartiennent à la France ; et s'il faut admirer les unes, il faut aussi flétrir les autres. Ainsi va le monde : toujours le bien à côté du mal, comme l'ombre après la lumière.

Enfants, il ne faut pas pour cela maudire cette révolution ; bien moins que d'autres, vous en avez le droit ; car, sans avoir souffert ses fureurs, vous recueillez ses bienfaits. Cela vous sera expliqué un jour.

Ce fut une année mémorable que cette année 1792 ; mais comme sa robe est toute couverte de sang généreux ! La France prouva bien alors comme elle était fière et puissante. L'Europe tout entière était soulevée contre elle, et elle tenait tête à l'Europe entière. En vain elle perdait l'élite de ses enfants, les uns sur les champs de bataille, les autres sur l'échafaud. Toute mutilée et toute sanglante, elle épouvantait encore ses innombrables ennemis. Cependant, vers le milieu de l'année 1792, les alliés avaient envahi quelques-unes des frontières françaises. Le roi de Prusse, à la tête de son armée, pénétra jusqu'à Verdun, au commencement du mois de septembre.

On fit dans cette ville une réception royale au monarque prussien. A son entrée, des jeunes filles vinrent lui offrir des fleurs et des dragées. A la tête de ce cortége étaient trois sœurs : Henriette, Hélène et Agathe Watrin. Toutes trois jeunes, belles, heureuses, étrangères aux passions politiques qui s'agitaient autour d'elles, on leur avait dit : Voici un roi qui vient pour sauver un autre roi prisonnier, sur la tête duquel plane déjà le glaive mortel ; une reine jeune, belle, bonne ; deux enfants innocents, et qui sont tombés du trône dans une horrible prison : — et elles avaient été saluer ce libérateur royal, elles étaient allées lui offrir des fleurs et des bonbons. Ces enfants ne savaient pas que c'est toujours une folie, souvent un crime, de sourire à l'étranger envahissant la patrie. Au milieu de ces trois sœurs remarquables, Agathe se faisait encore remarquer : c'était la plus jeune, la plus belle, la plus aimée enfin. Sans être hardie, elle avait du courage, une noble confiance en elle-même, et aucune n'avait paru plus digne qu'elle de complimenter le successeur du grand Frédéric ; funeste et périlleux honneur dans ces temps de troubles et de bouleversements, où la vertu du matin devenait crime le soir.

L'armée prussienne occupa peu de temps le territoire français. Le canon de Valmy la refoula au delà des frontières. La jeune armée républicaine avait déjà fixé la victoire sous ses drapeaux. Le terrible gouvernement d'alors, après avoir chassé l'ennemi, rechercha tous les citoyens suspects de désirer le rétablissement de l'ancienne monarchie, suspects d'appeler de leurs vœux le triomphe des alliés, à plus forte raison ceux qui avaient salué leur courte apparition. Agathe Watrin, ses sœurs et ses compagnes furent arrêtées à Verdun, mises en prison et conduites à Paris devant le tribunal révolutionnaire.

Toutes ces jeunes filles, ou plutôt tous ces enfants, parurent devant ces implacables juges avec le calme de l'innocence. Elles étaient loin de prévoir le sort qui les attendait. A leur aspect, les juges ne purent retenir un mouvement de pitié. L'accusateur public lui-même, au lieu de chercher à les faire condamner, conçut le projet de les sauver. Il ne fit pas entendre les témoins qu'on avait fait venir de Verdun. Agathe Watrin se montrait la plus intrépide ; elle assumait sur elle tous les périls de l'accusation, comme elle avait eu quelque temps auparavant tous les honneurs de la présentation devant le roi de Prusse. L'accusateur public lui fit dire, avant l'ouverture des débats, qu'il y allait pour elle de la vie, et que son désir était de la sauver, elle et ses compagnes. Il lui indiqua un seul moyen par lequel elle pouvait échapper à la mort : il lui conseilla de nier l'action qui leur était reprochée ; en l'absence des témoins, il ne resterait aucune preuve de leur imprudence.

Agathe Watrin se tourna vers ses sœurs, et comme si elle venait de lire dans leurs yeux la réponse qu'elle avait à faire pour toutes : « Nous sommes sensibles, répondit-» elle, à la pitié qu'on nous témoigne : ce que nous avons » fait ne peut être une faute qui mérite la mort ; mais s'il » en est ainsi, pas une de nous ne voudrait racheter sa vie » par un mensonge. »

Un instant après, la cause de ces jeunes filles fut appelée. Tous les cœurs étaient émus à leur aspect ; on ne prévoyait que trop le dénoûment presque inévitable de ce drame.

A la première question que fit le président, Agathe se leva, et d'une voix ferme : « Je répondrai pour toutes » mes compagnes, dit-elle ; pas une seule ne me démen-» tira. Nous avons fait, à la vérité, la démarche qu'on » nous reproche ; nous avons cru que le roi de Prusse » venait en France pour le bonheur de la patrie, nous l'en » avons félicité. On nous a dit que cela était un crime qui » méritait la mort ; aucune de nous n'a soupçonné ce » crime : mais si votre justice nous envoie à l'échafaud, » nous y monterons sans effroi, sûres de paraître innocentes » devant Dieu. »

Ce noble langage augmenta l'intérêt que ces jeunes

vierges avaient déjà inspiré. Le président, qui voulait aussi les sauver, leur dit :

« Avez-vous cédé à quelque violence? Ne vous a-t-on pas menacées de quelque châtiment si vous ne rendiez les honneurs au roi de Prusse ?

— Nous avons agi librement, reprit Agathe; quel que soit le danger qu'il y ait pour nous à l'avouer, nous devons le dire : nous avons toutes été avec joie au-devant de celui que nous regardions comme le pacificateur de la France.

— Il n'est pas possible que vous ayez de votre propre mouvement, ajouta le président, entrepris une démarche qui vous posait comme ennemies de la révolution, et qui vous exposait au plus grand danger.

— Nous ne sommes pas capables de distinguer le bien ou le mal dans la politique. En allant au-devant du roi de Prusse, nous avons agi librement.

— On vous reproche d'avoir envoyé des secours à des émigrés : ce fait ne peut être vrai.

— Ce fait est vrai ; mais il ne regarde que mes sœurs et moi. Des Français étaient malheureux : nous l'avons su, nous les avons secourus. Nous avons aussi secouru des Français malheureux qui ne sont pas émigrés ; nous avons fait la part des pauvres dans notre fortune. »

Le président, voyant tous ses efforts inutiles, déclara la cause entendue.

Les jurés se retirèrent pour délibérer. Les faits étaient constants.

Ils prononcèrent la peine de mort contre les trois sœurs Watrin, qui étaient les plus âgées; les autres accusées ne furent condamnées qu'à la prison.

Ces jeunes filles entendirent leur arrêt avec courage ;

l'une d'elles laissa tomber tristement sa tête sur sa poitrine, et des larmes coulaient de ses yeux.

« Ne vous découragez pas, ma sœur, lui dit Agathe ; vous mourez pour une sainte cause !

— Je pleure en songeant à mon pauvre père. »

L'assistance était dans une profonde émotion ; on fit sortir les victimes pour les reconduire en prison.

Elles eurent à peine le temps de se préparer à la mort. A cette époque, l'exécution suivait de près le jugement ; les prisons regorgeaient de prisonniers, et l'on se hâtait de faire sortir les condamnés pour faire place à d'autres malheureux.

Le lendemain, à neuf heures du matin, la fatale charrette vint prendre les trois sœurs.

Elles étaient vêtues de blanc comme au jour où la fatalité les avait conduites devant le roi de Prusse. Toutes trois allaient à la mort sans faiblesse : Agathe l'envisageait avec un courage héroïque. Sur leur passage, le peuple s'arrêtait pour les considérer avec une sorte de respect. Elles semblaient indifférentes à ce qui se passait autour d'elles, et priaient en se tenant étroitement embrassées.

Arrivées au lieu de l'exécution, Agathe, quoique la plus jeune, se sentant plus de courage que ses sœurs, voulut être exécutée la dernière. Pendant que le couteau fatal tranchait la tête de ses sœurs, elle se tenait agenouillée et priait. Quand son tour fut venu, elle se leva avec fermeté, et ayant embrassé l'image du Christ pour la dernière fois, elle alla rejoindre ses sœurs pour s'envoler ensemble vers le ciel.

Les poëtes ont chanté ce rare courage, cette vertu sublime. Nous citerons quelques-uns des vers que Delille a consacrés aux vierges de Verdun.

O vierges de Verdun ! jeunes et tendres fleurs,
Qui ne sait votre sort, qui n'a plaint vos malheurs ?
Hélas ! lorsque l'hymen préparait sa couronne,
Comme l'herbe des champs, le trépas vous moissonne !
Même heure, même lieu vous virent immoler.
Ah ! des yeux maternels quels pleurs durent couler !...
Mais vos noms, sans vengeur, ne seront pas sans gloire ;
Non, si ces vers touchants vivent dans la mémoire,
Ils diront vos vertus. C'est peu : je veux un jour
Qu'un marbre solennel atteste notre amour.
Je n'en parerai point ce funeste Élysée
Qui de torrents de sang vit la terre arrosée.
Mais s'il est quelques lieux, quelques vallons déserts,
Épargnés des tyrans, ignorés des pervers,
Là je veux qu'on célèbre une fête touchante,
Aimable comme vous, comme vous innocente.
De là j'écarterai les images de deuil ;
Là ce sexe charmant, dont vous êtes l'orgueil,
Dans la jeune saison reviendra chaque année
Consoler par ses chants votre ombre infortunée.
« Salut, objets touchants ! diront-elles en chœur ;
» Salut, de notre sexe irréparable honneur !
» Le temps, qui rajeunit et vieillit la nature,
» Ramène les zéphyrs, les fleurs et la verdure ;
» Mais les ans, dans leur cours, ne ramèneront pas
» Une vertu si rare unie à tant d'appas !
» Espoir de vos parents, ornement de votre âge,
» Vous eûtes la beauté, vous eûtes le courage ;
» Vous vîtes sans effroi le sanglant tribunal ;
» Vos fronts n'ont point pâli sous le couteau fatal :
» Adieu, touchants objets ! adieu ! puissent vos ombres
» Revenir quelquefois dans ces asiles sombres !
» Pour vous le rossignol prendra ses plus doux sons ;
» Zéphyr suivra vos pas ; Echo dira vos noms :
» Adieu ! quand le printemps reprendra ses guirlandes,
» Nous reviendrons encor vous porter nos offrandes ;
» Aujourd'hui, recevez ces dons consolateurs,
» Nos hymnes, nos regrets, nos larmes et nos fleurs ! »

DELILLE.

Mlle DE SOMBREUIL.

endant que Verdun célébrait l'entrée du roi de Prusse dans ses murs conquis, il se passait à Paris une de ces grandes et épouvantables tragédies qui viennent à de longs intervalles ensanglanter l'histoire des peuples, comme pour faire douter si les hommes sont moins cruels que les bêtes féroces. Je veux parler des massacres de septembre.

Les rois, effrayés de l'audace des révolutionnaires français qui tenaient Louis XVI en prison, avaient formé une formidable alliance. L'avenir était gros de combats, et déjà les armées ennemies avaient envahi les frontières. A l'intérieur, les partisans de l'ancien régime s'agitaient ; la Vendée se remuait ; la guerre civile menaçait d'éclater ; des bruits sinistres se répandaient dans Paris. On disait que les prisonniers sortiraient de leurs prisons quand les citoyens seraient à la frontière ; qu'ils égorgeraient les femmes et les enfants des patriotes. Le ministre Danton était venu pousser à la tribune de la convention nationale le terrible cri : « La patrie est en danger ! les royalistes conspirent ; *il faut faire peur aux royalistes !* » A ces mots, accompagnés d'un geste de mort, chacun frissonne : « Il faut, vous dis-je, leur faire peur, » répète le ministre. Chacun sentit qu'il y avait du sang dans cette parole, et se retira dans la consternation. De tous côtés, on n'entendait que le cri : « Aux armes ! aux armes, citoyens ! »

Le 2 septembre, à deux heures du matin, la générale commence à battre, le tocsin sonne, le canon d'alarme retentit, les barrières sont fermées. Le peuple, armé de piques, de fusils, de poignards, de haches, se rue par la ville dans une agitation croissante ; des orateurs de carrefours animent la multitude par les discours les plus violents : « Laisserez-vous vos femmes, vos enfants à la merci des traîtres ? s'écrient-ils. Frappons avant de partir. Aux prisons ! aux prisons ! » Tout à coup une horde barbare se dirige vers l'Abbaye en poussant des cris confus. Sur sa route, elle massacre une vingtaine de prêtres qu'on conduisait à cette fatale prison. Arrivés, ils redoublent leurs cris de rage. Bientôt le carnage s'organise. Maillard est à la tête des assassins. Il compose de ceux qu'il trouve à ses côtés une espèce de tribunal et s'installe dans une des salles basses de la prison. Le livre de l'écrou est apporté ; les prisonniers, conduits devant ce tribunal ivre de vin et de sang, ne faisaient que passer. On les *envoyait à la Force*, cela voulait dire à la tuerie ; ils étaient conduits dans la cour de la prison, et massacrés par des égorgeurs qui les attendaient le sabre nu. Le courage des victimes fut égal à la fureur des assassins. Que de morts sublimes ! C'est avec bonheur que l'historien rencontre au milieu de ces scènes de carnage des traits d'héroïsme et de vertu qui viennent vous réconcilier avec l'humanité.

Parmi ces prisonniers de l'Abbaye se trouvait M. de Sombreuil. C'était un vieillard vénérable, ancien gouverneur des Invalides ; un dépôt d'armes lui était confié, et au 14 juillet 1789 il sut le faire respecter du peuple insurgé. Il paraît avec une noble assurance devant ce tribunal que nous avons dit ; il jette autour de lui un regard fier : soudain des larmes inondent ses yeux : il aperçoit dans un coin sa fille qui est accourue, toujours éveillée sur les dangers que peut courir son infortuné père. A travers ses larmes, mademoiselle de Sombreuil s'efforçait de sourire, et semblait dire : Défends-toi ! Espère : je suis là !

Maillard interroge le vieux soldat. Ses réponses fières et nobles lui valent une prompte condamnation. Maillard prononça bientôt le mot fatal : Qu'on le conduise à *la Force* !

Mademoiselle de Sombreuil, qui connaissait le sens de cet ordre, s'élance et se jette dans les bras de son père : « Arrêtez ! s'écrie-t-elle ; vous envoyez mon père à la mort ! Arrêtez ! il n'est pas coupable. »

Maillard, impassible, se lève.

« Que veut cette enfant ? dit-il. Citoyens, emmenez cela dehors ; qu'on ne trouble pas le tribunal. »

Aussitôt on jette dans la cour le père et la fille. La noble enfant ne veut pas abandonner son vieux père : elle le couvre de son corps. En face des haches et des piques sanglantes, son amour l'inspire : « Vive la nation ! s'écrie-t-elle. Citoyens, ne tuez pas mon père, c'est le meilleur des hommes ! » Sa voix avait emprunté au désespoir un éclat singulier ; les sabres, les piques qui allaient tomber restent suspendus.

« Vive la nation ! s'écrie un brigand.

— Vive la nation ! » répète l'intrépide enfant.

Il y avait sur une borne un verre dans lequel venaient boire ces hommes-là ; l'un d'eux le prend et le remplit du sang qui inondait la cour : « Tiens, citoyenne, lui dit-il, tiens, bois le sang des aristocrates, et je te rends ton père ! »

A la vue de l'horrible main qui lui tend ce verre plein de boue et de sang, la pauvre enfant pâlit et se trouble.

« Mais bois donc ! » reprend l'assassin en levant sa hache.

Elle voit la mort suspendue sur la tête de son père ; rapide, elle prend l'affreux calice et le vide.

La populace à cette vue fait entendre de sauvages applaudissements, et l'intrépide enfant entraîne son père loin de ces lieux souillés de sang.

Pourquoi faut-il ajouter que ce sublime et touchant héroïsme de mademoiselle de Sombreuil ne put sauver celui qui en fut l'objet ?

Quelques mois après cette scène horrible, M. de Sombreuil, qui n'avait pas voulu quitter sa patrie, fut arrêté de nouveau ; sa fille, toujours dévouée, voulut partager sa prison. Au moment où ils entraient dans ces lieux, à la porte desquels, comme dans l'Enfer du Dante, il fallait laisser l'espérance, les deux captifs rencontrèrent le vertueux Malesherbes et sa fille, madame de Rosambo, qui allaient au tribunal révolutionnaire. « Je suis heureuse de vous voir, mademoiselle, dit madame de Rosambo à mademoiselle de Sombreuil ; vous êtes l'honneur de notre sexe, vous avez eu la gloire de sauver votre père : je vais avoir la consolation de mourir avec le mien !

— Hélas ! madame, répondit le vieux M. de Sombreuil, nous vous suivrons bientôt. Peut-on espérer quelque chose de son innocence quand on voit la vertu même aller au supplice ?

Singulière époque que celle où l'on vit les enfants, les femmes et les vieillards regarder l'échafaud d'un œil sec !

La prédiction de M. de Sombreuil ne se justifia que trop. Le 17 juin 1794, le vénérable vieillard, que le courage de sa fille avait ravi aux égorgeurs de septembre, fut envoyé à la mort par le tribunal révolutionnaire.

J'emprunte à un écrivain moderne cette réflexion désolante : « La Grèce éleva un temple à la piété filiale à l'endroit où Éponime vint nourrir de son lait son père prisonnier : la France éleva un échafaud à M. de Sombreuil sauvé par le plus beau dévouement filial. »

Le nom de mademoiselle de Sombreuil ne brille pas seul d'un noble éclat au milieu des massacres de septembre ; Élisabeth Cazotte partage sa gloire.

Mlle CAZOTTE.

ans prévoir les dangers qui les menaçaient, Élisabeth et son père vivaient retirés dans une modeste maison à Pierry, près Épernay.

Cazotte était un de ces vieillards comme on assure qu'il y en avait autrefois beaucoup, doux, polis, aimables, galants, même un peu coquets. La pureté de leurs mœurs, l'élévation de leurs idées n'ôtaient rien à la gaieté et à l'enjouement de leur caractère. Cazotte, auteur aimable, écrivain distingué, s'était fait un nom par plusieurs ouvrages d'un style élégant et facile ; journaliste spirituel, il avait prouvé qu'il était capable d'idées élevées et profondes et qu'il était propre aux combats de la polémique. Il s'était depuis longtemps retiré de la scène du monde, où il avait de nombreux et illustres amis. Dans sa retraite, il s'occupait presque uniquement de l'éducation de sa fille unique, cette jeune et charmante Élisabeth dont il est ici question. Cazotte était vieux déjà, et s'il avait conservé toute l'activité de sa pensée, sa main était devenue paresseuse, tremblante, et ses yeux lents et faibles. Élisabeth, comme autrefois les filles de Milton aveugle, faisait la lecture à son père, écrivait ses lettres et les rares ouvrages que son imagination créait encore.

Parmi les amis que Cazotte avait laissés dans le monde,

M. Delaporte, secrétaire de la liste civile de Louis XVI, était un de ceux avec lesquels il entretenait la correspondance la plus active. Dans les lettres que sa fille écrivait, le vieux journaliste s'étendait longuement sur les moyens qu'il croyait propres à conjurer les périls qui menaçaient la royauté. Lorsque le peuple envahit, le 10 août, l'antique palais des rois de France et eut chassé l'infortuné Louis XVI, la convention fit main basse sur tous les papiers abandonnés dans cette royale demeure. Les lettres de Cazotte tombèrent aussi entre les mains des commissaires chargés de l'examen de ces papiers, et comme il n'y déguisait pas son aversion pour la révolution, et surtout pour les révolutionnaires, il fut décrété d'accusation, lui et sa fille, qui lui avait servi de secrétaire.

Le 18 août 1792 (les commissaires n'avaient pas perdu de temps), la modeste maison de Pierry fut soudainement entourée de gendarmes ; un officier se présente au vieillard, qui le reçoit avec son affabilité ordinaire. « Je viens vous arrêter, monsieur, lui dit-il. — M'arrêter ! s'écrie Cazotte, moi ! Mais à quoi songe donc votre gouvernement ? » Élisabeth, qui se trouvait auprès de son père : « Il est impossible, monsieur, dit-elle à l'officier, qu'on veuille arrêter mon père. C'est une erreur. Permettez-moi au moins de l'accompagner, si votre ordre est formel. — Vous êtes, mademoiselle, la fille de M. Cazotte ? — Oui, monsieur. — Sa seule fille ? — Oui, monsieur. — Alors, j'ai la douleur, ajouta-t-il, de vous annoncer que vous êtes aussi ma prisonnière : le mandat porte Jacques Cazotte et sa fille. — Faites votre devoir, reprit Cazotte ; nous sommes prêts à vous suivre ! » On les conduisit dans les prisons d'Épernay, et deux jours après à Paris. Ils furent incarcérés à l'Abbaye. A peine furent-ils arrivés, que l'innocence d'Élisabeth pa-

rut tellement évidente qu'on lui ouvrit les portes de la prison; mais elle supplia qu'on voulût bien la laisser auprès
de son vieux père pour le soigner et le consoler.

Les journées de septembre arrivèrent. En vain le père
supplia sa fille de quitter ces lieux où la mort était presque
inévitable, et de le laisser seul exposé aux fureurs qui
grondaient autour de lui; Elisabeth ne voulut rien entendre... Cazotte, comme l'un des derniers inscrits sur la liste
des écrous, ne comparut que le 23 devant cette hideuse
parodie de la justice, présidée par Maillard. Son procès fut
bientôt terminé; il se reconnut l'auteur des lettres incri-
minées. Il fut envoyé *à la Force*. Ce vieillard et sa fille
ignoraient la valeur de ce renvoi et s'attendaient à être
transférés dans cette prison; mais à peine eurent-ils mis
le pied sur le seuil de la porte, que les piques et les sabres

furent dirigés sur leurs poitrines. « En sortant de la

» prison, raconte mademoiselle Cazotte elle-même, nous
» trouvons la rue encombrée de gens armés, bizarrement
» vêtus, la plupart étrangers : leurs armes se dirigent vers
» mon père, les pointes touchent déjà sa poitrine ; je les
» écarte, je le couvre de mon corps. Je ne sais plus quels
» cris je trouvai dans mon effroi. La fureur de ces hommes
» semble suspendue ; voyant bien qu'ils ne pourraient arri-
» ver à mon père qu'en me traversant, ils reculent. Un
» Marseillais, qui avait l'air vivement ému, s'approcha de
» nous ; il étendit les bras sur nos têtes, pour faire voir qu'il
» nous prenait sous sa protection. Soudain ces hommes
» qui voulaient nous tuer tout à l'heure deviennent nos
» amis, nous sommes reconduits en triomphe à notre
» domicile. Mon père n'avait pas perdu un seul instant
» cette sérénité qui lui est habituelle. Un de ces hommes
» lui dit en lui prenant la main : « Tu es un bon citoyen ;
» au moins, tu en as l'air ? — Je crois, mon ami, avoir
» l'air et la chanson. — Qui t'a dénoncé ? quels sont tes
» ennemis ? nomme-les-moi, je vais leur faire leur affaire,
» ajouta ce nouvel ami. — Hélas ! mon garçon, reprit mon
» père, comment veux-tu que j'aie des ennemis ? je n'ai
» jamais fait de mal à personne. »

Cazotte, absous par la populace, ne le fut pas par les
maîtres de ce temps-là ; on l'arrêta de nouveau quelques
jours après sa délivrance. On lui avait conseillé d'émigrer :
« Oh ! que non ! répondit-il ; j'aime bien mieux mourir en
France : peut-être serai-je encore un peu utile avant de
m'en aller. »

Elisabeth accompagna encore son père dans sa nouvelle
prison ; mais cette fois elle ne put rien pour lui, le vieillard porta sur l'échafaud sa tête vénérable blanchie par les
années. Comme si on eût craint encore l'influence de cette

jeune fille si courageuse et si dévouée, on la retint prisonnière pendant tout le cours du procès.

« Je leur pardonne, disait Cazotte en allant à la mort :
mais pourquoi ne me laisse-t-on pas embrasser ma pauvre
Elisabeth? »

Mademoiselle Cazotte fut elle-même inculpée, mais
absoute. La douleur qu'elle ressentit de la mort de son
père l'affecta si vivement qu'elle mourut quelque temps
après cette fatale catastrophe.

Il ne faut pas oublier,
parmi les héroïques vic-
times de septembre, cette
jeune et charmante prin-
cesse de Lamballe, qui
succomba si affreuse-
ment. Conduite devant
le tribunal de Maillard,
à la vue de ces hommes
assis devant une table
rougie par le vin et le
sang confondus, elle s'é-
vanouit. A peine eut-elle
repris ses sens, que
son interrogatoire com-
mença. « Qui es-tu? — Marie-Louise de Savoie. — Quelle
est ta qualité? — Surintendante de la maison de la reine.
— Jure la liberté, l'égalité, la haine du roi et de la

7

royauté. — Je jurerai facilement les deux premières,
répondit-elle avec douceur ; je ne puis jurer haine au roi,
puisque je l'aime de tout mon cœur.

Un des assistants, ému à la vue de cette belle et courageuse personne, lui dit tout bas : « Jurez donc ! Si vous ne
jurez pas, vous êtes morte. » Cette malheureuse princesse
ne répondit rien ; elle se couvrit les yeux avec les mains et
fit un pas vers le guichet. Alors un des juges prononça le
mot fatal : *Qu'on élargisse madame !* La princesse était à la
Force, et c'était dans cette prison le mot convenu pour
désigner les victimes. On la conduisit sous un guichet ; sur
le seuil de la porte, celui qui déjà lui avait manifesté son
intérêt lui dit : « Criez vive la nation ! Criez, criez donc ! »
lui disait-il avec impatience. Mais cette pauvre femme était
tellement effrayée à la vue du sang et des cadavres, qu'elle
se voila de nouveau la vue et fit un pas en avant. Un premier coup de sabre tomba sur cette belle tête ! Bientôt tout
son corps fut en lambeaux. Nul ne périt plus noblement
que cette jeune femme.

Mademoiselle de Soissande était d'une des premières
familles de Carpentras ; elle fut accusée avec sa
mère, en 1793, et mise en prison comme *suspecte* :
c'était la grande accusation de ce temps-là. Les
deux accusées furent condamnées à la peine de
mort. Mademoiselle de Soissande avait une figure
angélique ; le bourreau, qui l'avait vue en prison,
avait eu la singulière idée de la demander en
mariage aux magistrats, qui la lui accordèrent. Au moment

de marcher au supplice, cet homme vint lui annoncer que
si elle veut consentir à devenir sa femme, on l'autorise à
lui promettre sa grâce. D'abord cette proposition la révolte ; la fatale charrette l'attendait. Sa mère paraît ! A sa
vue son cœur s'émeut ; ce qu'elle ne voulait pas faire pour
elle-même, elle le fera pour cette mère chérie. « Ma mère,
dit-elle au bourreau, sera-t-elle libre avec moi ? — Non, ré-
pond-il ; vous seule. — Alors, marchons, » reprit-elle avec
fermeté.

Toutes les jeunes filles qui ont montré du courage dans
ces temps difficiles n'ont pas payé de leur vie leur noble
dévouement.

Mademoiselle de Puzzi habitait Auxonne, petite ville en
Bourgogne. Au commencement de la révolution, elle passait
dans une rue qui était encombrée par un rassemblement
tumultueux d'hommes et de femmes du peuple. Elle s'approche, et comprend que cette populace veut se porter sur
le château qu'habitait madame de Rancé, à peu de distance
de la ville, pour le piller. Ce château n'était habité que
par la châtelaine, sa nièce et un domestique. Mademoiselle
de Puzzi se hâte de rentrer chez elle, rassemble ses domestiques et quelques braves gens du voisinage, et se hâte
de courir au château de madame de Rancé. Les pillards
l'avaient devancée de quelques minutes et étaient en train
de prendre tout ce qui était prenable. Mademoiselle de
Puzzi s'avance au milieu, les exhorte, les prie de cesser
un pareil brigandage. Les prières ne réussissant pas, elle
essaya de la menace.

« Attends, attends, dit un des pillards ; je vais te faire taire, aristocrate ! Mêle-toi de tes affaires et laisse-nous faire les nôtres. »

A ces mots, il s'avança armé d'un gros bâton noueux pour la frapper.

A cette vue, mademoiselle de Puzzi saisit une espèce de sabre dans la main d'un homme qui était près d'elle, et se mit en mesure de se défendre. Aussitôt les assistants se divisent en deux camps; un combat commence. A la tête des siens, mademoiselle de Puzzi se jette au milieu des pillards, abat à ses pieds celui qui l'avait menacée et qui avait excité ses camarades; ceux-ci, voyant tomber leur chef, hésitent et reculent.

Mademoiselle de Puzzi profita de ce moment pour les exhorter à renoncer à leur odieux projet. On l'écouta, on l'applaudit. Les pillards sortent du château et reviennent à Auxonne, entourant avec respect cette jeune fille de dix-huit ans qui les avait empêchés par son courage de commettre une lâcheté et un crime.

LILIA FUNDANA.

Lilia Fundana naquit à Rome l'an de Jésus-Christ 99. Elle était fille du consul Fundanus. On n'a sur cette jeune Romaine d'autres documents historiques qu'une lettre de Pline le Jeune. Cette lettre la fait connaître et aimer; nous ne pouvons mieux faire que d'en donner une traduction.

« Je vous écris accablé de
» tristesse, mon cher Marcel-
» lin; la plus jeune fille de
» notre ami Fundanus vient
» de mourir. Je n'ai jamais
» vu une personne si jolie, plus aimable, plus digne non-
» seulement de vivre longtemps, mais de vivre toujours.
» Quoiqu'elle ne fût encore que dans sa treizième année,
» elle montrait toute la prudence de l'âge avancé. On

» remarquait dans son extérieur toute la noblesse et la
» décence d'une femme bien née, et tout cela cependant
» ne lui ôtait rien de cette innocente pudeur, de ces grâces
» naïves qui plaisent tant dans l'enfance.

» Avec quelle simplicité ne demeurait-elle pas attachée
» au cou de son père ! avec quelle douceur, quelle modestie
» ne recevait-elle pas ses connaissances et ceux qu'elle
» aimait ! avec quelle équité ne partageait-elle pas sa ten-
» dresse entre sa nourrice et les maîtres qui avaient cultivé
» ou son esprit ou ses mœurs ! Pouvait-on étudier avec plus
» d'application et des dispositions plus heureuses ? pouvait-
» elle mettre moins de temps et plus de circonspection
» dans ses divertissements ?

» Vous ne sauriez imaginer, mon cher Marcellin, la
» retenue, la patience et la fermeté de cette aimable et sage
» enfant pendant sa maladie. Docile aux médecins, singu-
» lièrement attentive à consoler son père et ses sœurs,
» après que toutes ses forces l'eurent abandonnée, elle se
» soutenait encore par le seul courage de sa belle âme. Il
» l'a accompagnée jusqu'à la dernière extrémité, sans que
» ni la violence du mal ni la crainte de la mort soient par-
» venues à l'abattre. C'est ce qui contribue surtout, ô mon
» cher Marcellin ! à mettre le comble à notre douleur et à
» nos regrets.

» O mort vraiment funeste et prématurée !... Mais appre-
» nez une conjoncture plus cruelle encore que la mort
» même. Lilia Fundana était sur le point d'épouser un
» jeune homme rempli d'excellentes qualités. Le jour était
» pris pour les noces ; nous étions déjà invités. Hélas ! quel
» changement ! quelle horreur succède à tant de joie ! Je
» ne saurais vous exprimer de quelle tristesse je me suis
» senti pénétré quand j'ai entendu Fundanus lui-même

» ordonner que tout ce qu'il avait destiné en bijoux, en
» perles, en étoffes, en diamants, fût employé en baumes,
» en essences, en aromates, en parfums et en manteaux
» de deuil.

» Vous le savez, Fundanus est un jeune homme savant
» et sage; dès sa plus tendre jeunesse il s'est formé la raison
» par les sciences et par les beaux-arts; mais aujourd'hui
» il ne tient nul compte de tout ce qu'il a ouï dire et de
» tout ce qu'il a dit lui-même. Enfin toutes ses vertus sem-
» blent s'évanouir pour céder à sa seule douleur.

» Au reste, mon cher Marcellin, vous n'aurez pas de
» peine à l'excuser, vous le louerez même quand vous son-
» gerez au trésor qu'il vient de perdre. Lilia n'avait pas
» seulement la manière, l'air et les traits de son père,
» mais on pouvait l'appeler son portrait et un autre lui-
» même, tant elle lui ressemblait dans ce qu'il y a ne mieux
» pour la figure et pour les vertus.

» Si donc vous lui écrivez sur un si triste sujet de chagrins
» et de larmes, souvenez-vous de mettre moins de force et
» de raison dans votre lettre que de compassion et de dou-
» ceur dans vos exhortations. Le temps ne contribuera pas
» peu à les lui faire goûter. De même qu'une plaie toute
» récente appréhende la main du chirurgien, et que dans
» la suite elle la souffre et la souhaite, ainsi l'affliction pro-
» fonde se révolte d'abord contre l'appareil des arguments
» qu'on se hâte d'accumuler pour la guérir; mais peu après
» elle les cherche et se rend insensiblement aux consola-
» tions ménagées avec adresse. »

Qui de vous, enfants, ne s'estimerait heureux d'obtenir
les éloges que Pline a donnés à la jeune Fundana ? S'il est
beau de vivre dans le souvenir des hommes par l'éclat du
talent, combien n'est-il pas plus doux de conquérir l'im-

mortalité par les vertus douces et faciles! Tous vous pou-
vez prétendre à ce glorieux souvenir. Les talents vous font
admirer; un bon cœur, une vie consacrée au bonheur de
ceux qui vous entourent, vous font aimer d'eux pendant
votre vie et font verser sur votre tombe des pleurs éternels.

Janet Longs

St. Agnes

VALENTINE D'HÉROUVILLE.

Vers le milieu du mois de décembre 1759, les habitants de la petite rue de la Sourdière Saint-Honoré, à Paris, furent bien étonnés de voir s'arrêter devant une auberge d'assez chétive apparence une des brillantes voitures de la cour. Pareille chose n'était jamais arrivée; aussi le royal carrosse fut-il bientôt entouré de tous les oisifs, de tous les passants, de tous les curieux du quartier, qui, après une attente de quelques minutes, y virent monter une jeune fille d'environ dix ans; elle était accompagnée d'une femme qui paraissait être sa mère.

8

Cette enfant était charmante ; on sut bientôt par la maîtresse de l'auberge qu'elle s'appelait Valentine d'Hérouville, qu'elle était de Chartres, qu'elle arrivait tout récemment de sa ville natale, et qu'elle se rendait à Versailles, où le roi l'avait appelée.

Valentine était d'une bonne famille, mais peu fortunée. Toute jeune elle avait montré beaucoup de dispositions pour la musique, et sa mère avait tout sacrifié au développement de ses dispositions. Des maîtres habiles avaient été donnés à l'enfant qui, à l'époque où commence cette histoire, était un petit prodige. Le roi Louis XV ayant entendu vanter ses talents précoces, la fit venir à Versailles et l'envoya chercher dans un de ses carrosses.

Bien qu'il soit de notre sujet de parler des enfants qui se sont illustrés par leurs talents, ceux que possédait Valentine d'Hérouville ne nous auraient pas seuls engagé à écrire la vie de cette jeune personne. Ils furent comme un fruit qui s'annonce au printemps sous les plus belles apparences, mais des insectes nuisibles se glissant jusqu'au cœur pendant l'été, le minent, le gâtent ; il tombe bientôt ignoblement avant la maturité. L'existence de Valentine, au commencement si brillante, eut une triste fin : elle est pleine d'enseignements utiles. Jusqu'ici nous n'avons parlé que d'enfants qui ont mérité l'admiration ; il nous a paru bon de parler une fois au moins de ceux qui ont profané les dons précieux que Dieu leur avait faits, afin que leur châtiment serve d'exemple et que l'histoire de leur vie inspire une salutaire horreur.

Valentine était depuis longtemps déjà habituée aux éloges, aux flatteries les plus exagérées ; elle avait conçu d'elle-même une très-haute opinion ; elle se présenta au milieu de la cour avec aisance et sans timidité ; elle toucha du clavecin avec succès. Le vieux et célèbre Rameau la

complimenta, le roi applaudit, et la reine, cette belle et
gracieuse fille de Stanislas, dont la première passion était
de faire du bien, embrassa la jeune musicienne et lui fit
de riches cadeaux.

Dès ce moment, Valentine fut souvent reçue à la cour;
elle y fut fêtée d'abord comme un enfant aimable; elle y
fut plus tard recherchée comme une jeune personne très-
jolie.

Valentine était née avec le germe des plus belles qualités:
bien faite de sa personne, elle était gracieuse; d'un esprit
vif, elle était aimable. Sa mère n'avait été préoccupée que
d'une seule chose : elle n'avait dans l'éducation de sa fille
cherché qu'à développer tous ses avantages extérieurs.
Excellente musicienne, Valentine était encore une dan-
seuse parfaite. La danse de nos jours n'est plus qu'un

plaisir facile ; à cette époque c'était un art. Ignorante de
toutes choses, Valentine était pourtant spirituelle; elle
possédait l'art de dire avec charme de longs riens, d'entre-
tenir une conversation sur la pointe d'une aiguille. Elle
était audacieuse, s'appropriant facilement toutes les richesses que d'autres répandaient dans leurs entretiens. Sa
jeunesse, toujours occupée par ses études de musique, par
ses exercices de danse, dissipée dans les soirées et les bals,
n'avait jamais été initiée par une mère attentive aux travaux du ménage; elle n'avait pas été habituée à cet ordre,
à cette sage économie qui fait la vie douce, facile, agréable, trésor précieux dont l'opulence ne peut pas plus se
passer que la pauvreté.

Que de jeunes personnes de nos jours ressemblent à ce
portrait! Il existe parmi nous un préjugé fâcheux. On veut
trop faire un état, une existence de ce qui ne devrait être
qu'un noble jeu du cœur, une honorable distinction de
l'esprit. Tout le monde aujourd'hui veut être artiste.

Il n'est plus piquant mais il est toujours vrai de dire
qu'on trouve des pianos jusque dans ces loges étroites,
enfumées, infectes, des portiers de Paris, dont les filles
ont la réputation de fournir de nombreuses élèves au Conservatoire.

Un enfant montre-t-il quelques dispositions pour un art
quelconque, les parents le croient aussitôt appelé à devenir
un maître célèbre. Tout est employé pour lui faciliter
l'étude de cet art; trop souvent, hélas! l'enfant qui aurait
été un ouvrier utile, intelligent, un heureux laboureur,
ne devient que ce qu'on appelle ironiquement de nos jours
un génie incompris; la misère dévore son existence. Heureux quand il ne cherche pas dans le crime une fortune
qu'il ne peut conquérir par le talent!

Valentine, avec ses avantages et ses défauts, était comme dans sa sphère naturelle au milieu de la cour de Louis XV; cour polie, mais corrompue, futile, légère et brillante. Elle y fut surtout remarquée par le marquis de L......, officier déjà un peu âgé; il la demanda en mariage alors qu'elle avait à peine seize ans.

Le marquis de L..... était un homme de sens, mais séduit par la beauté et l'esprit de Valentine. Quoiqu'il ne fût pas riche, il pouvait vivre dans une heureuse aisance : sa position dans le monde était des plus honorables.

Pour la mère de Valentine, il n'en fallut pas davantage : elle trouva ce mariage très-convenable. La différence des âges ne l'inquiétait pas; quant au caractère du marquis, à ses mœurs, à ses habitudes, on ne s'en enquit pas plus que lui-même ne s'était informé de Valentine.

Pour Valentine, ce qu'elle envisageait surtout dans cette union qui enchaînait à jamais son existence à celle d'un autre, c'est qu'elle s'appellerait désormais madame, qu'elle pourrait sans inconvenance aller et venir seule par la ville, qu'elle aurait une toque à plumes, un châle de cachemire et des diamants.

Rêves insensés de jeunes filles, que de femmes malheureuses vous avez faites !

Valentine n'avait pas seize ans quand elle devint madame la marquise de L....

Déjà son talent de musicienne n'avait plus rien d'extraordinaire; des leçons habiles, des études constantes l'avaient faite une enfant prodige ; mais comme elle n'avait pas cette vocation, on ne peut plus rare, qui fait les grands artistes, elle ne put dépasser la limite tracée à tous les talents imitateurs. Elle ne recevait déjà plus les éloges donnés à son enfance. Elle plaisait encore, mais elle n'étonnait plus.

Le marquis de L.... avait atteint cet âge où les fêtes, les bals, les dissipations n'ont plus de prestiges. Il avait imprudemment espéré que Valentine, par sa beauté, ses talents, sa jeunesse animerait et embellirait son intérieur : mais il fut bientôt détrompé. Le talent peut beaucoup pour l'agrément et le plaisir des autres, rarement peut-il quelque chose pour leur bonheur. Valentine n'aimait pas son art pour lui-même, mais pour les applaudissements qu'il lui attirait ; et quand elle n'eut plus pour spectateur que son mari, elle sentit son goût décroître de jour en jour. N'ayant aucune connaissance positive, elle ne pouvait prendre intérêt à la conversation spirituelle mais sérieuse du marquise de L..... Accoutumée à la dissipation, elle regardait comme un malheur de rester chez elle ; accoutumée aux éloges et n'en recevant plus, elle était maussade, chagrine. Le marquis de L..... aimait les doux et tranquilles plaisirs du foyer domestique : Valentine les détestait. Incapable de se contraindre et d'obéir, elle heurtait chaque jour les goûts et les opinions de son mari : la mésintelligence se mit bientôt dans ce ménage formé sous de riants auspices.

Depuis un an à peine ils étaient unis, que Valentine avait, malgré les ordres de son mari, passé une nuit entière au bal. Le lendemain, saisissant cette occasion, le marquis de L..... entra dans l'appartement de sa femme.

« Madame, lui dit-il, j'ai reconnu l'impossibilité qu'il y a à ce que nous vivions désormais ensemble. En vous épousant sans fortune, j'avais espéré que je pourrais faire votre bonheur et que vous seriez au moins reconnaissante envers moi de ma bonne volonté. Vous êtes toujours cette jeune et belle femme que j'ai recherchée ; mais votre âme est aussi laide que votre corps est beau ; votre esprit est aussi de travers que votre taille est élégante et droite.

» Dieu vous a fait en vous créant belle un funeste présent. Vos aveugles parents, en consacrant toute votre jeunesse à un art qui n'est qu'agréable, vous ont perdue ; et moi, en vous épousant j'ai fait une folie qui empoisonnera toute ma vie. Je vous méprise autant que je vous aimais. Je vais quitter Paris pour n'y plus revenir ; une modeste pension vous sera remise ; si vous êtes sage, ce qu'il m'est impossible d'espérer, elle vous suffira ; si vous ne l'êtes pas, elle vous sera retirée et vous serez abandonnée à votre malheureux sort. — Je pars demain ; vous partirez aussi, madame : cette maison où nous sommes ne m'appartient plus. »

Valentine reçut ce coup avec hauteur ; elle aurait peut-être pu par un repentir sincère conjurer le malheur qui la frappait. Le sot est orgueilleux : elle ne voulut pas descendre à la prière.

Le lendemain une voiture de place vint la prendre et la conduisit à cette hôtellerie dont nous l'avons vue partir il y a sept ans dans le carrosse royal.

Abandonnée à elle-même, Valentine donna dans tous les écarts. Le peu d'amis qui lui étaient restés l'abandonnèrent les uns après les autres. Elle ne fut bientôt plus qu'un objet de pitié et de mépris.

Il importe peu, enfants, que vous soyez savants, musiciens, poëtes ; mais ce qui vous importe beaucoup, c'est que vous soyez vertueux, c'est que vous soyez d'un caractère facile, complaisant, aimable; c'est que vous soyez reconnaissants, que vous aimiez ceux qui vous entourent, et que vous vous en fassiez aimer. Ainsi, vous serez heureux et ferez le bonheur des autres.

Me.lle d'Hérouville   Jonet d'ungg

SAINTE AGNÈS.

Elle s'appelait Agneta
(petit agneau), nom pro-
phétique que sa douceur
lui avait fait donner, et
qui semblait désigner d'a-
vance le sanglant sacrifice
où, faible et innocente bre-
bis, elle se livrerait sans
se plaindre aux mains des
bourreaux chargés de l'é-
gorger. Agnès entrait dans
sa treizième année. C'é-
tait à Rome l'âge auquel
les lois permettaient à une jeune fille de se marier. Le
père d'Agnès possédait de grandes richesses, et elle était

recherchée par les fils des meilleures familles de Rome. Hélas! elle n'était pas faite pour ces brillants avantages, la sainte enfant! Déjà la grâce avait pénétré dans cette jeune âme, et tout ce que le monde pouvait lui offrir n'aurait aucun prix à ses yeux auprès de la couronne du martyre que le Seigneur lui préparait.

Cœcilius, le père d'Agnès, avait été proconsul en Asie, et c'est de ces riches contrées qu'il avait rapporté son immense fortune. Son épouse était morte en donnant le jour à Agnès, qui était son unique enfant. Il avait alors sollicité son retour à Rome, où depuis il vivait éloigné des affaires de l'empire, tout entier aux soins d'élever sa fille. La jeune enfant répondit bientôt à la sollicitude paternelle. Dès ses plus tendres années, elle montrait une obéissance, une patience à toute épreuve dans les leçons qu'on lui donnait. Elle était charmante; son père en était fier, et il avait pour elle une affection qui aurait pu aller jusqu'à la faiblesse. L'aimable enfant ne profitait de ce pouvoir que pour faire du bien. Si quelqu'un des nombreux esclaves de son père avait une grâce à implorer, c'était à la petite Agnès qu'il s'adressait, et presque toujours il était sûr de l'obtenir. Ce fut à cette bonté de cœur, qui était le fond de son caractère, qu'elle dut le bienfait de sa conversion.

Cœcilius avait conservé de ses fonctions des habitudes de dureté et de colère qui l'emportaient quelquefois outre mesure contre les esclaves qui avaient le malheur de tomber dans quelque faute. Un jour il en faisait fouetter un devant lui pour avoir brisé un meuble précieux. Le malheureux poussait des cris déchirants qui pénétrèrent jusque dans l'atrium, salle réservée aux femmes, où Agnès commençait à se livrer aux travaux de son sexe. Elle se lève, elle accourt, et, avant qu'on ait pu deviner son dessein, elle se précipite devant le pauvre esclave, l'embrasse de ses petits bras, et reçoit pour lui un des coups qu'on lui destinait. Ainsi, avant d'être chrétienne, cette âme privilégiée semblait avoir l'instinct de la morale évangélique, qui lui montrait un homme et un frère dans le misérable qu'on traitait si cruellement.

Agnès s'attacha de toute sa force à l'exécuteur, et ne le quitta point qu'elle n'eût obtenu la grâce du patient. Le malheureux versait sur elle des larmes d'attendrissement et de reconnaissance. Cœcilius, quoiqu'il ne pût comprendre que sa fille se dévouât ainsi pour un de ces êtres que les Romains de ce temps regardaient à peine comme une bête de somme, était lui-même tout ému, et sentait ses larmes prêtes à couler.

Cette scène avait attiré tous les habitants de la maison.

On sait qu'il y avait chez les Romains plusieurs sortes d'esclaves. Le plus grand nombre était employé aux plus vils travaux. Mais certains d'entre eux à qui l'on avait enseigné les lettres et les arts, et dont la conduite était éprouvée, occupaient dans la maison des fonctions plus relevées et recevaient un meilleur traitement.

Une jeune esclave grecque, attachée à la personne d'Agnès, était chargée des premiers soins de son éducation : cette esclave était chrétienne. Elle avait pour sa jeune maîtresse un profond attachement; mais Agnès, qui avait alors six ans, ne lui semblait pas encore d'un âge à recevoir les sublimes vérités de l'Évangile. Ce bel acte du dévouement de l'enfant la décida, et elle résolut de gagner à Dieu cette âme où les vertus n'avaient pas attendu les années.

Dès le même jour, elle entreprit sa conversion. Le cœur d'Agnès s'ouvrit avec reconnaissance aux touchants enseignements du christianisme, qu'elle avait pratiqués, pour ainsi dire, avant de les avoir connus. Bientôt elle fut initiée à toutes les grandes vérités de l'Évangile. Elle ne fit que redoubler d'affection pour son père et de charité pour les autres. Personne ne s'aperçut de son changement de religion; car l'esclave qui l'avait convertie la pria de n'en point instruire son père avant qu'elle n'eût reçu le baptème, qui, à cette époque, ne se conférait d'ordinaire aux jeunes gens que quelque temps avant leur mariage.

Quoique la persécution ne fût pas alors en vigueur contre les chrétiens, ils ne se livraient point encore publiquement à l'exercice de leur culte; et comme les mœurs romaines ne permettaient pas qu'une jeune fille s'absentât de chez son père sans ses ordres formels et sans être accompagnée d'un cortége d'esclaves, Agnès ne put faire aucune démarche pour remplir les devoirs de sa nouvelle religion, et elle dut pendant plus de six ans se contenter des seules instructions de son esclave. Mais la grâce y avait suppléé; et la jeune néophyte avait pris un tel goût pour les plus sublimes vertus chrétiennes, que dès qu'elle fut en âge d'apprécier la grandeur de son sacrifice, elle se consacra tout entière au Seigneur, et lui jura au pied de son image qu'elle n'aurait jamais d'autre époux que Jésus-Christ.

Bientôt les persécutions, quelque temps suspendues sur les chrétiens, se ranimèrent avec une nouvelle fureur. Le paganisme tentait un dernier et violent effort contre la religion du Christ, dont la morale, si pure et si favorable à l'humanité, après avoir jeté ses racines dans les derniers rangs, gagnait insensiblement les classes supérieures de la vieille société romaine. Dioclétien allait quitter la pourpre des Césars pour rentrer dans la vie privée: mais avant d'abandonner les rênes de l'empire, qu'il avait tenues d'une main si ferme pendant plus de vingt années, il avait malheureusement accordé aux perfides instances de Galérius, son successeur, le dernier édit de persécution contre les fidèles. Maximien, qui gouvernait l'Occident, l'exécutait dans la partie de l'empire soumise à ses lois avec toute la rigueur que lui inspirait un penchant naturel à la cruauté; et le sang des martyrs coulait chaque jour sur les places et dans les amphithéâtres de Rome.

Quand le dernier édit persécuteur de Dioclétien vint frapper l'Église, Agnès, entrait dans sa treizième année. On parlait de sa beauté comme d'une merveille. Une expression angélique de douceur, reflet de sa belle âme, répandait sur ses traits un charme indéfinissable. Dans la foule des jeunes Romains qui recherchèrent sa main, se trouvait un patricien, fils d'un sénateur, ami intime de

Cœcilius, avec qui il avait autrefois été tribun dans la même légion. Ce jeune homme, appelé Lucius, était lui-même déjà édile, et il devait, par son mérite et le crédit de son père, parvenir aux premières charges de l'empire.

C'était la coutume chez les Romains de faire précéder la célébration des mariages par une cérémonie qu'on appelait les fiançailles. Dans une réunion de parents et d'amis, chez le père de la jeune fille, on dressait avec un certain appareil les articles du contrat, et le futur époux remettait à sa fiancée un anneau, symbole de l'union qu'ils allaient contracter. Toutes les fois que le père d'Agnès avait voulu lui parler de ses projets de mariage avec Lucius, la jeune fille, évitant de répondre, s'était retirée en rougissant. Cœcilius ne voyant dans cette conduite de sa fille que les appréhensions d'une chaste timidité, et ne lui supposant aucun motif de s'opposer à son dessein, avait cru qu'il lui suffirait de la mettre dans la nécessité de répondre, et, sans la consulter, il avait tout préparé pour la cérémonie des fiançailles.

Le jour venu, tous ses amis étaient réunis chez lui. Cœcilius alla dans l'atrium prendre sa fille par la main, et il l'amena au milieu de l'assemblée.

Au premier coup d'œil, apercevant Lucius et son père, la jeune vierge a compris ce que l'on attend d'elle. Elle voit enfin qu'elle ne peut garder plus longtemps le silence. Elle lève les yeux au ciel et elle s'arme d'un saint courage; mais elle songe aux poignantes atteintes qu'elle va porter au cœur de son père, et jetant sur lui un regard de pitié et de résignation, elle confesse qu'elle est chrétienne et qu'elle a consacré à Dieu une virginité dont elle ne peut plus disposer. Toute l'assemblée pousse un cri de surprise. Le malheureux Cœcilius, aveuglé par ses pré-

jugés contre le christianisme, atterré de voir sa fille chérie.
sa fille unique, se vouer, avec une secte qu'il regarde
comme impie, aux coups d'une terrible proscription, se
jette à ses pieds, et la presse par les noms les plus chers de
renoncer à sa nouvelle croyance. Sans doute, cette épreuve
fut plus douloureuse et plus terrible pour le cœur sensible
d'Agnès que celle qu'il lui fallut subir peu après au milieu
des tourments. Mais Dieu lui vint en aide. Lucius, indigné,
voyant que Cœcilius ne gagnait rien par ses prières, me-
naça Agnès, si elle persistait, de la dénoncer aux magistrats. Les cœurs bons et généreux peuvent se laisser toucher
par les prières : par les menaces, jamais. Les imprudentes
paroles de Lucius ranimèrent aussitôt tout le courage
d'Agnès et la rappelèrent à la pensée du martyre. « Mon
père, dit-elle en pleurant, si pour sécher vos pleurs il ne
fallait que ma vie, je suis prête à la donner ; mais Dieu est
mon père avant vous, et je dois lui être fidèle. » A ces
mots, elle se retira, laissant l'assemblée partagée entre la
douleur et l'admiration.

Au milieu de la nuit qui suivit cette
scène, Agnès et son esclave chemi-
naient furtivement à travers les rues
de Rome. Elles évitaient de se parler.
L'esclave se retournait de temps à
autre, et écoutait attentivement si on
ne les suivait pas. On était alors au
plus fort de l'hiver. Une bise humide
sifflait entre les édifices et attachait
sur les vêtements des deux voyageuses un givre glacé.

Une profonde obscurité régnait sur la ville éternelle.
Agnès était transie; mais son courage surmontant sa souffrance, elle marchait sans proférer une plainte, attachée
au bras de l'esclave. Après une marche de plus d'une
heure, arrivées hors de l'enceinte de Rome, elles fran-
chirent l'entrée resserrée d'une vaste caverne et s'enfon-
cèrent dans ses sombres profondeurs. Là l'obscurité était
encore redoublée et le sol du souterrain était formé de
pierres en saillie qui déchiraient les pieds délicats de la
courageuse Agnès. Mais déjà on entendait dans le lointain
des chants mélancoliques et pieux. «Ce sont, dit l'esclave, les chants de nos frères. — Courons,» répond
Agnès; et elle ne sent plus ses souffrances.

Elles arrivèrent bientôt au lieu où étaient assemblés les
chrétiens. Le souterrain, s'élargissant après un détour,
formait une sorte d'amphithéâtre. De nombreux flambeaux
répandaient dans ce lieu une brillante clarté, et d'un foyer
placé près de l'autel du Christ s'élevait un nuage de fumée
odorante. A la lueur des flambeaux, on apercevait dans
l'enfoncement de larges pierres tumulaires chargées d'in-
scriptions, des urnes funèbres rangées en cercle et ados-
sées contre la muraille. Ces souterrains, appelés Catacombes, avaient autrefois servi de sépulture aux Romains;
et les chrétiens devaient sans doute à la vénération que
les païens avaient pour ces demeures de la mort de n'être
pas poursuivis dans ce dernier asile. C'est là que, dans les
temps de persécution, les fidèles de Rome transportaient
les objets qui servaient au culte, qu'ils recueillaient les
restes de leurs martyrs, et qu'ils pouvaient s'assembler avec
quelque tranquillité. Ainsi, par un singulier rapprochement de circonstances, cette religion, qui s'occupe surtout
de la destinée de l'homme après la mort, devait prendre

ses premiers accroissements au milieu des tombeaux.

Les chants avaient cessé. Un vénérable vieillard, revêtu des ornements sacerdotaux, distribuait du pain et du vin aux fidèles assemblés. Ce vieillard était Marcellin, évêque de Rome. La foule était alors dans un pieux recueillement. Agnès et sa compagne s'agenouillèrent en attendant la fin du sacrifice.

Dès qu'il fut terminé, l'esclave s'avançant avec Agnès au-devant du pontife : « Vénérable Marcellin, dit-elle, j'amène à nos frères une jeune vierge, déjà chrétienne depuis longtemps, et qui n'attend plus que la régénération du baptême pour traverser les épreuves auxquelles sont aujourd'hui condamnés les enfants du Christ. » Jetant sur Agnès un regard de bonté, Marcellin l'interroge sur les vérités de la religion, et aux réponses d'Agnès, il ne peut revenir de sa surprise en voyant dans un âge si tendre toute l'instruction et la sagesse des confesseurs du Christ. Enfin, racontant ce qui s'était passé la veille et la menace qui lui avait été faite : « Mon père, dit Agnès d'une voix douce mais ferme, peut-être serai-je appelée demain à confesser Jésus-Christ dans les tourments, et je viens vous demander le sacrement qui doit soutenir ma faiblesse ; mais, ajouta-t-elle d'une voix plus mélancolique, ce n'est pas tant la mort et les tortures que je crains. Je vais plonger dans la plus mortelle douleur un père qui n'a plus que moi seule au monde ; et c'est contre mon cœur, qui se soulève à cette pensée, que je viens implorer auprès de vous le secours de mon Dieu. » Toute l'assemblée gardait un religieux silence, écoutant Agnès avec attendrissement, et l'on entendait sa voix d'ange se répéter comme une suave harmonie dans les échos des Catacombes.

Marcellin contemplait la jeune vierge les larmes aux

10

yeux. Il ressentait les angoisses de cette belle âme où deux vertus, la tendresse filiale et l'amour de Dieu, se livraient un si déchirant combat. Après s'être profondément recueilli et prenant un ton inspiré : « Ma fille, dit-il, la religion, il est vrai, vous impose aujourd'hui un cruel sacrifice; mais Dieu, rémunérateur de toutes les vertus, saura payer ce sacrifice d'un prix inestimable à vos yeux. Croyez-en la parole mystérieuse que le Seigneur vient de me faire entendre; il appellera bientôt à sa sainte religion l'auteur de vos jours, et vous retrouverez dans le ciel celui que vous allez laisser inconsolable sur la terre. »

Alors Marcellin accomplit les cérémonies du baptême d'Agnès; ce sacrement, comme nous l'avons remarqué, ne se conférait qu'à l'époque où les jeunes gens avaient atteint l'âge de puberté. Tous ceux qui assistaient à la cérémonie, et qui y joignaient leurs prières, étaient en quelque sorte les parrains du néophyte; mais deux ou trois chrétiens se portaient particulièrement caution de sa conduite future, inscrivaient leurs noms sur les actes de son baptême, et formaient avec lui une liaison plus intime. C'était à ceux-là que le titre de parrain était surtout accordé. Parmi les fidèles assemblés aux Catacombes se trouvaient deux vieillards qui avaient souffert d'horribles tortures dans la dernière persécution. Ils voulurent être les parrains d'Agnès. Glorieux patronage sous les auspices duquel elle allait recevoir bientôt le baptême du sang. Agnès, conduite par eux, fut plongée dans l'onde régénératrice. C'était un spectacle touchant et sublime de voir à la lueur des flambeaux, au fond de ces sombres souterrains, cette figure de vierge dans tout l'éclat de la jeunesse et de la beauté entre ces deux vieillards ployés sous les années et défigurés par les profondes cicatrices du martyre. Après avoir versé

sur le front d'Agnès l'huile sainte, Marcellin lui offrit le
pain et le vin pour achever son entière communion avec
les fidèles.

Et aussitôt la jeune chrétienne et sa compagne se hâtè-
rent de regagner la demeure de Cœcilius, où l'on ne s'é-
tait pas aperçu de leur absence.

Le lendemain, le jour paraissait à peine, qu'un officier et
des soldats venaient réclamer Agnès pour la conduire auprès du juge. Lucius avait en effet exécuté sa menace.

Déjà le bruit s'était répandu que la fille de Cœcilius allait
être jugée comme chrétienne, et l'intérêt qui s'attachait à

sa jeunesse et à ses aimables vertus avait attiré sur ses pas une foule nombreuse. Comme il s'agissait d'une jeune personne de distinction, le tribunal présentait un aspect plus sévère et plus imposant que de coutume. Le préteur, qui le plus souvent, dans ces sortes de jugements, déléguait ses fonctions à des juges subalternes, avait voulu siéger lui-même ce jour-là.

Agnès s'avança, montrant dans sa démarche autant de fermeté que de réserve et de résignation. Le préteur commença par lui parler avec bonté. Après lui avoir adressé quelques réprimandes sur ce qu'elle voulait abandonner le culte des dieux de l'empire pour se livrer à une secte proscrite et méprisée, il lui fit entrevoir la mort qui la menaçait, elle si jeune et qui pouvait prétendre à une si brillante destinée.

« Les mépris sont notre gloire, répond Agnès, et la mort n'est que le commencement de notre vie.

— Mais votre père, lui dit le juge, l'oubliez-vous, Agnès? »

C'était toucher la plaie douloureuse du cœur de la jeune chrétienne. En ce moment, elle leva les yeux et reconnut dans l'assemblée son malheureux père qui lui jetait des regards suppliants. Agnès tressaillit; mais elle se rappela la prédiction de Marcellin.

« O mon père, s'écria-t-elle, pardonnez-moi votre douleur; un jour vous vous applaudirez de ce sacrifice. »

Puis elle détourna les yeux par un sublime effort de courage.

Le préteur voulut essayer de lui parler de Lucius.

« C'est faire injure à l'époux, répond Agnès, que d'attendre un autre attachement. Celui qui m'a choisie le premier me recevra. Pourquoi tarder, ô bourreau? Périsse ce corps qui peut être aimé par des yeux dont je rejette les hommages. »

Le juge, voyant tous les moyens inutiles, prononça la sentence. Par considération pour le père d'Agnès, peut-être aussi par pitié pour cette tendre victime, il voulut lui épargner l'horreur des tortures, et la condamna à être décapitée.

Ce fut en vain que Cœcilius et Lucius mirent en œuvre tous leurs amis pour arrêter l'exécution de cette sentence.

Lucius, en dénonçant Agnès comme chrétienne, n'avait pas voulu la livrer à la mort. Il espérait que l'appareil des tribunaux vaincrait une obstination qu'il ne pouvait com-

prendre. D'ailleurs, dans le cas où elle devait persister.
il comptait, par le crédit de son père et celui de Cœcilius.
être au moins en mesure de la soustraire aux exécuteurs.

Mais Galérius revenait vainqueur de la Perse plus puissant et plus redouté. Maximien, on l'a vu, était porté par
ses penchants cruels à exécuter sévèrement à Rome l'édit
que Galérius avait arraché à Dioclétien. Mais Galérius était
l'âme de la persécution, et son retour lui imprimait partout
une nouvelle fureur. On connaissait la haine aveugle et
féroce que sa mère lui avait inspirée contre les chrétiens ;
et la crainte qu'il répandait était telle dans tout l'empire,
qu'aucun juge n'aurait osé soustraire à la mort un des
malheureux qu'il persécutait.

Le courage d'Agnès ne se démentit pas un seul instant.
Son père, ne pouvant la sauver, s'était enfui tout éperdu
hors de Rome. Lucius désespéré s'était donné la mort.
L'heure du triomphe arrivait pour Agnès. « Elle marchait
vers le supplice, dit saint Ambroise, avec plus de plaisir
qu'une autre ne va au lit nuptial. » Intrépide sous les mains
sanglantes des bourreaux, immobile sous les anneaux pe-
sants des chaînes bruyantes, tantôt elle offre tout son
corps au poignard du soldat, encore novice dans l'art de
mourir et déjà prête à subir la mort ; tantôt elle glisse son
cou et ses deux mains dans les nœuds de fer ; mais aucun
nœud ne pouvait serrer ces membres délicats. Nouveau
genre de martyre encore inhabile à la peine et déjà mûre
pour la victoire, incapable de combattre, et facilement
capable d'être couronnée, elle donna, malgré son jeune
âge, le plus sublime exemple de vertu. Tous pleurent,
elle seule ne pleure pas. La foule curieuse et frémissante
témoignait hautement sa compassion. Le bourreau lui-
même s'émut de pitié à la vue de tant de beauté, de jeu-

nesse et de courage. Il essaya inutilement par quelques
mots d'ébranler sa constance Plusieurs fois il recula au
moment de porter l'instrument de mort sur cette victime
résignée, et il fallut toute la terreur du nom de Galérius,
qu'il entendit prononcer dans la foule, pour le forcer à
accomplir son horrible ministère. Agnès se tenait debout ;
elle pria, baissa la tête, et reçut le coup fatal.

« Nous avons donc, dit encore saint Ambroise, dans
une seule hostie un double sacrifice de pudeur et de religion : elle demeura vierge et obtint la palme du martyre. »

I est probable que ce martyre eut lieu
dans l'enceinte de Rome, à l'endroit
où s'élève aujourd'hui, sur la place de
Navone, la superbe église qui porte
son nom. Dans une chapelle souter-
raine élevée au lieu de son supplice,
on voit encore une statue de marbre
blanc, chef-d'œuvre de l'art, qui respire à la fois et la sainte résignation
du courage et l'aimable empreinte de
la pudeur. Son corps fut porté hors
de Rome et enterré sur le chemin de
Nomente. Du temps de Constantin on
construisit sur son tombeau une église,
réparée par le pape Honorius, et où
ses reliques furent trouvées sous le
pontificat de Paul V, qui les renferma
avec celles de sainte Émérentine dans
une châsse magnifique. Au jour de la fête de sainte Agnès,

l'abbé de Saint-Pierre-aux-Liens y bénit deux agneaux à la grand'messe, puis on les porte au pape, qui les bénit également. Les religieuses de Saint-Laurent font de la laine de ces agneaux les *pallium* que le saint-père envoie aux archevêques et évêques des siéges privilégiés. Ces pallium sont le symbole de la douceur et de la pureté.

Saint Ambroise et saint Augustin ont fait un panégyrique de la jeune martyre. Elle opéra, après sa mort, plusieurs miracles et répandit d'abondantes grâces, dont la plus chère pour elle fut la conversion de son père, qui, selon la prédiction de Marcellin, eut lieu lorsque la persécution cessa par l'avénement de Constantin à l'empire.

MARGUERITE DE VALOIS.

Marguerite de Valois était le huitième enfant de Henri II et de Catherine de Médicis. Ce fut une des femmes le plus extraordinaires du seizième siècle. Elle fut l'épouse de notre bon Henri IV. Elle cultiva et protégea les lettres. Elle a écrit elle-même son histoire avec une naïveté spirituelle.

Marguerite naquit le 14 mai 1552. Dès son plus jeune âge, on avait été frappé de retrouver dans sa figure presque tous les

11

traits de sa grande-tante, la célèbre Marguerite, reine de Navarre et sœur de François Ier, dont les chroniques nous ont laissé de si charmantes peintures. La petite princesse, montrant en même temps un goût décidé pour les belles-lettres qu'on lui enseigna, devait rendre cette ressemblance plus parfaite. Elle eut pour gouvernante madame de Curton, femme qui joignait une piété simple à l'instruction la plus étendue, et qui mit à développer l'intellignce supérieure de son illustre élève des soins aussi éclairés que consciencieux. A cette époque, encore toute proche de la renaissance, les lettres, il est vrai, n'étaient guère répandues dans les classes inférieures ; mais pour tout ce qui approchait de la cour, elles étaient l'objet d'un tel engouement, qu'elles devenaient l'affaire importante dans l'éducation d'une femme. Marguerite fit dans les langues savantes des progrès qu'on ne pouvait se lasser d'admirer. Elle en donna dans la suite une preuve bien remarquable. Lorsque l'évêque de Cracovie vint offrir la couronne de Pologne au duc d'Anjou, Marguerite était chargée du cérémonial de la réception. Le prélat fit sa harangue en latin. Aussitôt la princesse, sans aucune préparation, répondit dans la même langue avec élégance et facilité, reprenant un à un les articles du discours qu'elle venait d'entendre.

La conduite de Marguerite de Valois n'a pas toujours été exempte de reproches ; élevée à la cour dissolue du roi son père, elle ne put se défendre d'un certain penchant à la galanterie, qui ne s'accorde guère avec la science véritable et le bon sens qui la distinguaient. Elle eut cela de commun avec plus d'un grand homme. Elle montra dans son enfance plus de raison que dans son âge mûr.

Deux traits aussi touchants que remarquables, extraits

des mémoires que Marguerite elle-même a écrits, la feront connaître. Ces citations, et quelques autres que nous y joindrons dans le cours de ce récit, auront encore l'avantage de mettre sous les yeux de nos jeunes lecteurs des modèles du style naïf et gracieux de cette époque.

« N'ayant lors qu'environ quatre ou cinq ans, et mon père me tenant sur ses genoux pour me faire causer, il me

LOUISE.V

dit que je choisisse celui que je voulois pour mon serviteur, de M. le prince de Joinville, qui a depuis esté ce grand et infortuné duc de Guise, ou du marquis de Beaupréau, fils

du prince de la Roche-sur-Yon (en l'esprit duquel la nature, pour avoir trop fait l'effort de son excellence, excita
l'envie de la fortune jusques à luy estre mortelle ennemie,
le privant par la mort en son an quatorziesme des honneurs
et couronnes qui estoient justement promises à la vertu et
magnanimité qui reluisoient en son esprit); tous deux se
jouants auprès du roy mon père, moy les regardant. Je lui
dis que je voulois le marquis. Il me dit : « Pourquoi? il
n'est pas si beau » (car le prince de Joinville estoit blond
et blanc, et le marquis de Beaupréau avait le teint et les
cheveux bruns). Je luy dis pource qu'il estoit plus sage et
que l'autre ne peut durer en patience qu'il ne fasse tous les
jours mal à quelqu'un, et veut toujours estre le maistre :
augure certain de ce que nous avons veu depuis. »

Admirable raison d'une petite fille de quatre à cinq ans
qui sait préférer déjà les vertus solides à des qualités plus
brillantes, et qui semble porter sur un enfant, destiné à
devenir célèbre, un jugement prophétique que les événements ne devaient que trop confirmer.

L'autre trait de son enfance que rapporte encore Marguerite de Valois montre combien son esprit était juste et
ferme. « C'est la résistance que je fis pour conserver ma religion du temps du colloque de Poissy, où toute la cour
estoit infectée d'hérésie, aux persuasions impérieuses de
plusieurs dames et seigneurs de la cour, et mesme de mon
frère d'Anjou, depuis roy de France, de qui l'enfance n'a-
voit pu éviter l'impression de la malheureuse huguenoterie,
qui sans cesse me crioit de changer de religion, jetant souvent mes heures dans le feu, et en me donnant des psalmes
et prières huguenotes, me contraignant à les porter; lesquelles, soudain que je les avois, je les baillois à madame
de Curton, ma gouvernante, que Dieu m'avoit fait la grâce

de conserver catholique, laquelle me menoit souvent chez
le bon-homme M. le cardinal de Tournon, qui me con-
seilloit et fortifioit à toutes choses pour maintenir ma religion, et me redonnoit des heures et des chappelets au lieu
de ceux que m'avoit bruslé mon frère d'Anjou. Et ses
autres particuliers amis, qui avoient entrepris de me perdre, me les retrouvant, animez de courroux m'injurioient,
disants que c'estoit enfance et sottise qui me le faisoit faire;
qu'il paroissoit bien que je n'avois pas d'entendement, que
tous ceux qui avoient de l'esprit, de quelque âge et sexe
qu'ils fussent, oyants prescher la charité, s'estoient retirez
de l'abus de cette bigoterie, mais que je serois aussi sotte
que ma gouvernante. Et mon frère d'Anjou, y adjous-
tant les menaces, disoit que la reyne ma mère me feroit
fouetter : ce qu'il disoit de luy-mesme ; car la reyne ma
mère ne sçavoit point l'erreur où il estoit tombé. Et soudain qu'elle sçeut, le tansa fort, luy et ses gouverneurs, et,
les faisant instruire, les contraignit de reprendre la vraye,
sainte et ancienne religion de nos pères, de laquelle elle ne
s'estoit jamais départie. Je luy répondis à telles menaces,
fondant en larmes, comme l'âge de sept à huit ans où j'es-
tois lors y est assez tendre, qu'il me fist fouetter, et qu'il
me fist tuer s'il vouloit, que je souffrirois tout ce que l'on
ne sçauroit faire plustost que de me damner. »

Nous croyons devoir une petite explication à ceux de
nos lecteurs qui croiraient trouver une contradiction avec
leurs souvenirs historiques en voyant le duc d'Anjou et
presque toute la cour de France attachés alors à l'hérésie
des huguenots. Ce ne fut là qu'une espèce de mode qui ne
dura guère. Lors du colloque de Poissy, après un accom-
modement tel quel entre les princes de Bourbon qui soutenaient les protestants et les ducs de Guise, chefs du parti

catholique, ces derniers, qui avaient exercé un pouvoir tyrannique sous les deux règnes précédents, semblaient subir une défaveur passagère ; et il était devenu de bon ton parmi les jeunes seigneurs de marquer leur éloignement pour le parti en disgrâce, en affectant une sorte de déférence pour les doctrines protestantes. La tentation par laquelle on s'efforçait d'y amener Marguerite était d'autant plus dangereuse qu'elle s'adressait à sa vanité. Il fallait certes le plus noble courage à une jeune princesse aimable et spirituelle pour conserver ses croyances et ses pratiques religieuses au risque de se voir traitée comme bigote et un sot esprit.

Quand le massacre de Vassi eut donné le signal de guerres de religion, Marguerite fut envoyée avec sa gouvernante et le duc d'Alençon, le plus jeune de ses frères, à Amboise, petite ville où deux ans auparavant le parti protestant avait formé le complot d'arrêter les Guises et de s'emparer de la personne du roi François II. La tentative avait été déjouée, et Amboise était alors un séjour paisible, éloigné du théâtre des luttes qui se livraient entre les partis. Marguerite y passa deux ou trois ans pour y achever son éducation, jusqu'au moment où Catherine de Médicis, sa mère, l'appela auprès d'elle pendant un grand voyage d'apparat qu'elle faisait à travers la France. Avant de parler de l'admiration qu'excita notre jeune princesse en paraissant à la cour, laissons-lui raconter une des particularités de son voyage, la fête qui se donna à Bayonne pour l'entrevue de la reine d'Espagne Elisabeth, fille de Catherine, avec sa mère et son frère Charles IX, et dont le splendide et gracieux appareil offre un si frappant contraste avec cette époque de désordres, de haines et de sanglantes représailles.

« Ayant cerné dans le milieu de l'isle un grand pré en
ovale de bois de haute fustaye, la reyne ma mère disposa
tout à l'entour de grandes niches, et dans chacune, une
table ronde à douze personnes ; la table de leurs majestez
seulement s'eslevoit au bout de la salle, sur un haut dais
de quatre degrez de gazons ; toutes ces tables, servies par
trouppes de diverses bergères habillées de toile d'or et de
satin diversement, selon les habits divers de toutes les provinces de France, lesquelles bergères, à la descente des
magnifiques batteaux (sur lesquels, venant de Bayonne à
cette isle, l'on fut tousjours accompagné de la musique de
plusieurs dieux marins, chantants et récitants des vers autour du batteau de leurs majestez), s'estoient trouvé chaque
trouppe dans un pré à part, aux deux costez d'une grande
allée de pelouse dressée pour aller à la susdite salle, chaque
trouppe dansant à la façon de son païs ; les Poitevines avec
la cornemuse, les Provençales la volte avec les timballes,
les Bourguignones et Champenoises avec le petit hautbois ;
le dessus de violon et tabourin de village ; les Bretonnes
dansant les passe-pieds et branlesgais : et ainsi toutes les
autres provinces. Après le service desquelles et le festin
finy, l'on veit, avec une grande trouppe de satyres musiciens, entrer un grand rocher lumineux, mais plus esclairé
des beautez et pierreries des nymphes qui fesoient dessus
leur entrée, que des artificielles lumières ; lesquelles des-
cendantes vindrent danser ce beau ballet, duquel la fortune
envieuse ne pouvant supporter la gloire, feit orager une
si estrange pluye et tempeste, que la confusion de la re-
traitte qu'il fallut faire la nuit par batteaux, apporta le
lendemain autant de bons contes pour rire que ce magnifique appareil de festin avoit apporté de contentement. »

Tous les auteurs du temps s'accordent à préconiser les

merveilles de Marguerite, lorsqu'elle fit son entrée à la cour, vers l'âge de quinze ans. Voici le portrait que nous en a laissé l'un d'eux, à qui sa naissance permettait de fréquenter la cour, et qui peut parler en témoin bien informé :

« Pour parler donc de la beauté de cette rare princesse, je croys que toutes celles qui sont, qui seront et jamais ont été, près de la sienne sont laides et ne sont point beautez; et, qui plus est, ce beau visage est fondé sur un corps de la plus belle, superbe et riche taille qui se puisse voir, accompagnée d'un port et d'une si grande majesté qu'on la prendra toujours pour une déesse du ciel plus que pour une princesse de la terre; encore croit-on, par l'advis de plusieurs personnes, que jamais déesse ne fut veue plus belle. »

Quant à son esprit et à ses talents, voici encore ce qu'en dit le même auteur :

« Je luy ai veu souvent faire de si beaux discours, si graves et si sentencieux, que si je les pouvois bien mettre au net et au vray ici par escrit, j'en ferois ravir et esmerveiller le monde; mais il ne me seroit possible, ni à quiconque soit, de les pouvoir réduire, tant ils sont inimitables.

» Or, si elle est grave, et pleine de majesté et éloquente en ses haults discours et sérieux, elle a bien autant de gentille grâce à rencontrer de bons et plaisants mots, et brocarder si gentiment, et donner l'estraitte et la venue, que sa compaignie est plus agréable que tout autre du monde; car encore qu'elle pique ou brocarde quelqu'un, cela est si fort à propos et si bien dict, qu'il n'est pas possible de s'en fâcher, mais encore bien aise.

» De plus, si elle sait parler, elle sait autant bien escrire.

Les belles lettres que l'on peut voir d'elle le manifestent assez ; car ce sont les plus belles, les mieux couchées, soit pour estre graves que pour estre familières. »

Nous terminerons cette esquisse du premier âge de Marguerite en rapportant quelques circonstances où elle montra une bonté de caractère égale à la distinction de son esprit, et qui marquèrent le terme de sa jeunesse si fortunée pour commencer une vie trop souvent agitée par les traverses et par les orages.

Apportant à la cour la jeunesse, les grâces et les talents, relevés encore par le prestige de sa naissance, Marguerite fut bientôt l'arbitre de la mode dans les fêtes somptueuses qui, par une singulière disposition de cette époque, devenaient plus fréquentes à la cour à mesure que les désastres s'étendaient dans le royaume. On était en pleine guerre avec les huguenots ; et le duc d'Anjou donnait, à la tête des armées catholiques, des espérances que son règne fut loin de confirmer. Au moment de livrer la bataille de Montcontour, il demanda à Catherine et à Charles IX une entrevue à Plessis-les-Tours. Marguerite y fut avec eux. Le duc d'Anjou, prévoyant que la guerre le retiendrait encore quelque temps éloigné de la cour, se ménagea un entretien particulier avec sa jeune sœur ; et après les protestations de la plus vive amitié fraternelle, il la supplia de prendre son parti auprès de la reine-mère, et de veiller à lui conserver ses bonnes grâces, que l'absence pouvait lui faire perdre.

« Ces paroles, dit Marguerite, firent ressentir à mon âme ce qu'elle n'avoit jamais ressentie, un contentement si démesuré qu'il me sembloit que tous les contentements que j'avais eus jusques alors n'estoient que l'ombre de ce bien ; regardant au passé d'un œil dédaigneux les exercices de mon enfance, la danse, la chasse et les compagnies de

mon âge, et les méprisant comme des choses trop folles et
trop vaines. J'obéis à cet agréable commandement, ne
manquant un seul jour d'estre des premières à son lever
et des dernières à son coucher. Elle me faisoit cet honneur
de me parler quelquefois deux ou trois heures; et Dieu me
faisoit cette grâce qu'elle restoit si satisfaite de moi qu'elle
ne s'en pouvoit assez louer à ses femmes. Je luy parlois
toujours de mon frère, et luy estoit adverti de tout ce qui
se passoit, avec tant de fidélité que je ne respirois autre
chose que sa volonté. »

Elle fut bien mal payée de ce dévouement. Retournée
avec sa mère à Paris, tandis qu'elle mettait tous ses soins
à servir les intérêts du duc d'Anjou, ce prince devenait
son ennemi. Trompé par les suggestions d'un certain gentilhomme nommé Du Guast, qui s'était emparé de sa confiance, il prenait de l'ombrage contre le crédit naissant de
sa sœur, et il songeait aux moyens de la perdre dans l'esprit de la reine-mère. La cour vint lui faire une seconde
visite sous les murs de Saint-Jean d'Angely, dont il faisait
le siége, après avoir battu les huguenots à Montcontour.
Marguerite arrivait le cœur plein de joie, comptant recevoir les caresses et les remercîments de son frère. Un accueil de glace et des regards chagrins répondirent à ses
tendres embrassements, et dès le soir de leur arrivée, Catherine de Médicis, prévenue par le duc d'Anjou, pour qui
elle eut toujours une grande faiblesse, n'osait plus en sa
présence adresser la parole à sa fille. « Ce changement,
dit Marguerite, me donna autant de pointes dans le cœur
que lorsque j'avois reçu les bonnes grâces de ma mère, ce
m'avoit esté de joie. »

En même temps, et toujours sous l'inspiration de Du
Guast, le duc d'Anjou employait une indigne manœuvre

pour assurer le succès de son plan contre la princesse.
Parmi les jeunes seigneurs les plus illustres qui mettaient
leur gloire à offrir des hommages à Marguerite, Henri,
duc de Guise, se faisait remarquer par les grandes qualités
qui déjà commençaient à percer en lui, et qui plus tard
lui firent jouer un rôle trop célèbre dans les guerres
de religion. Sa naissance lui permettait de prétendre à la
main de Marguerite. Le duc d'Anjou affectait de le mener
avec lui lorsqu'il rendait visite à sa sœur. Il faisait à la
princesse l'éloge de Henri, et à celui-ci il répétait souvent:
« Plût à Dieu que tu fusses mon frère ! » Mais tandis qu'il
cherchait ainsi à les rapprocher l'un de l'autre, il peignait
à la reine-mère ce projet d'union sous les plus fâcheuses
couleurs.

Catherine était irritée contre sa fille. Sur ces entrefaites,
le roi de Portugal envoya des ambassadeurs demander la
main de la princesse. En vain Marguerite essaya de profiter de cette occasion pour regagner l'amitié de sa mère
en témoignant l'obéissance la plus parfaite. Elle reçut les
ambassadeurs de la meilleure grâce du monde, prête à
accepter l'alliance qu'on semblait vouloir lui imposer. Des
raisons politiques en empêchèrent la conclusion, et, comme
si c'eût été la faute de Marguerite, elle continua d'être
exposée au mécontentement de sa mère et du duc d'Anjou.

Marguerite fut mariée le 18 août 1572 à Henri, prince
de Navarre, depuis Henri IV, roi de France. Cette union
devait être le gage de la réconciliation des partis. Mais Catherine de Médicis et Charles IX s'étaient servis de Marguerite comme d'un appât pour attirer les malheureux huguenots dans un horrible piége; quelques jours après eut
lieu le massacre de la Saint-Barthélemy.

Le matin qui suivit cette nuit désastreuse, Marguerite

venait de se lever, quand un des gentilshommes de son
mari frappa à coups redoublés à sa porte en criant : « Navarre ! Navarre ! » et le malheureux, blessé de deux coups
de hallebarde et poursuivi par les assassins, se réfugia
sous le lit de la princesse. En se rendant chez sa sœur,
madame de Lorraine, elle en vit égorger un autre devant
elle, et arrivée là, deux serviteurs vinrent se jeter à ses
pieds en la suppliant de leur sauver la vie.

Ce mariage, accompli sous de si tristes auspices, ne
fut point heureux. Il fut cassé en 1599, du consentement même de Marguerite, qui n'avait point donné d'héritiers à son mari, et qui faisait ce sacrifice au bien de
l'état. Jusqu'en 1615, époque de sa mort, elle habita une
maison magnifique qu'elle s'était bâtie près du Pré-aux-
Clercs, se consolant de son veuvage anticipé dans la société
des hommes de lettres et des savants.

MARIETTE.

rançoise-Mariette avait onze ans quand elle perdit presque en même temps et son père et sa mère. Elle resta orpheline avec un jeune frère âgé d'environ deux ans. Sa mère, femme pieuse, lui avait inspiré des sentiments religieux qui s'étaient profondément gravés dans son âme. Pauvre, elle avait été accoutumée de bonne heure à se livrer au travail.

Le père de Françoise avait été receveur des contributions

à la Rochebeaucourt, près d'Angoulême. De son vivant, cette petite famille n'était pas trop malheureuse; mais la longue maladie à laquelle succombèrent les deux époux l'avait complétement ruinée; il fallut vendre les meubles les uns après les autres, puis le linge; il fallut user toutes les ressources.

Mariette, à la mort de ses parents, se trouva tout à la fois assaillie par la douleur et la misère. Combien de jeunes filles, dans une aussi épouvantable position n'auraient su que courber la tête et gémir! Mariette trouva dans l'élévation de ses sentiments religieux la force de vivre et de combattre. Son frère n'avait qu'elle pour appui; elle voulut lui servir de mère.

Accoutumée au travail depuis sa plus tendre enfance, Françoise-Mariette savait filer et tricoter comme aurait pu faire la première ouvrière de la Rochebeaucourt. Elle quitta la maison où elle était née, et dont elle n'aurait pu payer le loyer, et se retira dans une chaumière presque abandonnée, située sur la lisière de la forêt, à l'extrémité du village. Tant bien que mal la chaumière fut meublée des restes des meubles de la maison paternelle. Françoise fut encore assez heureuse pour pouvoir conserver à son frère un petit lit bien garni, et elle acheta de la laine qu'elle tricotta, du chanvre qu'elle fila. Elle travaillait tout le jour et souvent même une partie de la nuit, et cependant gagnait peu : les travaux des pauvres femmes sont si mal payés! Ce peu suffisait au petit ménage sagement administré par l'économe et intelligente Françoise.

C'était un touchant spectacle que celui de ces deux orphelins vivant ensemble dans le bonheur que donne l'innocence et l'affection réciproque. Tous les habitants aisés du village, ceux même du village voisin, se faisaient un plaisir de donner de l'ouvrage à cette courageuse enfant. On la payait quelque peu plus cher que d'autres ouvrières; et comme Françoise était d'une sobriété exemplaire, elle était parvenue à faire de petites économies.

Que de riants projets ne fit-elle pas sur l'emploi de cette petite somme qui lui avait tant coûté! quel bel habit elle achèterait à son petit frère! quelle belle croix de bois noir ornée d'un Christ en cuivre elle se proposait de faire placer sur la tombe de ses infortunés parents! Tous ces rêves heureux ne devaient pas se réaliser.

Il y avait déjà cinq ans que Françoise et son jeune frère vivaient ainsi isolés l'un pour l'autre. Joseph commençait déjà à être utile à sa sœur; il l'aidait déjà dans tous ses travaux.

Un soir on entendit dans la petite chaumière de Mariette des cris déchirants; quand on accourut, il était trop tard : un loup s'était introduit dans cette demeure, dont les portes fermaient à peine. A la vue de l'animal, Françoise avait saisi avec la rapidité de l'éclair son petit Joseph et l'avait jeté dans une huche en le recouvrant d'un grand couvercle de bois. Pendant ce temps, le loup la mordait, la déchirait à belles dents. Quand on vint à son secours, on la trouva baignée dans son sang et horriblement mutilée. Elle expira bientôt, fixant sur son frère des yeux humides. «Mon pauvre Joseph, s'écria-t-elle, adieu!...»

Martyre de l'amour fraternel, Françoise-Mariette touchait au bonheur quand la mort vint la frapper si jeune encore. Un fermier aisé de la Rochebeaucourt, charmé par ses vertus, l'avait recherchée en mariage; les noces allaient se célébrer, le jour était déjà fixé.

A l'aspect de ces malheurs imprévus qui viennent frapper la vie la plus belle, la vertu la plus pure, on ne saurait douter qu'il y ait là-haut une Providence qui regarde la mort comme un bienfait.

Les anciens chrétiens se réjouissaient quand un de leurs enfants, jeune et pur, venait à mourir : ils le voyaient avec joie échapper aux écueils dont la vie est toute semée. Qu'importent, en effet, quelques années de plus ou de moins passées sur cette terre? Ce qui importe véritablement, c'est l'éternité qui nous attend, et qui commence là où finit notre vie terrestre.

Enfants, il faut admirer cette jeune fille qui mourut pour son frère, il ne faut pas pleurer sur elle.

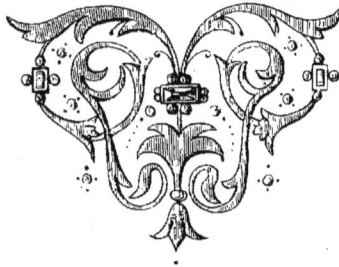

Mariette B.R

JANET LANGE LITH

Mlle DETREMONT.

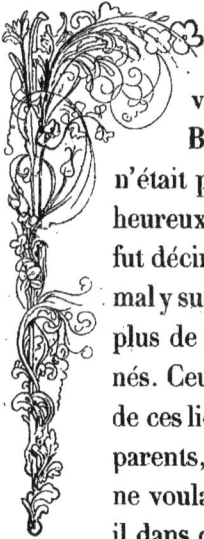

Au mois de février 1825, une maladie épidémique exerçait les plus cruels ravages dans la commune de Saint-Rémy-Bosrecourt, aux environs de Dieppe. Rien n'était plus triste à voir que ce pauvre et malheureux village; en peu de jours sa population fut décimée. Tous ceux qui étaient atteints du mal y succombaient. Bientôt les malades n'eurent plus de secours; ils mouraient isolés, abandonnés. Ceux qui le pouvaient encore s'enfuyaient de ces lieux maudits, abandonnant pères, mères, parents, amis. Souvent leur fuite fut inutile : on ne voulait les recevoir nulle part; aussi régnait-il dans ce village une terreur indicible. Chaque maison avait ses malades, chaque famille avait ses morts.

En voyant arriver les malheureux exilés, en entendant leurs funèbres récits, une jeune fille d'un village voisin, mademoiselle Detremont, se sentit émue d'une vive pitié. « Comment! s'écria-t-elle, on laisse mourir sans secours

13

tous ces infortunés! on les abandonne sans consolations à la plus horrible douleur! Qu'ils meurent si c'est la volonté de Dieu; mais qu'ils ne meurent pas en maudissant ceux qui les délaissent!» Aussitôt elle part pour ces lieux que tout le monde fuyait, elle recherche les dangers que les autres évitaient avec tant de soin.

En vain veut-on l'en empêcher, en vain ses parents lui ordonnent-ils de rester auprès d'eux; son ardente charité lui donna le courage de résister aux prières, de faire tomber les ordres qui veulent la retenir.

Mademoiselle Detremont n'avait pas encore atteint sa vingtième année. Elle arrive dans ce village désolé; elle apporte avec elle toutes les provisions, les préparations médicales qu'elle peut se procurer; elle apporte surtout un courage indomptable, une bonté sans bornes, une patience à toute épreuve.

Parmi toutes ces familles malheureuses, une était plus malheureuse que toutes, plus désolée, plus dénuée de toutes choses : c'était celle de Jacques Vauquelin, pauvre ouvrier chargé de famille.

C'est à la chaumière de Vauquelin que court bien vite mademoiselle Detremont; elle s'était bien hâtée, mais elle arrivait déjà trop tard.

Il y a trois jours, il y avait dans cette chaumière de Jacques Vauquelin sept enfants robustes, pleins de santé et de vie. Leur mère était là pour les soigner, leur grand'mère pour les bénir. Depuis deux jours, la grand'mère n'est plus : elle est montée au ciel, emportant avec elle le plus jeune des enfants; aujourd'hui la mère, avec deux de ses fils, a suivi la grand'mère; cinq morts en trois jours! Nul n'osait approcher de ceux qui survivaient à ce carnage de la peste.

Mademoiselle Detremont leur apparut comme un ange.
C'était un ange en effet; seule, elle osait affronter la peste
qui tuait tout le monde. Sa vue seule fit du bien à ces
pauvres pestiférés : c'est une si douce et si bonne chose de
se voir soigné quand on ne l'espérait plus, de se voir consolé quand on souffre! mais ce ne fut pas tout. Arrivée,
mademoiselle Detremont se mit aussitôt à l'œuvre : à
celui-ci elle donne un bouillon, à celui-là une tisane, à cet
autre les remèdes qu'on lui a dit; à tous elle procure les
soulagements du moment, de douces et saintes consolations.

Elle refait les lits, durcis par les ébats d'une douleur
aiguë; elle donne à tous du linge blanc; sa charité active,
intelligente, fait revivre l'espérance dans ces cœurs abat-
tus par le désespoir. Elle sourit, elle exhorte, elle prie.
Elle ensevelit les morts que personne n'osait toucher et les
éloigne du regard des mourants.

Malgré ses soins, malgré les remèdes qu'elle a apportés, un enfant meurt encore ; mais il meurt consolé, préparé à cette terrible éternité qui suit la mort ; il meurt en priant et en espérant.

Les trois autres enfants et le père furent sauvés. Ils furent sauvés, grâce à ce courage de mademoiselle Detremont. Sauvés, elle ne les abandonna pas ; elle ne voulait pas les avoir ravis à la peste pour les voir moissonner par la misère. Elle n'était pas riche, déjà elle avait beaucoup fait pour les guérir ; ce qui lui restait appartenait encore à ces malheureux, jusqu'à ce que la maladie les ayant tout à fait quittés, leur eût permis de reprendre leurs travaux.

Quand ces pauvres pestiférés voulurent la remercier et la bénir : « Ce n'est pas à moi, répondit-elle, à qui il faut rendre des actions de grâces, mais à Dieu, de qui seul vient toute bonne pensée. Elle voulut que leur première sortie fût pour aller à l'église ; elle les y conduisit, puis les embrassa, et s'en alla, sans seulement leur dire son nom.

Mademoiselle Detremont, cela est triste à dire, donna seule, dans ces cruels moments, l'exemple d'un dévouement sublime. Sans doute elle n'attendait pas que les hommes la récompenseraient. L'Académie Française lui fit remettre un des prix que M. de Monthyon lui a laissés à donner chaque année à la vertu. Une plus belle récompense vous attend là-haut, noble jeune fille !

JACQUELINE PASCAL.

Jacqueline a noblement porté ce beau nom de Pascal que son frère a rendu si célèbre. Il y a des familles qui sont singulièrement protégées du ciel et qui semblent naître pour la célébrité ; tous les membres de la famille Pascal ont été remarquables à la fois par leurs talents et leurs vertus.

Jacqueline naquit à Clermont en Auvergne en l'année 1625. Elle eut en partage le don de la poésie. Son instruction, dirigée par un père qui était à la fois un homme de sciences et d'esprit, porta des fruits précoces. A douze ans, les savants qui se réunissaient chez Étienne Pascal admiraient déjà les vers qu'elle faisait avec une extrême facilité. Bientôt sa réputation franchit le seuil de la maison paternelle ; elle concourut à quinze ans pour un prix de poésie proposé par l'Académie de Caen, et fut couronnée.

Quelques mois après cette victoire, une vive affliction vint frapper cette famille si unie, si vertueuse et qui déjà était couverte de considération et de gloire. Le père de ces enfants illustres, Étienne Pascal, fut dénoncé au cardinal de Richelieu comme un esprit libre et frondeur qui désapprouvait la marche des choses. Il est à croire que l'accusation était fondée; mais ne l'eût-elle pas été, le meilleur moyen dans ce temps de se soustraire à une accusation de ce genre était de prendre la fuite; une lettre de cachet faisait alors promptement justice de celui qui avait eu le malheur de déplaire au premier ministre. Prévenu à temps, M. Pascal, qui était venu habiter Paris, prit la fuite et alla se cacher au fond de l'Auvergne, laissant dans la désolation ses enfants, privés à la fois de leur père et de leur guide.

Parmi les illustres personnages que la réputation du jeune Pascal et de sa sœur attirait dans cette modeste famille, se trouvait la duchesse d'Aiguillon. A cette époque où brillait déjà le génie du grand Corneille, il était du bon ton de donner la comédie chez soi. Ceux qui voulaient faire leur cour au cardinal de Richelieu faisaient jouer dans leurs hôtels les pièces auxquelles le premier ministre prétendait avoir travaillé.

Madame la duchesse d'Aiguillon se conformait à la mode régnante; elle voulut donner la comédie à son éminence le cardinal. Elle vint inviter Jacqueline Pascal à remplir un rôle dans la pièce qu'elle montait.

« Y songez-vous, madame la duchesse? dit Jacqueline; que j'aille me divertir quand nous sommes tous dans l'affliction, presque orphelins! Notre place est dans la retraite, et nous ne devons pas avoir de plus vif désir que celui de nous faire oublier. »

Madame la duchesse d'Aiguillon ne put rien opposer à

d'aussi bonnes raisons; mais elle ne put s'empêcher de manifester ses regrets. Jacqueline avait déjà rempli avec une grâce parfaite les rôles qui lui avaient été confiés, et il s'agissait cette fois de jouer devant M. le cardinal; et madame d'Aiguillon attachait une extrême importance à ce que la comédie fût jouée de manière à satisfaire son éminence. Aussi fut-elle à la fois surprise et satisfaite quand elle vit arriver le lendemain à son hôtel la jeune Jacqueline, qui venait la supplier de lui rendre ce rôle qu'elle avait refusé. La nuit avait porté conseil à mademoiselle Pascal; elle avait résolu de profiter de cette occasion qui se présentait à elle de voir le cardinal pour lui parler en faveur de son père.

La comédie fut jouée, Jacqueline fut applaudie et obtint tous les honneurs de la soirée. M. de Richelieu fit à la jeune fille l'honneur de la complimenter. Le moment qu'attendait Jacqueline était arrivée; elle salua son éminence avec un profond respect et lui récita les vers suivants qu'elle avait composés :

Ne vous étonnez pas, incomparable Armand,
Si j'ai mal contenté vos yeux et vos oreilles :
Mon esprit, agité de frayeurs nonpareilles,
Retirait à mon corps et voix et mouvement :
Mais pour me rendre ici capable de vous plaire,

Rappelez de l'exil mon trop malheureux père :
C'est le bien que j'attends d'une insigne bonté.
Sauvez un innocent d'un péril manifeste :
Ainsi vous me rendrez l'entière liberté
De l'esprit et du corps, de la voix et du geste.

Toute la compagnie applaudit ; et le cardinal, charmé, promit la grâce de M. Pascal, et tint parole, ce qui n'était pas toujours dans ses habitudes.

Jacqueline ne cultiva plus longtemps la poésie ; son esprit, naturellement sérieux, se tourna vers de plus graves travaux. Jeune encore, et suivant les conseils de son illustre père, elle se retira entièrement du monde, se fit religieuse à l'abbaye de Port-Royal des Champs, où elle mourut dans sa trente-sixième année.

JOSÉPHINE LEBLANC.

Par une belle soirée de l'année 1752, les domestiques du château de Sogny, en Champagne, aperçurent une espèce de fantôme monté sur un grand pommier du jardin de leur maître; ils s'approchèrent doucement et voulurent environner l'arbre; mais tout à coup le fantôme fit un saut léger par-dessus leur tête, il s'élança de même par-dessus les murs du jardin, puis il se sauva dans le bois voisin, où on le vit grimper avec une miraculeuse agilité jusqu'au sommet d'un chêne très-élevé.

Bientôt, instruit de cette apparition extraordinaire, le comte de Sogny donna ordre à tous ses gens ainsi qu'à plusieurs villageois de se préparer à la chasse du spectre.

Ce fut un grand événement pour le village de Sogny. En ce temps-là il ne manquait pas de bonnes gens qui croyaient aux sorciers, aux revenants : cet être étrange, à figure humaine, nu, sautant, grimpant comme un singe, ne pouvait être évidemment qu'un revenant ou quelque être infernal.

Le lendemain, les villageois s'étant rassemblés en bon nombre et de grand matin, ils environnèrent non-seulement l'arbre, mais plusieurs autres encore, car le fantôme s'élançait de l'un à l'autre ainsi qu'un écureuil. A la première inspection du prétendu spectre, le comte de Sogny affirma à ses vassaux que ce n'était qu'un être sauvage; la crainte disparut, on voulut s'en saisir; et on organisa une espèce de chasse au fantôme; le grand point était de le faire descendre : comme il importait de le prendre vivant, il n'était ni facile ni prudent de l'attaquer de vive force dans son poste. On avisa une ruse qui eut un plein succès. Pensant que l'aspect d'un bon repas le déciderait peut-être à se rendre, la dame du château imagina de faire apporter de la viande et un seau d'eau au pied de l'arbre; on mit une superbe anguille dans l'eau limpide : notre sauvage l'aperçut, et comme il en fut singulièrement tenté, il descendit et remonta à diverses fois jusqu'aux trois quarts du chêne, afin de saisir le morceau friand. On se gardait bien de faire le moindre mouvement, les villageois étaient cachés dans le bois, les yeux et les oreilles aux aguets.

Enfin, ne voyant plus personne paraître, se croyant seul, l'inconnu, pressé sans doute par le besoin, descendit comme un chat jusqu'à terre, prit avidement le poisson, puis, s'inclinant, il se mit à boire à même le seau. Profitant de ce moment propice, six vigoureux paysans, qui l'épiaient derrière des feuillages à peu de distance de cet endroit, coururent et saisirent promptement cet être singulier.

C'était une jeune fille de quinze à dix-huit ans : elle avait les ongles des pieds et des mains très-longs, aigus et très-forts ; elle se servait de ces griffes pour monter aux arbres et en descendre avec une extrême célérité. Elle avait une superbe chevelure, et sa peau était brune : c'était l'effet du grand hâle, car son changement de demeure lui rendit bientôt sa blancheur naturelle. On la transporta au château de Sogny : conduite d'abord à la cuisine, elle se jeta aussitôt sur des volailles que l'on préparait pour dîner, et elle les dévora toutes crues. Ne connaissant aucune langue, elle n'articulait aucun son ; elle poussait seulement un cri de la gorge, et ce cri était effrayant. Cette jeune sauvage était absolument nue ; on essaya vainement de lui mettre quelques vêtements de son sexe, elle les déchira en mille morceaux ; on voulut la faire coucher dans un lit, mais avec aussi peu de succès. Regardant à travers les fenêtres, elle n'aspirait qu'au moment de s'enfuir dans la forêt voisine et de s'y jucher sur quelque arbre, selon sa coutume.

D'où venait cette jeune fille? comment se trouvait-elle ainsi tout à coup en France? comment y arriva-t-elle sans qu'on se fût aperçu de son passage à travers les autres pays? C'est un mystère qu'on ne put jamais parfaitement découvrir.

Le seigneur de Sogny la fit conduire à Châlons-sur-Marne, dans un couvent de religieuses, où elle fut baptisée sous le nom de Joséphine Leblanc. On lui donna de l'instruction : elle ne manquait point de sens ni d'esprit ; en moins de trois ans elle apprit à parler, à lire, à écrire, et elle exprimait ses pensées d'une manière aussi piquante qu'originale et claire ; mais elle ne put donner aucun renseignement sur son origine, sur ses parents et le lieu de sa naissance ; elle se souvenait seulement d'avoir traversé une immense étendue d'eau ; du reste, elle montrait un arbre pour sa patrie et son berceau. Joséphine Leblanc avait cependant conservé le souvenir d'une jeune compagne également sauvage, avec laquelle elle avait vécu dans les bois dans son enfance, et qu'elle perdit d'une manière singulière après une aventure bien cruelle. Toutes deux nageant un jour dans une rivière, elles entendirent un bruit qui les obligea de plonger : c'était un chasseur qui, les ayant prises de loin pour deux animaux, avait tiré sur elles deux coups de fusil sans les atteindre. Étant sorties de la rivière pour se retirer dans un bois, elles trouvèrent un chapelet de verre dont elles se disputèrent la propriété.

La sauvage dont nous parlons ayant reçu un coup sur le bras, en rendit un sur la tête à sa compagne ; il fut malheureusement si fort que, selon son expression, *elle la fit rouge* et l'étendit à terre. Saisie de douleur à ce spectacle inattendu, elle va chercher sur un chêne une certaine gomme qu'elle connaissait et qui était propre à arrêter le sang, qui coulait à gros bouillons. Ayant trouvé le remède, elle retourne à l'endroit où elle avait laissé sa compagne ; mais elle n'y était plus ; elle ne l'a jamais revue depuis ce fatal instant.

Dans son état de sauvage, elle usait de moyens industrieux pour pourvoir à sa subsistance : par exemple, elle imitait fort bien le cri de divers animaux et des oiseaux ; c'était ainsi qu'elle savait les attirer pour les tuer et s'en nourrir. Courant avec une vitesse surprenante, elle attrapait sans peine un lièvre ; elle le dépouillait et le dévorait en un clin d'œil. D'une adresse et d'une force peu communes, cette jeune fille chassait souvent un loup, et l'atteignant à la course, elle lui assénait un coup d'une espèce de massue qu'elle portait toujours, et le tuait sans jamais le manquer. Cette même agilité qu'elle avait sur terre, elle la possédait également sous les eaux, qui semblaient être son élément ; elle y plongeait, et attrapait de gros poissons qu'elle préférait aux meilleures viandes.

Cette fille extraordinaire conserva toujours dans le monde une partie des goûts qu'elle avait contractés dans l'état de nature. Elle était sans cesse obsédée par de violentes tentations de retourner dans les bois et d'y vivre seule comme autrefois. Elle avait une soif continuelle du sang des animaux. « Elle m'a même avoué, dit Racine dans son rapport à l'Académie, que quand elle voyait un enfant, elle était tourmentée de cette envie. Lorsqu'elle me parlait ainsi, ajoute cet illustre écrivain, ma fille, jeune encore, était avec moi ; mademoiselle Leblanc ayant remarqué sur le visage de l'enfant quelque émotion à l'aveu d'une pareille tentation, elle lui dit aussitôt en riant : « Ne craignez rien, mademoiselle, Dieu me fera la grâce, sans doute, de ne jamais succomber. »

Plusieurs personnes de marque, des princes, et la reine de Pologne, eurent la curiosité d'aller voir cette jeune sauvage lorsqu'elle fut instruite dans notre langue ; tous revinrent charmés de sa conversation, de sa vivacité et de son esprit. Elle édifia le couvent de Châlons, où elle pas-

sait sa vie dans une grande piété, une excessive douceur.
Mais la vie sédentaire remplit d'une sombre mélancolie
cette infortunée; habituée à une vie nomade, aux grandes
scènes de la nature, à une liberté absolue, à un mouvement continuel, il était facile de voir qu'elle regrettait
son ancienne existence si pleine d'agitation et d'incidents,
changeant à chaque instant; la religion seule la retenait
dans la société; souvent elle disait tristement : « Je ne
pourrai jamais vivre ainsi, je mourrai bientôt. » En effet,
elle mourut d'une fièvre ardente, quelques années seulement après avoir été prise par les habitans de Sogny.

TERESA ET MARIA MILANOLLO.

Teresa et Maria Milanollo sont deux jeunes artistes que tout Paris a admirées pendant l'hiver de l'année 1841.

Teresa avait douze ans; elle était brune, jolie, l'air calme et heureux; elle jouait du violon avec un talent extrèmement remarquable, non pour son âge, mais pour tout âge. A peine appuyait-elle le violon contre son cou, aucun effort, aucune gêne, aucune contorsion ne venait gêner ses petits mouvements gracieux.

« Elle joue, dit un critique, et vous entendez un son

peu éclatant, mais doux, de bonne qualité, et exempt de ces effets qu'on obtient en écrasant la corde près du chevalet. L'archet est bien développé, et accomplit tout ce qu'on demande à un archet bien réglé ; mais rien de plus. Ce n'est point par les qualités foudroyantes de la main droite que Teresa Milanollo excitera le plus l'étonnement ; mais si la jeune virtuose n'a pas jusqu'à présent à un très-haut degré ce qu'on est convenu d'appeler exclusivement les qualités brillantes, elle possède les grandes et véritables qualités, qu'on oublie ordinairement, parce qu'elles sont trop souvent absentes, et qui reprennent tous leurs droits quand elles se produisent avec l'éclat dont elles brillent chez la jeune Italienne. Chez cette charmante enfant, l'âme et l'organisation vibrent comme une harpe éolienne. Sa manière de phraser est colorée de ces demi-teintes délicates et vaporeuses qui distinguent le chant de Rubini, qu'elle n'a peut-être jamais entendu. L'habileté de la main gauche est d'ailleurs fort développée ; la justesse est parfaite, et la justesse de sentiment et d'expression, bien préférable à celle des doigts et bien plus rare, est ce qu'on peut désirer de mieux. Sa jeune sœur, Maria, promet, si elle ne se dément pas, de se distinguer par un mécanisme plus brillant. Si jamais elle parvenait à cette grande habileté que nous prévoyons en elle, à la profonde et prodigieuse sensibilité de sa sœur aînée, on n'aurait peut-être jamais entendu de violoniste plus parfait.

Ces deux aimables enfants ont aussi été entendues au Conservatoire ; là les maîtres les plus savants, les artistes les plus distingués, les ont jugées. Cet auditoire compétent les a comblées d'applaudissements sans fin. Puissent-elles tenir dans la suite de leur vie les somptueuses promesses de leur enfance !

Marie Stuart et François II.

(CHATEAU DE DUNBARTON.)

MARIE STUART.

On ne peut parler de Marie Stuart sans évoquer toute une vie de douleurs, et le lugubre appareil d'une mort sanglante. Mais le temps a rendu justice à sa mémoire, son nom rappelle aussi le souvenir de vertus et de perfections grandes comme ses infortunes. Souvenir précieux pour la France, Marie Stuart, reine d'Écosse, était toute Française, elle l'était par sa mère, Marie de Lor-

15

raine, de l'illustre et fatale maison de Guise. Elle passa sa jeunesse à la cour de France, où elle reçut cette éducation qui en fit une princesse accomplie ; et elle s'est assise quelque temps sur le trône de nos rois.

Le 7 décembre 1542, Jacques V, roi d'Écosse, gisait dans le château de Falkland sur un lit de mort, accablé de chagrins ; il venait d'essuyer un nouveau désastre dans la guerre que lui faisaient les Anglais, lorsqu'on vint lui annoncer que la reine son épouse venait de donner une héritière au trône d'Écosse. Cette nouvelle ne fit que plonger le malheureux prince dans un plus sombre désespoir. Il avait vu, dans les dernières années de son règne, son royaume ravagé à plusieurs reprises ; l'avenir lui apparaissait gros de tempêtes nouvelles, et dans ses angoisses paternelles et royales, il prononça alors ces prophétiques paroles : « La couronne d'Ecosse par fille est venue, et par fille elle s'en ira. » Sept jours après, il mourut sans vouloir recevoir aucune consolation. Marie, reine dès le berceau, vint au monde presque sur la tombe de son père, et ce fut là le premier de ses malheurs.

La perspective d'une longue minorité ranima les espérances des partis qui divisaient l'Écosse. L'Angleterre avait de tout temps regardé l'Écosse comme une proie qui lui serait dévolue tôt ou tard, et sa politique n'avait épargné aucuns moyens pour attaquer ce malheureux pays. A cette époque, la religion protestante, établie en Angleterre par Henri VIII, commençait à pénétrer en Écosse. Sous le prétexte de forcer Jacques V à favoriser la réforme religieuse dans son royaume, Henri lui faisait une guerre acharnée. Quelques grands seigneurs écossais, qui avaient embrassé le nouveau culte, croyant ou feignant de croire qu'ils n'agissaient que dans l'intérêt de leur religion, soutenaient dans leur patrie le parti du roi d'Angleterre armé contre elle.

La reine-mère était doublement odieuse au parti des réformés anglais, comme Française et comme dévouée catholique. Leur animosité rejaillissait sur la jeune Marie ; et, ne sachant que reprocher à un enfant, ils imaginèrent contre elle la plus ridicule calomnie. Ils répandirent le bruit que la petite princesse était née toute contrefaite, ajoutant que c'était une punition du ciel pour l'impiété et le papisme de sa mère. Pour faire cesser ce mensonge, la reine mère, en présence des principaux seigneurs de la cour, manda dans son appartement l'ambassadeur d'Angleterre, et, ôtant les langes de la petite Marie, elle montra, au lieu d'un être hideux et difforme qu'on s'attendait à voir, une charmante enfant, pleine de santé et de vie. La calomnie qui devait empoisonner toute la vie de Marie Stuart ne lui donnait pas le temps de naître.

Marie n'avait que neuf mois lorsqu'elle fut sacrée et cou-

ronnée. Sa mère crut devoir prendre cette mesure solen-

nelle pour en imposer aux partis ennemis. Mais telle était
la crainte qu'ils inspiraient, qu'on n'osa point accomplir la
cérémonie dans l'église métropolitaine d'Édimbourg. On
choisit le château-fort de Stirling, où l'on était du moins à
l'abri d'un coup de main. Hélas! à voir le sacre de
cette jeune reine au milieu de l'appareil d'une forteresse
armée en guerre, à voir surtout les figures sinistres et me-
naçantes de quelques grands qui assistaient à cette cérémonie, il était facile de prévoir les malheurs du règne
qu'elle inaugurait. Le cardinal Beaton, archevêque de
Saint-André, et chef du parti catholique, sacra la princesse
et la revêtit des insignes royaux.

Les murs de la forteresse de Stirling parurent à la reine-
mère le meilleur asile contre les dangers qui pouvaient
menacer sa fille. Marie y resta deux ans. Hamilton, comte
d'Arran, fut nommé par le parlement régent d'Écosse.
Cependant, faible et dépourvu de toute capacité, il ne
tarda point à s'effacer devant l'influence de Beaton, qui
unissait une grande ambition à de grands talents; et le
triomphe passager du parti catholique procura quelques
moments de tranquillité à la reine et à sa mère.

Cependant Henri VIII ne perdait pas l'Écosse de vue; la
force ne lui avait pas réussi, il essaya d'employer la ruse. Il
demandait alors la main de la reine encore enfant pour son
fils, le prince de Galles, depuis Édouard VI, qui n'avait
que cinq ans plus qu'elle. C'était un moyen de réunir les
deux couronnes, et qui aurait pu réussir si Henri eût
mis quelque loyauté dans ses tentatives. Comme il était
grand-oncle de Marie, il voulut exiger à ce titre la tutelle
de la jeune reine, et la remise entre ses mains des prin-
cipales forteresses d'Écosse, jusqu'à l'époque de la conclusion du mariage. Ces injustes prétentions ranimèrent le

patriotisme des seigneurs écossais, même de ceux qui avaient embrassé le parti de l'Angleterre. La guerre recommença. Les Anglais, dont les forces étaient toujours supérieures, entrèrent en Écosse, et leur conduite y surpassa tout ce qu'on connaissait de leur barbarie ; ils brûlèrent Édimbourg et son port, et démolirent cent quatre-vingt-douze châteaux ou citadelles.

A peine resta-t-il un refuge à la petite reine dans ses états, livrés à tant de désastres. Du château de Stirling, où ses jours n'étaient plus en sûreté, sa mère la transporta dans une petite île du lac de Mentheit. Elle y fut conduite à la lueur des incendies allumés par les Anglais, à travers les cendres et les ruines de ses châteaux démolis. Un monastère était le seul édifice qui pût la recevoir. A l'ombre de ses murs antiques son enfance fut, pour quelques années, à l'abri des secousses. On lui donna pour compagnes quatre jeunes filles des premières familles d'Écosse. Elles étaient de son âge, portaient le même nom qu'elle, et on les appelait les quatre Marie. Déjà la jeune reine se faisait remarquer par ses grâces et une intelligence précoce. Dans leurs jeux et dans leurs exercices d'études, ses compagnes reconnurent la supériorité de son esprit, avant qu'elles pussent observer celle de sa naissance ; et l'ascendant qu'elle avait sur elles, adouci par son naturel aimant et expansif, les lui attacha par une amitié tendre et dévouée. Plus tard ces compagnes de son enfance furent les anges consolateurs de sa vie si pleine d'épreuves.

Marie Stuart était le point de mire de tous les ambitieux, qui la voulaient épouser ou faire épouser à leurs enfants : elle apportait en dot un royaume. La reine-mère, Française par le cœur, et appuyée d'un corps de troupes que Henri II lui avait envoyé, déclara que sa fille n'appartiendrait qu'au dauphin de France. Le parlement fut forcé de souscrire à ce plan ; et Marié Stuart, alors âgée de six ans, fut transférée au château de Dunbarton, pour y attendre l'instant de son départ. C'est dans ce château qu'elle fut remise au comte de Brézé, que le roi de France avait envoyé pour la recevoir.

Un secret instinct attirait son cœur vers ce beau pays de France qu'elle aurait ensuite tant de peine à quitter, et où elle devait trouver les seuls instants d'un bonheur fugitif qui rompraient la chaîne de ses infortunes. Le temps le plus serein favorisa la navigation. Mais elle faillit être tristement interrompue. En approchant des côtes de France, les galères reçurent la chasse d'une flotte anglaise, et ce ne fut que par les plus grands efforts qu'elles parvinrent à lui échapper. Elles entrèrent dans le port de Brest le 13 août 1548.

De Brest, la jeune reine se rendit directement au château de Saint-Germain en Laye, où elle fut reçue par le roi Henri II. Elle était accompagnée du plus brillant cortége. Autour d'elle on voyait les quatre jeunes filles ses compagnes : associées à son enfance, elles ne devaient plus la quitter, et elles devaient être partout les témoins de sa gloire et de ses malheurs. Venaient ensuite les deux précepteurs et les deux gouverneurs de Marie ; puis trois de ses frères naturels, parmi lesquels on distinguait le prieur de Saint-André, qui, plus tard, sous le nom de comte de Murray, devait se montrer son plus cruel ennemi.

Après quelques jours passés en fêtes, Marie fut conduite dans un couvent où étaient élevées les héritières des plus grandes maisons de France. On a vu dans la jeunesse de Marguerite de Valois en quoi consistait alors l'éducation des jeunes personnes d'un rang élevé. L'éducation de

Marie Stuart fut à peu près celle qu'on donne aux hommes aujourd'hui ; elle connaissait les langues savantes. Elle avait quatorze ans, lorsque dans une salle du Louvre, en présence de Henri II, de Catherine de Médicis et de toute la cour, elle prononça un discours latin de sa composition, où elle soutenait qu'il sied aux femmes de cultiver les lettres, et que le savoir est chez elles un charme de plus.

Marie était en France depuis deux ans, quand sa mère, pressée du désir de revoir sa fille chérie et de jouir par ses yeux des charmes que l'éducation développait en elle de jour en jour, arriva à la cour de Henri. Elle demeura une année en France. Ce temps de réunion si précieux pour la mère et pour la fille fut encore troublé par les attentats de leurs ennemis. A l'instigation du parti fanatique des réformés d'Écosse, un archer écossais de la garde du roi voulut empoisonner Marie Stuart, et un autre Écossais assassina le président Minard, curateur de la jeune princesse.

Quoique déjà Marie Stuart fût fiancée au dauphin, on vit plusieurs autres souverains de l'Europe se mettre sur les rangs pour devenir son époux. La renommée de ses charmes et de ses talents était parvenue dans toutes les cours. Le poëte Ronsard, d'autres auteurs du temps, et le grave chancelier de l'Hospital lui-même, nous ont laissé des témoignages éclatants de l'enthousiasme qu'elle faisait naître partout où elle se montrait. Elle composait des poésies françaises où l'on remarquait un esprit nourri des grands modèles ; et son goût, naturellement pur, la préservait des exagérations gigantesques qui étaient le défaut de cette époque. La danse, le chant, le luth, occupaient ses loisirs, et lui fournissaient le moyen de déployer des talents et des grâces qui captivaient tous les cœurs.

Le mariage de Marie et du dauphin fut célébré avec la plus grande pompe, à Paris, dans l'église de Notre-Dame, le 24 avril 1558. La jeune reine, au pied de l'autel, salua le dauphin son époux du titre de roi d'Écosse. La singulière position du dauphin, roi par sa femme, héritier présomptif par sa naissance de la couronne de France, fit alors inventer un nouveau titre. Depuis le mariage de François et de Marie, on ne les appela plus que le roi-dauphin et la reine-dauphine. Henri II exigea malheureusement aussi qu'à leurs titres ils ajoutassent ceux de roi et reine d'Angleterre et d'Irlande. Cette qualification, qui, alors sans importance, fut à peine remarquée, eut dans la suite des conséquences terribles.

Marie Stuart était alors le plus bel ornement de la cour. Son époux en faisait son orgueil et son idole. Il était plus jeune qu'elle d'une année, d'une santé délicate, d'un caractère faible et timide. C'est le propre de la faiblesse de s'attacher davantage aux apparences de l'autorité. Marie, pour ménager cette consolation au dauphin, s'étudiait à n'agir que d'après ses avis, à le consulter sur toutes ses démarches; et cette déférence redoublait la tendresse de son époux. Henri II, prince chevaleresque, était rempli d'admiration pour les charmes et les vertus de sa belle-fille, et il ne cessait de lui témoigner les attentions les plus flatteuses. Le bonheur de Marie eût été sans mélange, si sa mère, de retour en Écosse, n'y eût pas été sans cesse au milieu des discordes et des désastres; de temps en temps des lettres arrivées d'Écosse venaient jeter un voile de tristesse sur les plaisirs qui l'entouraient. Bientôt aussi du sein de cette belle et joyeuse cour de France, elle allait voir surgir de nouvelles causes de chagrins personnels.

Catherine de Médicis, à l'exemple de toute la cour, avait

Marie Stuart   Janet Lange paru elle-même applaudir aux premiers triomphes de Marie. Mais quand elle la vit entraîner à sa suite tout ce qu'il y avait de jeune et de brillant, la jalouse Italienne, éclipsée par sa belle-fille, conçut pour elle une aversion profonde. Au nombre de ses talents, Marie possédait surtout cet esprit vif et caustique qui ne peut souffrir la moindre attaque sans y répondre aussitôt par un trait plus mordant; et, comme tous les caractères fermes et généreux, autant elle avait d'indulgence pour la faiblesse, autant c'était pour elle un plaisir d'humilier des ennemis puissants. Presque toute la cour applaudissait en silence aux victoires de l'aimable princesse sur une reine déjà sur l'âge, qui affichait encore des prétentions à la beauté, et à qui son caractère faux n'avait su concilier aucun ami.

Un coup imprévu, tranchant prématurément les jours de Henri II, fit monter Marie Stuart sur le trône de France en 1559. La maison de Guise, où elle comptait deux frères de sa mère, acquit alors un ascendant formidable. Avec leur appui, Marie put dominer son faible époux, François II, et le soustraire à l'influence de Catherine de Médicis, qui brûlait de gouverner l'état sous son nom, comme elle le fit plus tard quand régna Charles IX. Contrainte de dissimuler et de fléchir devant sa belle-fille, Catherine sentit croître son animosité contre elle. Ces dispositions haineuses furent habilement mises à profit par un ennemi plus dangereux qui venait de s'élever ailleurs contre Marie Stuart.

Élisabeth, reine d'Angleterre, avait succédé à son frère Édouard. Digne fille de Henri VIII, ses soins de prédilection furent de susciter des malheurs à l'Écosse, et de s'attacher à perdre Marie, à qui elle voua jusqu'à la mort une haine dont l'histoire offre peu d'exemples. Cécil, son ministre, homme artificieux, mais dévoué à sa maîtresse, entretenait à la cour de France des émissaires secrets qui exploitaient les dissensions de la jeune reine et de sa belle-mère.

Cécil en même temps intriguait en Écosse, et y soufflait le feu de la révolte. La reine régente implora le secours de sa fille. Marie hésitait entre le désir de secourir sa mère et la crainte du parti protestant en France, quand deux coups, aussi sensibles à son cœur que funestes à ses intérêts, vinrent la frapper presque en même temps. La mort de la reine sa mère fut suivie de celle de François II son époux, qui avait régné une année. Malheureusement, elle n'en avait pas eu d'héritier. Ses liens avec la France étaient rompus, et elle se voyait à dix-huit ans veuve d'un monarque, isolée dans une cour où hier encore elle était souveraine, et seule aussi pour aller s'asseoir sur un autre trône ébranlé par la guerre et par les discordes civiles.

Pressentant les humiliations que lui réservait la vengeance de Catherine de Médicis, elle se retira à Reims, auprès de son oncle le cardinal de Lorraine, archevêque de cette ville. Des envoyés du parlement d'Écosse ne tardèrent pas à venir la supplier de rentrer dans ses états pour y reprendre les rênes du gouvernement.

Quoique, par un traité conclu l'année précédente à Édimbourg, Marie se fût engagée à renoncer pour toujours à ses droits sur l'Angleterre et l'Irlande, et que depuis la mort de François II elle eût effacé de son écusson les armes de ces deux royaumes, Élisabeth refusa le sauf-conduit qu'elle lui fit demander pour repasser en Écosse. Ce refus flattait le désir secret que nourrissait Marie de rester en France; mais elle sentit qu'un devoir sacré l'appelait ailleurs, et pour le remplir, elle se résolut à braver les dangers aussi bien que ses propres répugnances. « J'ai bien échappé au frère, dit-elle, pour venir en France ; j'échapperai de même à la sœur pour retourner en Écosse. » Le cardinal, son oncle, lui proposa de laisser ses pierreries, en attendant qu'il pût les lui faire remettre par une voie sûre. « Quand j'expose ma vie, répondit-elle, craindrais-je pour des bijoux ? »

Le 15 août 1561 la petite ville de Calais était en émoi : un royal cortége venait d'arriver dans ses murs, à sa tête brillait la jeune reine Marie Stuart. Ses deux oncles étaient avec elle, ils avaient à leur suite la fleur de la noblesse française attachée au parti Guise. Catherine de Médicis elle-même voulut concourir à rendre plus brillante cette solennité, elle envoya de la cour une nombreuse escorte.

La tristesse de Marie faisait un douloureux contraste avec la magnificence déployée autour d'elle. Le cardinal de Lorraine la conduisit par la main jusque sur la galère destinée

à son voyage. Pâle et retenant ses larmes avec effort, elle

adressa avec une expression pleine de mélancolie un signe d'adieu à sa suite demeurée sur le port, et la regardant silencieusement s'éloigner. Au moment où on levait l'ancre, un vaisseau périt à sa vue. « Oh! s'écria-t-elle, quel augure pour mon voyage ! » Les yeux fixés sur les côtes de France, elle ne les perdit point de vue, aussi longtemps que le jour permit de les distinguer. La nuit elle se fit préparer un lit sur le tillac. Les vents semblaient l'éloigner à regret. Les galères avaient fait peu de chemin pendant la nuit, et aux premières lueurs de l'aurore, Marie put encore apercevoir la France. Dans l'excès de son émotion : « Adieu, France, s'écria-t-elle plusieurs fois, adieu ; je ne te reverrai plus. » Puis elle exhala sa douleur en composant quelques vers que l'on a conservés comme un monument de l'âme sensible de cette princesse infortunée.

> Adieu, plaisant pays de France,
>   O ma patrie
>   La plus chérie,
> Qui as nourri ma jeune enfance,
> Adieu, France! adieu, mes beaux jours !
> La nef qui disjoint nos amours
> N'a eu de moi que la moitié :
> Une part te reste, elle est tienne ;
> Je la fie à ton amitié,
> Pour que de l'autre il te souvienne.

Une brise fraîche s'était élevée, et la France avait disparu pour toujours !

Cinq journées furent employées à la traversée. Marie, retirée silencieusement dans sa chambre, repassait dans son esprit le souvenir de ses belles années, et regardait avec terreur l'avenir qui s'entr'ouvrait devant elle. Il semble qu'il y ait des existences fatalement vouées au malheur. Une destinée implacable transforme pour elles en causes d'infortune même les avantages qui dans le cours ordinaire des choses humaines devaient être des gages certains de prospérité. Marie avait essuyé en Écosse les premières persécutions pour avoir apporté avec elle l'héritage d'une couronne; son esprit et sa beauté l'avaient exposée plus tard à l'aversion de Catherine de Médicis; aujourd'hui cet esprit qui répand le charme sur tout ce qui l'entoure et cette beauté sans égale vont susciter à Marie dans Élisabeth, reine d'Angleterre, une ennemie que vingt ans de malheurs et son sang pourront à peine assouvir.

Marie débarqua à Leith, après avoir failli échouer contre des écueils, ou être prise par les vaisseaux qu'Élisabeth avait lancés à sa poursuite. Son frère naturel, le traître Murray, avait prévenu la reine d'Angleterre de son départ de France. Marie fut accueillie par les démonstrations de joie de quelques serviteurs fidèles; mais dès le lendemain de son arrivée, ayant voulu faire dire la messe dans sa chapelle, on pensa tuer son aumônier sous ses yeux. On se demandait hautement si la couronne pouvait reposer sur la tête d'une idolâtre. C'est ainsi que ces hommes égarés traitaient les catholiques restés fidèles aux traditions de l'Église romaine. Quand Marie fit son entrée solennelle à Édimbourg, toutes les décorations représentaient les traits de l'Ancien Testament relatifs au châtiment des infidèles qui avaient abandonné le vrai Dieu pour adorer les idoles. Un prédicateur fougueux, nommé Knox, composa un livre contre elle, et il ne l'appelait jamais dans ses sermons autrement que la nouvelle Jézabel. Marie semblait une victime dévouée aux passions haineuses de ses sujets en délire, plutôt qu'une souveraine arrivée au milieu de son peuple.

E S

LOUISE.V

Le titre de cet ouvrage nous ordonne de borner notre récit à cette période de la vie de Marie Stuart, alors dans sa dix-neuvième année. Mais peut-être nos jeunes lecteurs ont-ils attaché assez d'intérêt à cette existence dramatique pour désirer que nous la suivions jusqu'à son fatal dénoûment. Nous aurons ainsi l'occasion de leur donner quelques notions sur une des époques les plus importantes de l'histoire d'Écosse, histoire qui fut jadis plus d'une fois liée à celle de notre pays.

Désormais la vie de Marie Stuart se passera dans cette Écosse qui lui réserve une prison et des outrages de toutes sortes; dans cette Angleterre qui lui garde un échafaud. La France seule aura été un lieu de bonheur pour cette infortunée princesse.

Tous les jours la reine se voyait dans sa propre cour exposée à de nouveaux affronts. En vain essaya-t-elle de désarmer les protestants par la douceur et la patience. Pour comprendre une pareille révolte à la fin du moyen âge, quand les rois étaient presque l'objet d'un culte pour leurs peuples, il faut avoir une idée de l'Écosse à cette époque. Le territoire des montagnes, qui forme la plus grande partie du pays, était divisé en clans, dont les habitants se regardaient comme les membres d'une même famille. Le seigneur en était le père, et ils avaient pour lui un amour et une obéissance sans bornes, au lieu de la basse servilité qui régniat parmi les paysans dans les autres pays de féodalité. La civilisation s'était à peine fait sentir dans les clans, qui n'avaient point de rapport les uns avec les autres; les mœurs y étaient rudes et barbares, mais pleines de franchise, et l'on n'y connaissait d'autre loi que la volonté des seigneurs. Plusieurs de ceux-ci étaient très-puissants. Il était rare qu'ils ne fussent en guerre entre eux, et quelquefois ils osaient attaquer leurs souverains.

L'Angleterre ne perdait aucune occasion de fomenter ces discordes, dont un jour ou l'autre elle devait profiter.

Les querelles de religion avaient offert aux seigneurs écossais un prétexte pour augmenter encore leur indépendance. La plupart des clans avaient embrassé avec ardeur la réforme, qui s'adaptait mieux que le catholicisme à leurs habitudes turbulentes. Il faut observer qu'une circonstance avait singulièrement contribué à échauffer le zèle de ces nouveaux apôtres. L'Écosse, à cette époque, comptait un grand nombre de couvents catholiques richement dotés, et les seigneurs montagnards, ainsi que leurs vassaux, avaient trouvé dans leur destruction le moyen de s'assurer une honnête récompense des soins qu'ils se donnaient pour convertir leur pays.

Ainsi une reine de vingt ans voyait se soulever contre elle toutes les mauvaises passions du fanatisme et de la cupidité. La mort de l'archevêque Beaton, massacré dans son palais quelques années auparavant, avait emporté les derniers restes du parti catholique: Marie se trouva forcée de confier le pouvoir à son frère naturel le prieur de Saint-André, qu'elle créa bientôt après comte de Murray, traître qui l'avait déjà vendue à Élisabeth, et qui s'apprêtait à lui arracher enfin la couronne.

Cependant la bonté de Marie, sa douceur inaltérable, commençaient à lui concilier les cœurs de quelques-uns de ses sujets. Un seigneur puissant, le comte de Huntly, avait offert à la reine, à son retour de France, si elle voulait débarquer dans ses domaines, de lever vingt mille hommes pour rétablir la religion catholique. La reine avait refusé, ne voulant point allumer la guerre civile dans son royaume; et l'on disait que le comte, blessé de ce refus, se disposait à prendre ouvertement les armes contre l'autorité royale. Murray, qui convoitait une partie des domaines de Huntly, décida sa sœur à marcher contre le rebelle. Une petite armée s'avança vers le nord. La jeune reine, à cheval, était elle-même à la tête de ses soldats. Elle campait au milieu des champs; et cette manière de voyager éveilla tellement son courage naturel, qu'elle ne cessait de regretter de ne pas être un homme, « pour dormir toute la nuit à la belle étoile, porter une cotte de mailles et un casque d'acier, un bon bouclier au bras, et une large épée au côté. » Le comte de Huntly périt dans une bataille qu'on lui livra; son fils, fait prisonnier, eut la tête tranchée, et Murray s'empara de leurs domaines.

L'air noble de Marie à la tête des troupes, son courage
au milieu des fatigues et des dangers, lui avaient acquis

dans l'armée une grande popularité ; et déjà, même à la
cour, on entrevoyait la possibilité d'un meilleur accord.
Mais les zélés protestants ne permirent pas à ces heureux
germes de porter leurs fruits. Leurs prédicateurs ne voulaient pas de trêve avec l'idolâtre. John Knox, leur chef
et le plus forcené de tous, que Marie avait essayé en vain
de gagner par sa bonté, poussa un jour l'insolence si loin

17

dans un sermon qu'il prononça en sa présence, qu'elle fondit en larmes devant les assistants.

Marie Stuart, veuve à vingt ans, se vit de nouveau recherchée par tous ceux que la possession d'un trône tentait vivement ; elle était elle-même assez disposée à contracter une nouvelle union qui devait au moins lui donner un protecteur. Il était naturel de consulter Élisabeth, dont Marie ou ses enfants étaient les plus proches héritiers. La reine d'Angleterre, qui cachait sa haine pour Marie Stuart sous les plus perfides dehors, et qui ne l'appelait jamais que sa chère et bonne sœur, feignit d'approuver ces projets de mariage; mais ses intrigues les faisaient manquer chaque fois qu'ils étaient près de se conclure. C'est ainsi que furent éconduits plusieurs prétendants : Charles, fils de l'empereur d'Allemagne; le prince héréditaire d'Espagne, et le duc d'Anjou. Enfin Marie jeta les yeux sur son cousin Henri Stuart, comte de Darnley : la mère de ce jeune lord était fille de Marguerite d'Angleterre, sœur de Henri VIII, et veuve de Jacques V. Cette fois le mariage s'accomplit, malgré les obstacles que voulut y apporter Élisabeth, après avoir paru le favoriser.

Murray, dont ce mariage de la reine contrariait aussi les desseins, commença alors à lever le masque. S'étant ménagé quelques complices, et avec l'aide des secours que lui fournit secrètement Élisabeth, il leva des troupes et organisa un complot pour s'emparer de Darnley ou le faire périr. Mais l'armée accourut à la voix de Marie; et les conjurés ayant manqué leur projet, furent forcés de se réfugier en Angleterre, où, tout en les désavouant, Élisabeth sut pourvoir à leurs besoins.

Cette tentative heureusement réprimée devait affermir l'autorité de la reine. Mais par une suite de sa triste destinée, cette princesse, qui avait cru se donner un protecteur dans son époux, n'avait trouvé en lui qu'un nouvel instrument d'infortune. D'une naissance royale, et possédant tous les avantages extérieurs, Darnley n'avait que des sentiments abjects et une âme de boue. Sans aucun talent, mais dévoré d'une sotte ambition, aussi lâche que plein d'emportement, il ne cessait d'importuner la reine pour obtenir d'elle le partage égal du pouvoir, et il se permettait en même temps à son égard une conduite indigne et des manières outrageantes.

Il y avait alors à la cour un Italien de basse naissance, nommé David Rizzio, qui, de simple domestique de la maison de la reine, s'était élevé au rang de secrétaire français. Outre son grand talent pour la musique, que la reine aimait beaucoup, Rizzio, par la connaissance qu'il avait des langues vivantes, lui était encore indispensable pour correspondre avec les puissances étrangères. La faveur de Rizzio l'avait rendu odieux à tous les courtisans. Darnley avant son mariage avait eu la bassesse de le flatter et de se lier intimement avec lui pour l'engager à le servir auprès de la reine. Soupçonnant maintenant que les conseils de l'Italien empêchaient Marie de satisfaire son ambition, il résolut de se défaire de son ancien ami.

La reine, comme son père Jacques, aimait à réunir quelques amis dans l'intimité et sans luxe; elle oubliait avec eux les embarras de la représentation royale. Le 9 mars 1566, six personnes avaient soupé dans un cabinet près de sa chambre à coucher, au palais d'Holyrood. Rizzio avait amusé la soirée par ses chants. Tout à coup, on entend à la porte un cliquetis d'armes. Darnley paraît, et après lui, lord Ruthven, homme d'un aspect horrible, d'une figure livide et cadavéreuse; le cabinet se remplit d'hommes armés. La reine se lève tremblante. Ruthven demande Rizzio d'une voix brutale. L'Italien court se réfugier derrière la reine, qui s'efforce de le protéger. Darnley, sans prononcer un mot, s'avance vers son épouse, lui saisit les mains; Ruthven, s'appuyant sur elle, porte pardessus son épaule le premier coup de poignard au malheureux Rizzio, qui se cramponnait avec désespoir aux vêtements de la reine. A ce signal, tous les conjurés se précipitant, renversent la table sur la reine, s'emparent de

leur victime, et la traînent à travers la chambre à coucher et l'antichambre, où ils l'achèvent avec cinquante-six coups de poignard. On montre encore aujourd'hui, dans un cabinet du palais d'Holyrood, les traces du sang du malheureux Rizzio.

Darnley, pour armer les meurtriers de Rizzio, avait dû leur permettre de rappeler d'Angleterre Murray et ses complices, qui avaient naguère conjuré contre sa propre vie. Ils rentrèrent tous ensemble en triomphe à Édimbourg; et pour s'assurer l'impunité, ils allaient prendre des mesures pour retenir la reine prisonnière dans quelque forteresse, tandis que Morton et Murray gouverneraient l'état au nom de Darnley. Mais ce misérable ne savait même pas être fidèle à ses complices. Il revint lâchement solliciter sa grâce de la reine, et il lui procura les moyens de s'échapper du palais d'Holyrood. Ils se rendirent à Dunbar, où une proclamation de Marie assembla auprès d'elle un grand nombre de fidèles sujets. Les conjurés tremblèrent à leur tour; et les plus compromis se sauvèrent en Angleterre, où les ennemis de la reine étaient toujours certains de trouver un refuge assuré.

Marie avait ressaisi son autorité. Le 19 juin 1566 elle mit au monde un prince qui fut Jacques VI, et qui plus tard régna sur l'Angleterre et sur l'Écosse. La nouvelle en parvint à Élisabeth au milieu d'une fête où elle était à danser. Elle quitta la danse, et se jeta sur une chaise la tête dans ses mains pour cacher ses larmes. La jalousie d'Élisabeth allait jusqu'au délire; elle avait des prétentions à la beauté, et elle eût voulu ne point s'avouer à elle-même que celle de Marie était incomparablement supérieure à la sienne. Un jour elle demanda brusquement à Melvil, ambassadeur d'Écosse, laquelle était la plus belle de Marie ou d'elle. « Marie, répondit l'ambassadeur, en éludant avec esprit, est la plus belle femme de l'Écosse, comme Élisabeth est la plus belle femme de l'Angleterre. —Du moins, reprit

Élisabeth , votre reine n'est pas aussi grande que moi. »
Melvil se crut obligé d'avouer que Marie était un peu plus

grande. — Elle l'est donc beaucoup trop, reprit aigrement
Élisabeth. Elle ne cessait de faire des questions insidieuses
sur cette princesse pour lui découvrir des défauts. Elle
s'appliquait avec une émulation pénible aux exercices d'esprit dans lesquels sa rivale réussissait avec tant de facilité.
Sa haine, toujours couverte, dans ses rapports avec Marie, sous des apparences de cordialité et de franchise,
s'accumulait silencieusement jusqu'au jour où elle pourrait s'assouvir dans les tortures et dans le sang de la victime qu'on lui livrerait sans défense. Les nobles d'Écosse
allaient bientôt donner à Élisabeth cette satisfaction.

Ceux qui étaient entrés dans les deux conspirations

voyaient leur projet principal déjoué par la réconciliation
de la reine avec son époux, et ils jugeaient enfin qu'ils ne
pourraient parvenir à la chasser du trône tant qu'elle serait entourée de l'amour du peuple et du dévouement de
l'armée, qu'elle s'était concilié par son affabilité et ses
nobles manières. Ils résolurent de faire périr Darnley pour
se venger de sa défection ; sa mort devait en même temps
leur fournir la matière de la plus horrible accusation
contre Marie.

Un certain comte de Bothwell, grand spadassin, d'un
courage équivoque, mais d'une ambition sans bornes, s'é-
tait élevé à la faveur des troubles beaucoup plus que son
mérite ne devait le permettre. Les conjurés lui persua-
dèrent facilement qu'après s'être défait de Darnley, il pourrait, avec leur appui, devenir en sa place l'époux de la
reine. Darnley, malade de la petite-vérole, était alors logé
dans une maison religieuse appelée l'Église des champs,
en dehors des murs d'Édimbourg. Marie, qui habitait le
château d'Holyrood pour ne point exposer son jeune fils à
la contagion, oubliant les torts de son indigne époux et ne
songeant qu'à ses souffrances, venait souvent lui rendre
visite et l'entourait de soins affectueux. Dans la soirée du
9 février, plusieurs personnes, parents, vassaux et domestiques de Bothwell, vinrent en secret à l'Église des champs,
et déposèrent une grande quantité de poudre sous l'appartement où se trouvait placé le lit du prince. Une mèche
longue y avait été disposée, et conduisait en dehors.
Bothwell arriva vers deux heures du matin, l'on y mit
le feu, et un instant après l'église sauta avec une terrible
explosion. Le corps de Darnley fut jeté dans un verger
voisin : punition trop juste, si elle eût dû n'être funeste
qu'à lui.

Bothwell, appelé en jugement par le comte de Lennox, père de Darnley, fut incontinent absous par le crédit de ses partisans et celui des seigneurs qui l'avaient fait agir. Puis, muni d'un écrit signé par les principaux d'entre eux, par lequel ils le déclaraient innocent et engageaient la reine à l'accepter pour époux, il se présenta hardiment devant cette princesse, prit la bride de son cheval, et la conduisit dans le château de Dunbar, dont il était gouverneur. Tandis que Marie, croyant encore à l'innocence de Bothwell, hors d'état d'ailleurs de résister à la faction insolente qui lui imposait ses lois, et peut-être espérant donner à son fils un nouveau protecteur, se résignait à enchaîner son existence à celle d'un pareil homme, les conjurés répandaient partout le bruit qu'elle avait été l'instigatrice de l'attentat de Bothwell, et qu'elle donnait sa main pour prix du meurtre de son époux. Ces calomnies perfides ne tardèrent pas à produire l'effet que leurs auteurs en attendaient. Le mécontentement et l'indignation éclatèrent partout contre la reine et son nouvel époux. Une révolte éclata; et les complices de la mort de Darnley, à la tête de ceux qui prenaient les armes pour la venger, vinrent présenter la bataille à Marie, dont une partie des troupes se débanda et qui fut vaincue presque sans résistance. Bothwell, qui s'était lâchement sauvé avant la bataille, gagna la mer, où il exerça le métier de pirate. Arrêté quelque temps après par des vaisseaux danois, et enfermé dans le château de Malmay, il y mourut en affirmant qu'il avait eu pour complices de la mort de Darnley, Murray et Morton, et que Marie était tout à fait innocente.

Cette princesse, prisonnière de ses sujets révoltés, fut conduite par eux à travers les rues d'Édimbourg, où elle eut à subir les outrages les plus cruels de la part de la po-

pulace. On ne cessa d'agiter devant ses yeux un étendard
préparé pour cette circonstance, où l'on voyait d'un côté
le cadavre de Darnley étendu sous un arbre dans le fatal
verger, et de l'autre le petit prince Jacques à genoux, de-
mandant au ciel la vengeance de son père. Le lendemain,
on la transféra au château de Lochleven. Quelques nobles
révoltés vinrent l'y forcer par des violences et des menaces
à signer un acte de déchéance qui appelait au trône son
fils, et confiait la régence à Murray jusqu'à sa majorité.

Un éclair de bonheur devait luire encore sur l'existence
de Marie Stuart. Sa captivité durait depuis un an. Le plus
jeune des fils de lady Lochleven, George Douglas, plus
sensible aux malheurs de l'aimable reine qu'aux intérêts de
sa famille, avait fait une inutile tentative pour la délivrer.
Le château était situé sur une petite île au milieu d'un lac.
Marie, sortie de ses murs sous le déguisement d'une blan-
chisseuse, gagnait le bord dans une barque, conduite par
le jeune Douglas, quand la blancheur de sa main la fit reconnaître par un des soldats qui la rencontra. On la re-
conduisit au château, et le jeune homme fut banni de l'île.
Mais il ne perdit point l'espérance d'accomplir son généreux projet. Un soir que Marie était sur le point de se
coucher, elle entend une clef tourner doucement dans la
serrure de sa chambre. Un enfant de quatorze à quinze
ans entre, portant à la main une énorme trousse de clefs.
C'était un parent des maîtres du château, que Marie avait
à peine remarqué depuis son séjour, et que l'on appelait le
petit Douglas. La reine ne savait que penser de cette visite:
« Madame, lui dit tout bas l'enfant en posant un doigt sur
la bouche et avant qu'elle eût le temps de l'interroger,
mon cousin George ne vous a pas abandonnée; votre délivrance est assurée si ma jeunesse ne vous empêche pas

18

de nous en confier le soin. » Marie, tressaillant de joie à
ce mot de délivrance, assura l'enfant qu'elle était prête à
partager le danger qu'un si noble dévouement affrontait
pour elle. Il lui expliqua alors qu'il était d'intelligence
avec son cousin ; qu'il était parvenu, à force de patience, à
s'emparer des clefs du château pendant le souper, sans que
personne s'en aperçût, et que George, sur le signal qu'il
venait de lui donner, serait dans une heure avec une barque
au pied des murs du château. Quand tout le monde fut
livré au sommeil, Marie s'abandonna avec confiance à son
jeune libérateur. Ils trouvèrent George Douglas fidèle au
rendez-vous. Après avoir fermé à double tour les portes
du château et jeté les clefs dans le lac, les deux jeunes
gens ramèrent vigoureusement. Sur le bord, Marie trouva
le lord Hamilton et quelques-uns de ses amis, avertis par
George Douglas. Elle monta gaiement à cheval, ainsi que
ses deux libérateurs, et, accompagnée de sa petite troupe,
elle se dirigea en toute hâte vers un village du Lothian,
d'où le lendemain elle se rendit à Hamilton.

La nouvelle de la délivrance de Marie se répandit rapidement en Écosse et réveilla en sa faveur l'intérêt qu'elle
avait autrefois inspiré. Ceux même de ses sujets qui l'a-
vaient crue coupable la jugeaient assez punie par ses infortunes. En moins de huit jours elle se vit à la tête d'une
nombreuse armée où l'on voyait neuf comtes, huit lords,
neuf évêques et beaucoup de gentilshommes du plus haut
rang, tous dévoués à sacrifier leur vie pour la replacer
sur le trône. Marie voulait se renfermer dans le château de Dunbarton, pour y attendre que le mouvement
en sa faveur s'opérât dans tous ses états, sans qu'elle eût
besoin de recourir aux armes et de verser du sang.

Murray la prévint. Avec une armée bien inférieure en

nombre, il vint se poster au village de Langside, par où celle
de la reine devait nécessairement passer. La bataille s'engagea, et Marie, du sommet d'une hauteur voisine, la contemplait avec anxiété. Elle vit les fidèles Hamilton et les autres
gentilshommes s'élancer courageusement avec l'avant-garde
pour forcer le passage. L'ennemi reculait sous cette charge
terrible, et déjà Marie voyait la victoire prête à se déclarer
pour ses vaillants défenseurs. Mais tandis que, selon la mé-
thode écossaise, chacun d'eux s'attachait avec acharnement
à l'ennemi qu'il avait en tête, Morton, qui commandait
sous Murray, vint les prendre en flanc avec une troupe de
réserve, et cette manœuvre décida de la bataille. Marie,
témoin de la déroute de son armée, fut obligé de recourir
à la fuite. Accompagnée de lord Herrier et de quelques fidèles serviteurs, elle courut à cheval soixante milles sans
s'arrêter, et elle ne prit un peu de repos que dans l'abbaye de Dundrennan, près de la frontière d'Angleterre.

La reine fugitive avait encore le choix d'un refuge. En
France, elle était assurée de trouver bon accueil; mais il
fallait traverser la mer; l'Angleterre n'était qu'à quelques
pas, mais on pouvait craindre les dispositions d'Élisabeth.
Marie, entraînée par son mauvais destin, et jugeant du
cœur de sa cousine par le sien, se décida à chercher auprès d'elle un asile. En vain les amis qui l'avaient accompagnée la supplièrent à genoux de renoncer à sa résolution. Elle entra dans la barque fatale, traversa le Solway,
qui sépare les deux royaumes, et quelques heures après,
touchant le sol de l'Angleterre, elle était pour toujours à la
merci de son ennemie.

Dès qu'Élisabeth reçut l'avis que Marie était en sa puis-
sance, elle laissa percer sa joie, malgré les faux semblants
de pitié qu'elle affectait. Elle la fit retenir prisonnière; et

des frontières d'Écosse, où son parti aurait pu tenter de la venir délivrer, Marie Stuart, par l'ordre d'Élisabeth, fut conduite au château de Bolton, dans le comté d'York. Il fallait au moins un prétexte pour en agir de la sorte, et Murray se chargea de le fournir, en accusant sa sœur auprès d'Élisabeth d'être la meurtrière de son premier mari.

Elle avait vingt-six ans quand sa captivité commença; et elle demeura dans les prisons pendant près de vingt années. Transférée de châteaux en châteaux, à chaque fois elle voyait resserrer ses liens et augmenter les mauvais traitements qu'Élisabeth chargeait ses geôliers de lui faire subir.

Les malheurs de Marie lui suscitèrent même en Angleterre plus d'un défenseur. Le duc de Norfolk forma un complot pour la délivrer. Mais, trahi par Murray, à qui il s'était confié, il paya de sa tête sa généreuse tentative. Plus tard, un jeune lord riche et puissant, nommé Antoine Babington, essaya de se mettre à la tête des catholiques anglais pour élever Marie sur le trône à la place d'Élisabeth. La reine d'Angleterre était trop puissante pour redouter une pareille entreprise. Elle y trouva au contraire une arme qui lui manquait encore pour accomplir ses desseins sur sa rivale captive. On rappela les prétentions que Marie Stuart avait autrefois manifestées en prenant le titre de reine d'Angleterre; et, accusée d'avoir participé au complot de Babington, elle fut condamnée à perdre la vie.

Élisabeth voulait faire assassiner secrètement Marie par Paulet, gardien du château de Fotheringay, où elle était alors. Mais cet homme, malgré l'horrible dureté qu'il déployait envers sa prisonnière, refusa de se charger d'un crime infâme, et Élisabeth fut forcée de signer l'ordre pour faire exécuter Marie selon les lois. Le soin en fut confié aux comtes de Shrewsbury et de Kent, aidés du schérif de Northampton.

Le 7 février 1587 ils arrivèrent au château. Ils donnèrent lecture de l'ordre à Marie, et lui dirent de se préparer à mourir le lendemain. Elle écouta sans émotion. Ses souffrances lui avaient peut-être rendu la mort désirable. Faisant le signe de la croix : « Je n'aurais pas cru, dit-elle, que la reine d'Angleterre voulût donner le premier exemple de violer la personne sacrée d'un souverain ; mais je me soumets volontiers à ce qu'il plaît à la Providence d'ordonner de mon sort. Depuis vingt ans je languis en prison, inutile à moi-même et nuisible à mes meilleurs amis ; je quitte la vie, heureuse de verser mon sang pour la religion. Elle jura sur les saints Évangiles que jamais elle n'avait trempé dans aucun complot tendant à la mort de la reine. — Votre serment, dit le comte de Kent, est fait sur une Bible papiste, il est nul. — Oui, reprit-elle, c'est une Bible catholique, mais c'est celle que je révère le plus, et vous devez regarder mon serment comme le meilleur que je puisse faire.

. Lorsque les comtes se furent retirés, les gémissements comprimés éclatèrent parmi les gens de sa maison ; Marie leur imposa silence avec douceur : « Dans peu d'heures, dit-elle, mes infortunes seront terminées. Je meurs pour ma religion ; résignez-vous et laissez-moi à mes dévotions. »

Elle écrivit à ses parents de tendres lettres d'adieu, et distribua à ses domestiques ce qu'il lui restait d'objets précieux. Ensuite elle fit un léger repas ; elle prit un verre qu'elle remplit de vin, et but à tous ses gens, qui lui firent raison à genoux : elle leur demanda pardon des mortifi-

cations qu'elle avait pu leur causer, et s'endormit paisible-
ment.

Le lendemain elle se leva de grand matin, et passa
quelques heures dans son oratoire à des actes de dévotion.
Ses gens prièrent avec elle, puis elle embrassa toutes les
femmes, et donna sa main à baiser aux hommes. A huit
heures le grand schérif entra, suivi de ses officiers. Marie
s'avança au-devant d'eux, avec une contenance ferme et
pleine de dignité. Elle était vêtue d'une magnifique robe
de velours noir, et portait à la main un crucifix et une
Bible. Elle s'avança lentement, guidée par le schérif. Elle
demanda un prêtre catholique; on le lui refusa; elle eut
même beaucoup de peine à obtenir que ses femmes l'ac-
compagnassent. Au bas de l'escalier, elle trouva son maître
d'hôtel Melvil en proie à la plus vive douleur. Ce vieillard
se précipita à ses pieds, poussant des cris douloureux.
« Cesse de t'affliger, lui dit Marie; tu as plus de sujet de te
réjouir que de pleurer : les peines de Marie Stuart sont à
leur fin. Rapporte à tous que je meurs fidèle à ma religion,
fidèle à l'Écosse, fidèle à la France, mes deux patries.
Que Dieu pardonne à ceux qui ont recherché mon sang!
Dis à mon fils de se souvenir de sa mère; dis-lui que,
malgré mes maux, je n'ai rien fait de préjudiciable au
royaume d'Écosse! »

Puis adoucissant sa voix, elle reprit : « Allons, mon
bon Melvil, dit-elle en souriant et en lui prenant le
bras, aide-moi un peu à marcher; encore ce petit service. »

A l'extrémité de la salle, était dressé l'échafaud. On y
voyait le fatal billot, un fauteuil et un coussin. En apercevant la hache de l'exécuteur : « Ah! s'écria Marie,
j'eusse mieux aimé avoir la tête tranchée avec une épée à

la française. » Les sanglots de ses femmes éclatèrent :
« Mes chères amies, dit-elle en posant le doigt sur sa
bouche, j'ai répondu de vous, il faut que vous sachiez
vous vaincre. » Puis, parcourant de l'œil les spectateurs
au nombre de trois cents, elle prit Dieu à témoin de
son innocence. Le doyen de Pétersborough, forcené protestant, lui montrait l'enfer prêt à l'engloutir si elle ne se
convertissait pas :

« N'insistez pas davantage, répondit la victime ; je suis
née, j'ai vécu et je meurs dans la religion catholique romaine. »

Le bourreau se présentant pour lui ôter sa robe, elle dit
en souriant qu'elle n'avait pas coutume de se servir de tels
valets de chambre. Enfin elle s'agenouilla ; Kennedy, l'une
de ses filles d'honneur, lui couvrit les yeux avec un mou-
choir brodé d'or, et elle posa sa tête sur le billot en prononçant ces paroles : « *In manus tuas, Domine, commendo spi-
ritum meum* (Seigneur, je remets mon esprit entre vos

mains). » En ce moment un cri d'horreur s'éleva de toutes

les parties de la salle. Le bourreau troublé dut frapper trois coups pour faire tomber sa tête. La montrant aux spectateurs, il prononça la formule d'usage : « Ainsi périssent les ennemis de la reine d'Angleterre. » Le seul comte de Kent répondit : Ainsi soit-il.

Le silence seul de l'assemblée succéda à cette provocation, et on n'entendit plus qu'un murmure général d'horreur, d'admiration et de pitié.

Charlotte Corday.

James Langg

CHARLOTTE CORDAY.

Le jeudi 11 juin 1793, vous auriez vu, dans le coche de Normandie, une jeune fille pensive et silencieuse. Elle arrivait à Paris pour la première fois et ne paraissait pas du tout étonnée à l'aspect de cette grande ville si remuante et si agitée. Son regard était fixe ; elle semblait possédée par une grande et unique pensée. Elle venait de Caen et portait le costume des femmes du peuple de ce pays, costume simple et modeste. Elle avait des manières distinguées, et

19

une indéfinissable élégance qui contrastait avec la simplicité de sa mise.

On a conservé le passe-port qui lui fut délivré par la municipalité de Caen le 8 avril 1793; il portait :

« La citoyenne Charlotte Corday, âgée de vingt-quatre » ans, taille de cinq pieds un pouce, sourcis et cheveux » châtains, yeux gris, front élevé, nez long, bouche » moyenne, menton rond fourchu, visage ovale. »

On verra plus tard quel projet amenait à Paris cette jeune fille, pourquoi elle était seule, pourquoi elle était si sombre et si pensive.

Charlotte est née dans un village de Normandie, à Saint-Saturnin-les-Ligneries; petite-fille de Pierre Corneille, elle sortait d'une famille noble. Les armes de la maison de Corday étaient trois chevrons d'or sur champ d'azur à la couronne de comte. Quand Charlotte vint au monde, sa famille n'avait plus que le souvenir de son ancienne splendeur. On voit encore à Saint-Saturnin la maison où elle naquit. C'est une demeure modeste et commune; un beau pommier croît au milieu de la cour près du puits; une cloche pend auprès de la porte étroite, un mur qui s'écroule et que le lierre couvre de son vert feuillage enclot ce petit domaine. Les vieilles gens de Saint-Saturnin se souviennent à peine de la petite Charlotte, sinon que c'était un enfant plein de grâce et de gaieté. Comme Jeanne d'Arc, comme sainte Geneviève, deux héroïnes aussi, son enfance s'écoula au milieu des champs; comme elles sans doute elle menait paître les vaches de son père, tête et bras nus au soleil, cheveux blonds aux vents.

Charlotte avait une sœur de quelques années plus âgée qu'elle. Ces deux jeunes filles quittèrent un jour leur village de Saint-Saturnin, les vertes prairies, les routes bordées de pommiers, la douce vie des champs ; elles étaient jeunes encore, on les conduisit au couvent de la Sainte-Trinité à Caen. Les religieuses de ce riche établissement étaient soumises à la règle de saint Benoît, et portaient le

vêtement noir ; elles vivaient sous le même toit, mais sans clôture, et pouvaient prendre chez elles une ou deux pensionnaires. Charlotte Corday et sa sœur furent reçues dans le couvent par leur tante, madame de Lauvagny, qui avait fait ses vœux. Ce couvent était un vaste et silencieux édifice, aux cloîtres sombres, froids et sévères.

Mademoiselle Corday était tout à fait ignorante quand elle arriva dans ce couvent. Elle y reçut une éducation convenable ; elle montrait du goût pour les belles-lettres, et beaucoup d'aversion pour les travaux ordinaires des femmes ; elle ne sut jamais bien coudre, encore moins broder ; elle dessinait assez agréablement.

Charlotte montra peu de dévotion dans les premières années de son séjour au couvent ; mais vers l'âge de douze elle se jeta dans la piété avec un zèle qu'il fallut sans cesse modérer. Cependant elle ne se sentit sans doute pas une vocation bien vive pour l'état religieux, car on voit qu'elle avait à peine dix-sept ans quand elle sortit du couvent pour aller habiter à Caen la maison de madame de Bretteville, sa tante.

Cette maison où s'écoula la jeunesse de Charlotte Corday, est située dans la rue Saint-Jean ; elle porte le nº 148. Comme celle de Saint-Saturnin, comme la vieille abbaye de la Trinité, cette autre habitation de Charlotte Corday est sombre et cachée, son extérieur est peu ouvert ; un mur élevé la dérobe à la vue des passants ; elle s'est comme réfugiée au fond, d'une petite cour. Demeure de philosophe, elle est toute pleine de calme et de silence : le bruit de la rue n'y pénètre pas, le mouvement extérieur ne s'y fait pas sentir, la pensée y conserve toute sa liberté. Le soleil pénètre rarement dans ces lieux tristes et froids. C'est un escalier massif, à marches de pierre, large, la rampe à volute, qui conduit à la chambre qu'occupait Charlotte. On comprend en visitant ces lieux divers autrefois habités par cette jeune fille, qu'ils étaient merveilleusement propres à la conception d'un sombre et courageux projet.

A Caen on ne peut recueillir que peu de souvenirs de Charlotte Corday Les vieillards disent qu'elle était belle, les vieilles femmes qu'elle était bonne et sage. Elle était vêtue presque toujours d'une amazone bleue, qui serrait étroitement sa noble taille ; sa tête, qu'elle portait haute et fière, était couverte d'un feutre gris orné de rubans verts ; son costume était toujours simple et sévère. C'était une belle personne qui ne dansait pas, ne chantait jamais, riait peu et lisait souvent. Ses auteurs de prédilection étaient Corneille, le plus illustre de ses aïeux, Raynal et Jean-Jacques Rousseau. Elle menait une vie solitaire et toute remplie par l'étude et les exercices de piété.

Elle avait une compagne chérie, une amie adorée, cette Jeanne-Éléonore de Faudoas, qui périt sur l'échafaud révolutionnaire à l'âge de seize ans. Depuis cette mort cruelle, Charlotte était devenue pensive; un combat violent semblait agiter son cœur. Elle ne fut pas toujours la maîtresse de cacher sa vive émotion, mais elle ne pleurait pas. Sa tante, qui tenait aux premières familles de la ville, la forçait quelquefois à l'accompagner dans le monde. Elle y avait peu de ces succès que les femmes recherchent. On la respectait comme une fille instruite et de mœurs austères, mais on lui trouvait des allures trop masculines. Elle parlait avec une grande élégance, et le son de sa voix allait au cœur; ses idées se ressentaient naturellement de ses lectures; elles étaient sévères et exaltées : elle les exprimait avec force et netteté. Elle avait vingt ans quand la révolution française éclata. Elle se prononça aussitôt pour les idées nouvelles; elle avait puisé dans la contemplation des grands caractères des héros de Corneille un violent amour de la liberté.

Infortunée jeune fille , que n'êtes-vous restée ignorante comme les jeunes vachères de Saint-Saturnin, autrefois vos compagnes ! Que n'avez-vous passé une vie obscure sous les cloîtres gothiques du couvent de la Trinité ! Que n'avez-vous éternellement caché sous le voile blanc des vierges du Seigneur cette noble tête; sous la bure noire, ce noble cœur que Dieu vous avait donné !

Mademoiselle Corday lisait avidement les journaux, les papiers publics, les pamphlets de ce temps-là. Les révolutionnaires se séparèrent bientôt en deux camps; Charlotte, comme femme et comme savante, devait naturellement prendre parti pour cette éloquente Gironde qui défendait les principes de l'humanité contre les fameux démagogues de la Montagne. Quand les députés girondins arrivèrent à Caen pour y chercher un refuge, au commencement de cette sanglante année 1793, mademoiselle Corday engagea vivement sa tante à les accueillir. Madame de Bretteville, qui était bonne et secourable, se laissa facilement aller aux sollicitations de sa nièce. Le député de Marseille, cet éloquent et courageux Barbaroux, était admis tous les jours chez madame de Bretteville. Proscrit par la montagne, Barbaroux ne voyait de fin aux exécutions sanglantes qui désolaient la France que par l'extermination des montagnards. Combien de fois ne s'est-il pas écrié dans sa chaleureuse indignation, « Qui nous délivrera de ces brigands? Qui nous délivrera de cet infâme Marat, de cette bête féroce toujours altérée de sang? » En l'écoutant, le visage de Charlotte s'animait d'une étrange façon, ses yeux gris lançaient des éclairs de feu. « Espérez, monsieur, disait-elle à l'éloquent Girondin, espérez; la France ne peut se laisser égorger tout entière. »

L'hôtel de ville à Caen est situé sur la place Saint-Pierre; c'était un édifice d'une rare élégance du meilleur temps de la Renaissance, couvert de riches et abondantes sculptures. Dans la cour on voyait deux statues colossales: l'une de David, tenant à la main la tête de Goliath; l'autre de Judith, l'œil en feu, les cheveux au vent, les jambes nues, la main armée. Cette statue est pleine d'expression et de vie; un jour, Barbaroux était venu chez madame de Bretteville, il n'y trouva pas Charlotte, il s'en retournait chez lui quand en passant devant l'hôtel de ville il aperçut une jeune fille en contemplation devant cette statue de Judith : il s'approche, et reconnaît Charlotte Corday.

« J'admirais cette statue gigantesque, » dit-elle au girondin.

Le lendemain Charlotte avait quitté Caen dans ce coche où nous l'avons vue au commencement de cet article.

Nous devons au lecteur un autre portrait de cette jeune fille que celui donné par son passe-port.

C'était, nous l'avons déjà dit, une femme belle et imposante ; elle avait le tour du visage de forme ovale, le nez profilé avec grâce, le teint d'une fraîcheur de rose, une bouche très-noble, les mains effilées et blanches ; mais (et c'est une remarque d'une étrange tristesse, quand on songe à la fin de cette jeune personne) rien n'était aussi parfait chez Charlotte Corday que son cou noble et blanc comme celui d'un cygne.

A son arrivée à Paris, mademoiselle Corday descend à l'hôtel de la Providence, rue des Vieux-Augustins.

C'est à Paris qu'elle apprit par un député girondin, Duperret, pour qui elle avait une lettre de recommandation, les nouvelles fureurs de Marat. On sait que dans sa dernière motion à la Convention il demandait la mort de tous les Bourbons prisonniers, et la mise à prix de la tête de ceux qui avaient eu recours à la fuite.

Charlotte, le lendemain de son arrivée, écrivit au fougueux montagnard ce billet qu'on a conservé :

« Citoyen,

« J'arrive de Caen. Votre amour pour la patrie me fait présumer que vous connaîtrez avec plaisir les malheureux événements de cette partie de la république. Je me présenterai chez vous vers une heure ; ayez la bonté de me recevoir et de m'accorder un moment d'entretien. »

Fidèle à sa promesse, Charlotte Corday se présenta à une heure chez Marat.

En proie à de vives souffrances, Marat ne recevait personne. Elle demanda par un second billet une autre audience pour sept heures du soir. On refusait encore de la laisser pénétrer auprès de Marat, mais elle insistait avec tant de force que le malade l'entendit; il était au bain, et ordonna qu'on introduisît la visiteuse.

— Assieds-toi, citoyenne, lui dit-il, et parle.

— C'est moi qui vous ai écrit, ce matin, dit Charlotte; je viens de Caen.

Il l'interrogea sur les projets des députés girondins réfugiés dans cette ville; il lui demanda leurs noms, et celui des administrateurs des départements rebelles... Il les écrivait au fur et à mesure. C'est bien, dit-il enfin; ils iront tous à la guillotine...

— A la guillotine, reprend Charlotte. Au moins ne sera-ce pas par ton ordre, monstre; et tirant de son sein un couteau, elle frappe Marat. « *A moi!* s'écrie-t-il; *à moi, ma chère amie!* » Le fer était entré tout entier dans sa poitrine.

On accourt à ce cri lugubre, on trouve Marat baigné dans son sang, et Charlotte regardant sa victime, impassible, sans remords, sans effroi.

Charlotte arrêtée aussitôt fut conduite à la Conciergerie.

Deux gardes furent placés dans la cellule qu'elle occupait. Quand elle entendit sonner minuit: « Citoyens, leur dit-elle, n'allez-vous pas me laisser seule?

— Nous ne sortirons que demain matin de cette chambre, » lui répondit un d'eux.

— Elle se mit en prières, se coucha sur un peu de paille, et s'endormit d'un sommeil calme et profond.

Le lendemain elle fut interrogée par Fouquier-Tinville.

— Je ne peux rien vous répondre, dit-elle, à la première question qu'on lui fit : je ne parlerai que devant mes juges et devant le peuple.

Le 17 juillet au matin, Charlotte Corday fut extraite de sa prison et conduite devant le tribunal.

— Avez-vous un défenseur? lui dit le président.

— Je n'en ai pas besoin, répondit-elle.

— Citoyen Chauveau, ajouta le président en s'adressant à un jeune avocat présent, le tribunal vous nomme d'office.

Accusée, quels sont vos nom et prénoms?

— Tous ces délais sont inutiles ; vous me connaissez ! c'est moi qui ai tué Marat !

— Qui vous a engagée à commettre cet assassinat?

— Ses crimes !

— Qu'entendez-vous par ses crimes?

— Les malheurs dont il a été cause depuis la révolution, et ceux qu'il préparait encore.

20

— Qui vous a portée à commettre cet assassinat ?

— Personne !

— C'est dans les journaux que vous avez lu que Marat était un anarchiste ?

— Oui ! (et élevant la voix) j'ai tué un homme pour en sauver cent mille, un scélérat pour sauver des innocents, une bête féroce pour donner le repos à mon pays.

— Croyez-vous avoir tué tous les Marat ?

— Hélas, non ! répondit-elle avec tristesse en levant les yeux vers le ciel.

— Ne vous êtes-vous pas essayée d'avance avant de frapper Marat? A ces mots Charlotte pâlit et rougit tour à tour; elle était violemment agitée. Me prenez-vous pour un assassin, citoyen président? dit-elle enfin avec énergie.

— Il est cependant démontré que vous ne l'auriez pas tué si votre coup avait porté un peu plus bas.

— Mettez que c'est Dieu qui a guidé mon bras vengeur.

S'étant aperçue pendant les débats qu'un artiste essayait de faire son portrait, elle le regarda avec un triste sourire, rougit un peu, et sans fausse honte comme sans affectation, elle se plaça d'une manière favorable.

Charlotte, au lieu de se justifier de son crime, s'en faisait une gloire; son avocat ne pouvait rien dire pour sa défense, elle ne l'aurait d'ailleurs pas souffert.

« L'accusée avoue tout avec une inébranlable assurance, dit l'avocat, M. Chauveau-Lagarde. Ce calme et cette abnégation sublimes ne peuvent s'expliquer que par le fanatisme politique le plus exalté. C'est à vous, citoyens, à juger de quel poids cette considération morale doit être dans la balance de la justice. »

Charlotte Corday écouta avec un admirable sang-froid

sa sentence de mort: aucune émotion ne se peignit sur
ses traits, elle rentra avec sérénité dans la prison.

Elle écrivit à son père pour lui demander pardon d'a-
voir disposé de sa vie sans le consulter. Elle écrivit aussi
à sa tante et à Barbaroux. « Ne pleurez pas ma mort, disait-elle à ce dernier : avec une imagination vive, avec un
cœur sensible , qui sait à quels orages ma vie allait être
livrée? Je meurs pour le bien de tous, n'est-ce pas un
beau sort? »

Le lendemain, à sept heures du matin , une charrette

vint la prendre. Insultée par la populace, elle n'était aucu-
nement émue. Les clameurs cessèrent bientôt. Arrivée au

lieu de l'exécution, elle sauta lestement au bas du fatal tombereau, monta d'un pas ferme les marches de l'échafaud, et promena lentement ses regards sur la foule assemblée.

Le bourreau voulait lui ôter le fichu empesé qui lui couvrait les épaules ; elle le regarda avec fierté, et fit un signe de refus. Un instant après elle n'était plus.

Quand la tête de Charlotte tomba, un valet du bourreau la ramassa, et lui donna deux soufflets ; un cri d'horreur s'éleva dans la foule ; l'infâme faillit payer cher cette indigne profanation.

TABLE DES MATIÈRES.

PREMIÈRE PARTIE.

JEUNES GENS CÉLÈBRES.

DEUXIÈME PARTIE.

JEUNES FILLES CÉLÈBRES.

Paris, Imprimerie Doudey-Dupré, rue Saint-Louis, 46, au Marais.

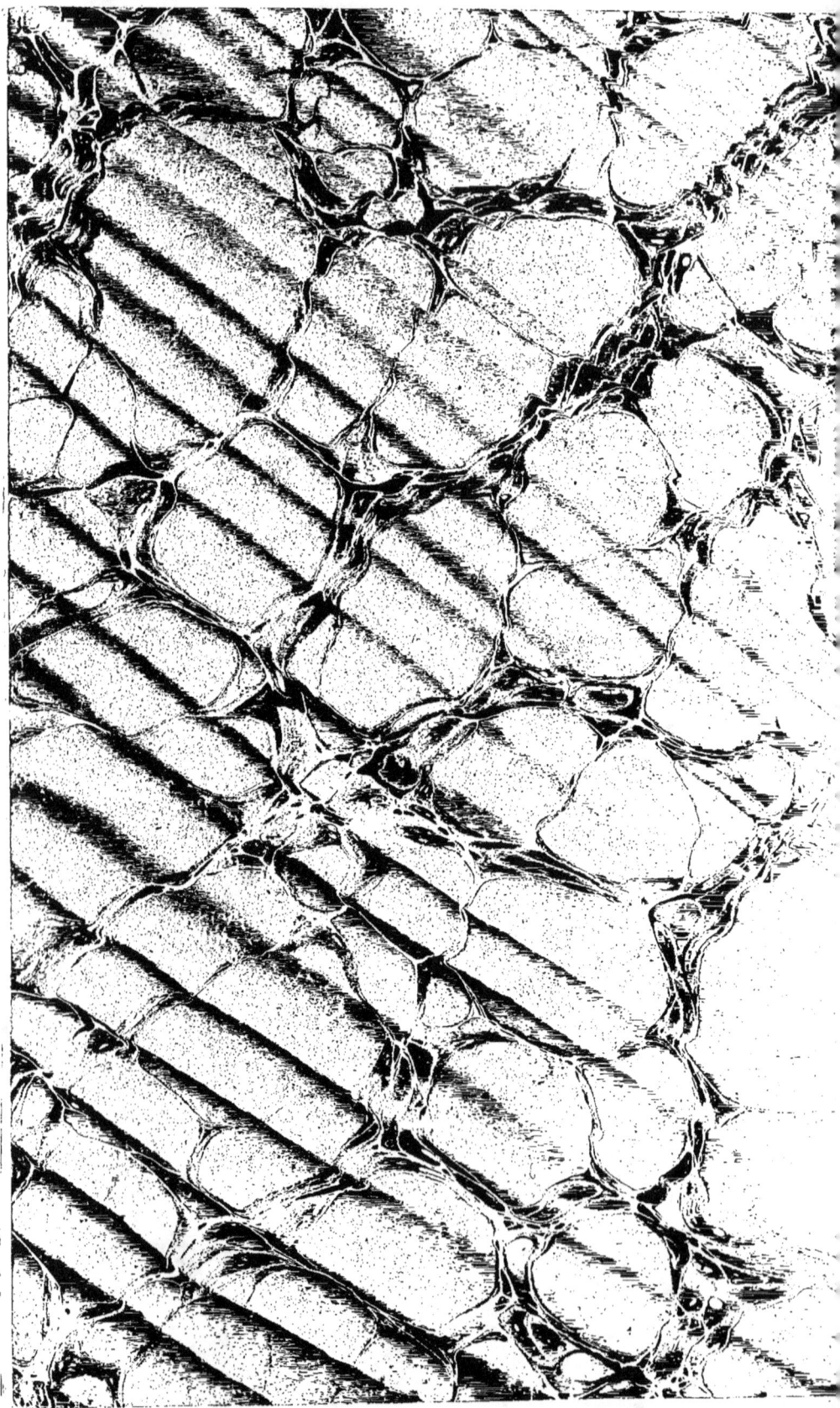

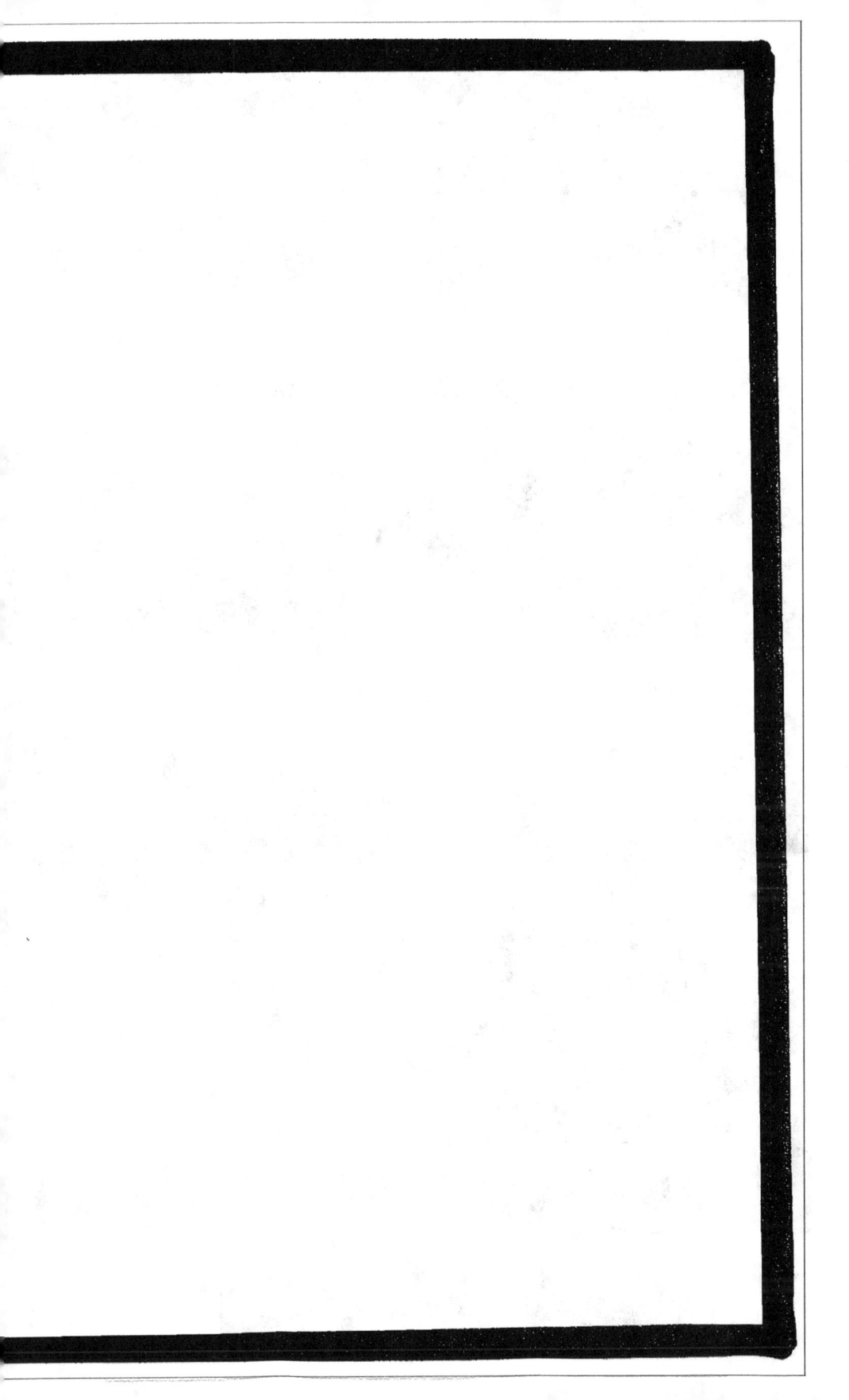

www.ingramcontent.com/pod-product-compliance
Lightning Source LLC
Chambersburg PA
CBHW071621270326
41928CB00010B/1731